交通运输信息化科技丛书

道路客运联网售票体系系统设计与应用

林 榕 等 编著

内 容 提 要

本书结合交通运输行业相关标准体系，从总体设计、应用系统设计、数据资源设计、支撑系统设计等方面进行了系统的阐述，说明了如何建设一套规范的道路客运联网售票体系，本书对各级道路客运联网售票体系的系统设计和应用具有直接参考意义。

本书可供道路客运联网售票体系系统管理及技术开发人员参考使用。

图书在版编目(CIP)数据

道路客运联网售票体系系统设计与应用 / 林榕等编著. —北京：人民交通出版社股份有限公司，2016.8
ISBN 978-7-114-13270-4

Ⅰ.①道… Ⅱ.①林… Ⅲ.①公路运输—客运站—售票—系统设计—研究 Ⅳ.①U492.4

中国版本图书馆CIP数据核字(2016)第191348号

书　　名：道路客运联网售票体系系统设计与应用
著 作 者：林　榕　等
责任编辑：郑蕉林　王景景
出版发行：人民交通出版社股份有限公司
地　　址：(100011)北京市朝阳区安定门外外馆斜街3号
网　　址：http://www.ccpress.com.cn
销售电话：(010)59757973
总 经 销：人民交通出版社股份有限公司发行部
经　　销：各地新华书店
印　　刷：北京鑫正大印刷有限公司
开　　本：720×960　1/16
印　　张：16
字　　数：282千
版　　次：2016年12月　第1版
印　　次：2016年12月　第1次印刷
书　　号：ISBN 978-7-114-13270-4
定　　价：48.00元

编 委 会

Editorial Board

前言
Preface

道路旅客运输是我国分布最广泛、网络最为密集的运输方式，承载了超过80%的旅客运输服务，与人民群众生产生活息息相关。近年来，随着民航、高铁等交通方式的迅速发展和服务水平的不断提升，道路客运面临巨大挑战。在新形势下，道路客运联网售票系统是提升公众出行信息服务水平、提高企业运营组织效率、促进道路客运业转型升级的重要手段。交通运输部加快推进省域道路客运联网售票系统建设，将道路客运联网售票系统建设作为2016年更贴近民生工程之一，作为交通运输贴近民生、服务大众的重要工作来抓。省域道路客运联网售票工作迎来新的发展契机。

《公路水路交通运输信息化"十二五"发展规划》对"道路客运联网售票系统"的建设提出了指导要求，该系统是"十二五"规划中行业信息化重大工程"公路水路交通出行信息服务系统"的重要组成部分。《公路水路交通运输信息化"十三五"发展规划》则将建设全国道路客运信息联网服务工程作为有效整合各省域道路客运联网售票系统资源、提升跨区域道路客运信息服务的重要手段。自2013年起交通运输部启动首批省域道路客运联网售票系统建设，并给予各省资金补助支持。至此，道路客运联网售票系统建设在全国范围内如火如荼地展开。

本书通过对国内外"道路客运联网售票系统"总体架构及关键技术进行归纳及总结，结合交通运输行业相关标准体系，对道路客运联网售票系统进行顶层设计和全面梳理，形成了规范的道路客运联网售票技术体系。本书提出了构建"一个平台、六个系统"的技术架构，对整体数据资源进行了规划，并探讨了支撑系统的设计与建设。全书共分五个章节，从总体设计、应用系统设计、数据资源设计、支撑系统设计等多个方面系统地阐述了如何建设一套规范的道路客运联网售票系统。本书面向实际、深入浅出、图文并茂、重于应用，对各级道路客运联网售票系统的设计与应用具有直接参考意义。

本书编委会由中国交通通信信息中心和深圳市汉亿科技有限公司的相关专家共同组成。本书历经大纲确定、素材组织、章节编写、统稿编辑、修改完善等程序，终于付梓出版。本书编写过程中得到了人民交通出版社同志从选题、大纲到内容结构的调整以及编辑修改等具体帮助，在此一并表示衷心感谢。希望本书的出版发行能为道路客运联网售票系统的建设提供支持与指导，愿我们共同努力，为全面实现“智慧出行”而共同奋斗！

限于作者的理论水平和实践经验，书中难免存在不妥和错误之处，敬请各位读者斧正。

作　者

2016 年 6 月

目　录
Contents

第1章　概　　论

1.1　道路客运联网售票系统概述

1.1.1　道路客运的概念

道路客运，全称道路旅客运输，是指人们利用客车，通过道路、站场等基础设施实现人的空间位移的活动。

道路旅客运输与其他客运方式相比，具有以下特点：

(1)道路旅客运输是沟通城市与乡村，连接内地和边疆，在各种客运方式中分布最广阔、网络最为密集的运输方式。

(2)以汽车为主要运输工具，对道路条件适应性强，能够通达山区、林区、牧区等不易到达的地方。

(3)具有机动、灵活、方便等特点，既可组织较多车辆完成一定规模的、大批量的旅客运输任务，也可单车作业，完成小批量的旅客运输任务，还可以为铁路、水路、航空等运输方式集散旅客，具有其他运输方式所没有的“门到门”运输和就近上下客等特点。

(4)道路客运线路纵横交错、干支相连，线路和站点形成网络，并易于根据情况调整，便利旅客乘车，能较好地满足旅客出行的需要。

(5)投资少，资金回收快，车辆易更新，能适应国民经济的发展和人民物质文化水平提高的需要。

《道路旅客运输及客运站管理规定》中指出：道路旅客运输可以分为班车客运、包车客运和旅游客运三类。

1)班车客运

班车客运是指有固定的线路、班次、时间和停靠站点，在城市之间、乡镇之间进行中长距离运输的客运营运方式，是公路客运方式中最基本的一种。

(1)直达班车

直达班车是指由始发站直达终点、中途只作必要的停歇,但不上下旅客的班车。它的主要特点是旅客运送速度高,节约时间。其多采用高级或中级的大型客车。

(2)普通班车

普通班车是指站距较短,在途中的站、点(含招呼站)都要停靠上下旅客的班车。它的主要特点是沿途停靠次数多,行车时间利用系数小,降低了运送速度,且需要配备乘务人员,但是为沿途的短途旅客提供了便利。其适于大多数日常性旅客需求。

(3)普快班车

普快班车是指只在县、市、镇等站停靠的班车。它的特点是运送速度比普通班车要高;不配备乘务人员,只在有关停靠车站售票,运价率与普通班车相同。

(4)城乡公共汽车

城乡公共汽车的主要特点是沿途停靠站点多、站距短、旅客上下频繁。城乡公共汽车主要采取随车售票的办法,为适应乡村居民"早进城、晚返乡"的习惯,多实行线路两端驻车的办法。其一般采用大、中型普通客车或双门车。

(5)加班车

在客流高峰期,不能满足旅客的乘车需要时,公路运输企业增开的班车,称为加班车。加班车不列入班次时刻表,加开前临时进行公告,即时售票上车。

此外,班车客运还可按运行区域划分为县内班车客运、县际班车客运、地市际班车客运、省际班车客运、出入境班车客运等;或按运行距离划分为一类班车客运(也称超长距离班车客运,运距在 800km 以上,含 800km)、二类班车客运(400～800km,含 400km)、三类班车客运(150～400km,含 150km)、四类班车客运(150km 以内)。

2)包车客运

包车客运是指将客车包租给用户安排使用,按行驶里程或包租时间计费的一种营运方式。

与班车客运相比,其在接洽方式、运行线路、开停车地点、开停车时间、乘车对象、运费结算、运行组织等方面有所不同。与出租汽车相比,其在使用车辆、要车方式、使用时间、行驶距离等方面有所不同。包车客运的需求极不稳定,随机性较强。

包车客运分为两种类型,即计程包车和计时包车。

3)旅游客运

旅游客运是指以送旅游者游览观光为目的的客运服务方式。旅游客运有其特殊之处,即主要在于乘客旅行目的和车辆运行的要求。

旅游客运具体可以分为以下两种形式:

(1)旅游班车

旅游班车,即实行定班、定线、定时,在风景游览点和城市及景点与景点之间的线路上运营的班车。

(2)旅游包车

旅游包车,即按照用户要求的线路、景点、时间等,运送团体旅游者的旅游客运。其计费方式分为计时包车和计程包车两种。

1.1.2　道路客运联网售票系统的概念

1)道路客运联网售票系统建设要求

道路客运联网售票系统是《公路水路交通运输信息化"十二五"发展规划》(交规划发〔2011〕192号)(以下简称《"十二五"规划》)提出的行业信息化重大工程"公路水路交通出行信息服务系统"的重要组成部分,是为进一步提升道路客运服务水平、方便乘客购票、完善道路客运经济运行动态监测和出行信息服务等而专门规划设计的一套信息化解决方案。

为进一步提升交通运输服务水平,不断满足经济社会发展和人民群众对交通运输服务的需求,《交通运输部关于改进提升交通运输服务的若干指导意见》(交运发〔2013〕514号)(以下简称《指导意见》)对全国道路客运联网售票系统建设提出要求:"推进全国客运联网售票。从改进服务、方便乘客角度出发,着力解决乘客购票不便等问题。整合各地客运售票资源,推进省域、跨省域客运联网售票系统建设,逐步推行电子客票,为乘客提供网上售票、电话订票、网点售票、自动售票机售票等服务,让乘客购票方式更多样、购票更便利。"

道路客运联网售票系统的建设是以客运站站务系统及区域已建或在建的客运联网售票系统为基础,整合现有联网售票资源,建立省域及全国道路客运联网售票信息平台,更好地为行业管理、企业经营和公众出行服务。道路客运联网售票系统的建设,能够有效整合道路客运基础信息与动态信息,构建多元化售票体系,提高道路客运售票服务信息化水平,为公众提供方便的售票服务;完善客流分析功能,为客运企业合理调配运力提供数据支撑,降低企业经营成本,增加企业竞争力;为交通运输部门提供道路乘客运输经济运行动态信息,提高交通运输部门规划与决策科学性。

2)道路客运联网售票系统建设任务

道路客运联网售票系统的建设任务可概括为“一个平台、六个系统”。

一个平台，即建设道路客运数据交换平台，实现道路客运数据的充分整合，以及数据交互和共享的统一授权、监控和归口管理。

六个系统实现对三大服务的有力支撑。其中，道路客运联网售票服务系统服务于公众出行，为广大公众提供网络售票、代售点售票、自助终端售票、智能终端售票等多元化售票服务；道路客运信息监管与决策辅助系统服务于政府行业监管，可以实现客运数据的实时上报与分析，实现行业安全监管；客运站站务管理系统、道路客运联网售票业务管理系统、道路客运联网售票清分结算系统、小件快运管理系统四个系统服务于客运企业，实现客运企业从自身站务、车辆调度、售检票业务的管理，统一票据票源，完善营运监控，并通过小件快运实现了企业业务的拓展，同时，采用自动清分结算系统，实现自动化的票务结算，达到结算的实时性、准确性，为各类实体之间的经营往来提供直接的技术支撑。

1.1.3　道路客运联网售票系统建设背景

交通运输是国民经济和社会发展的基础服务性行业，交通运输系统的高效安全运行关系到国计民生、千家万户的安全出行。随着我国经济的快速发展，交通运输规模迅速扩张，对行业服务的快捷、便利、安全等需求日益增长，为全社会提供及时、准确的出行信息服务是交通运输行业提供高品质、多样化的服务保障和改善民生的重要举措。

根据《“十二五”规划》和《指导意见》关于推进省域道路客运联网售票系统建设的统一部署，为进一步提升道路客运服务水平，方便乘客购票，完善道路客运经济运行动态监测和出行信息服务技术手段，交通运输部决定启动首批省域道路客运联网售票系统建设。2013 年 12 月，交通运输部印发《交通运输部办公厅关于启动首批省域道路客运联网售票平台建设有关事项的通知》(厅运字〔2013〕331 号)，明确提出启动省域道路客运联网售票平台工程，并确定了“实现客运站和客票代理机构以及互联网、电话等多渠道客票信息查询和售票，更好地服务群众出行，同时有效整合道路客运动态信息资源，增强道路客运动态监管能力，为实现全国道路客运联网售票奠定基础”的联网售票系统建设目标。

建设目标具体包括：

(1)完善班线、班次、售票等信息数据库，实现道路客运信息查询、联网售票、票款清分结算、统计分析等功能，为社会公众、客运企业、客运站以及行业管理部门提供综合应用服务。

(2)完善多元化售票方式，重点发展网络售票、代售点售票、自助终端售票、智能终端售票等多种售票方式，方便社会公众购票和出行信息查询。

(3)建立长效运营管理机制，包括联网售票系统建设投融资政策、各利益主体清分结算规则、系统维护经费保障机制、信息服务规范等，保障道路客运联网售票系统可持续发展。

(4)加强综合运输信息服务工作，完善综合运输信息服务相关技术标准，推进道路客运与其他运输方式间的信息共享和互联互通工作，努力实现在铁路、民航、公路运输枢纽和场站实时发布综合运输运营动态信息。

2014年4月，交通运输部印发《关于加快推进省域道路客运联网售票系统建设有关事项的通知》(厅运字〔2014〕81号)，确定支持北京、河北、山西、内蒙古、辽宁、吉林、黑龙江、江苏、安徽、福建、江西、山东、河南、湖北、湖南、广东、海南、重庆、四川、贵州、云南、西藏、陕西、甘肃、青海、宁夏共26个省份加快建设省域道路客运联网售票系统。通知中要求规范省域道路客运联网售票系统建设工作，严格按照交通运输部编制的省域道路客运联网售票系统工程建设指南和相关行业标准规范开展系统建设，加强项目建设过程监管，严格补助资金使用管理，建立完善省域道路客运联网售票体制机制和保障措施，确保实现省域道路客运联网售票系统建设目标。

1.2 道路客运联网售票系统建设的意义

随着道路客运行业的发展，乘客便捷出行需求及服务质量需求的不断提高，道路客运联网售票系统的建设具有以下意义：

1.2.1 落实民生工程，方便公众出行

1)及时准确获取动态交通信息，实现科学规划出行

道路客运联网售票系统建设可对交通信息资源充分整合，实现道路客运动态信息的实时发布，保证了出行公众的“知情权”，公众可以方便查询到客运信息，如发班班次、班线、车票价格、发车时间、到达时间、近日余票、车辆的类型等信息，实现科学规划出行。

2)满足购票方式多元化的需求,降低购票隐形成本

道路客运联网售票系统可为公众提供多元化的购票方式,包括代售点售票、网上售票、电话售票、手机售票和自动终端售票等,极大地方便公众购票需求。

由于社会快速发展,城市交通的拥堵给出行公众的出行购票造成了诸多不便,公众购票的时间成本与金钱成本都大大增加。道路客运联网售票系统在方便公众查询班次票价信息和购票的同时,也可减少公众往返车站产生的隐性成本。

3)提升公众出行信息服务水平

道路客运联网售票系统可有效整合道路客运资源,为公众出行提供综合信息服务,包括出行路径规划服务、动态路况信息服务、交通气象信息服务、客运信息查询服务、交通旅游信息服务、交通地图查询、出行费用查询等。

1.2.2 提升企业管理服务水平,提高行业竞争力

1)完善客运企业生产和管理系统,实现企业管理和服务全面升级

通过道路客运联网售票系统建设,引入先进的行业管理理念和管理手段,对客运企业的经营管理、客运站的站务管理进行规范,实现作业自动化、管理智能化、决策科学化、服务人性化,实现企业管理和服务的全面升级。

2)拓展售票渠道,提升企业服务水平,降低经营成本

通过道路客运联网售票系统建设,提供多元化售票方式,拓展售票渠道,减少站内购票的数量,同时车票的提前售卖将会逐渐固定客运发车时间,使得乘客的乘车更具有计划性,从而减少场站内候车出行乘客的数量和售票窗口配备数量,实现减员增效,最终降低企业经营成本。同时,通过整合其他信息资源,为出行公众提供更丰富的出行信息,包括中转换乘和出行方式选择等,极大地方便公众购票和出行,同时提升企业的服务水平,树立良好的企业形象。

3)挖掘行业潜力,开拓小件快运市场,提升企业经济效益和竞争力

通过道路客运联网售票系统建设,改变现有客运企业各自为政的局面,建立信息共享机制,推进信息融合与服务联合,实现小件快运一体化运作,使小件快运各环节、各节点之间协调运行,显著改善小件快运系统的时空效应,拓展小件快运的网点覆盖,改变服务手段和方式,提高小件快运服务质量和效率。从而使客运企业在不追加大量投资的情况下,通过充分挖掘现有资源潜力,创造新的利

润增长点，增加企业的效益。

4)为企业提供统计分析功能，实现科学决策

通过道路客运联网售票系统建设，为企业提供各类不同线路的客流统计分析功能，及时了解客运量和客运流向信息，并结合历史同期数据，更加准确地预判客流动态，使企业能准确把握出行公众流向和出行需求，实现班次运力合理调配，提高班次的实载率，提升企业的决策水平。

1.2.3 整合客运信息，提高综合运输服务能力

“一票到底，一单到底”将是未来综合运输的发展方向，铁路、公路、民航联运的需求越来越大，道路客运短途运输优势和灵活的支线运输优势将使道路交通成为综合运输体系主干运输延伸的必然选择。在过去相当长的一段时间内，铁路、公路、民航各自为政、市场分割、壁垒重重，各种运输方式不衔接，集疏运系统不配套，综合运输服务滞后。

当前客运行业内信息不统一造成的行业间信息不能共享是阻碍现代综合交通体系建立的重要因素，通过建立道路客运联网售票系统，整合客运信息，实现道路客运信息共享，为后期实现民航、铁路客运信息无缝对接奠定基础，进一步提高综合运输服务能力。

1.2.4 增强社会福祉，绿色低碳出行

当前线路投放决策缺乏市场数据支持，部分投放线路不够科学，导致实载率低，客运企业独立经营，资源不能实现联合调度，大部分加班车空车回驶。另外，当前客车都有较大的行李货仓，乘客行李一般不能满载，行李货仓利用率低，以上种种现象都极大地浪费了运输资源。道路客运联网售票系统能够有效整合行业运力资源，提升客运资源综合调度能力，提高资源利用效率，减少不必要或重复的资源投入，有效实现节能减排，贯彻落实国家关于发展低碳经济的精神。

1.3 国内外道路客运联网售票系统建设与发展概况

1.3.1 国外道路客运联网售票系统建设与发展概况

由于互联网技术的迅速发展，世界各国不断将网络通信技术应用到各个领域，其中，联网售票是目前应用最为成熟的领域之一。其原因在于联网售票相比

传统售票方式成本更低而且更方便、快捷，受到多数乘客青睐。据统计，在西方发达国家，85%的中长途交通工具票务可以通过互联网订购。由于这种售票方式明显比过去传统售票模式优越得多，因此这种售票方式渐渐被多个国家借鉴。联网售票系统发展较早的是北美，但很快传播到欧洲和亚洲。

道路客运以及铁路、民航客运的联网售票，给旅客的出行带来了极大的便利，同时也在行业监管、企业高效率运作等方面起到了相当大的作用。联网售票系统的建设、运营管理主要有两种方式：美国“灰狗”(Greyhound)长途客运、欧洲 EuroLines、德法铁路等都是纯市场化运作的典范；日本道路客运则全部由政府实施行业管理。美国“灰狗”(Greyhound)、欧洲 EuroLines、日本道路客运都与城市公共汽车线路建立了良好的合作关系，将经营线路延伸到城市的任一角落，充分体现了“城乡一体化”为乘客出行和换乘带来的便利。美国“灰狗”(Greyhound)公司、日本道路客运都充分利用卫星定位系统和交通诱导系统，一方面可以随时了解班车的位置以及车辆状态，既方便行业监管，又为乘客合理规划出行时间提供了便利；另一方面让驾驶人可以随时掌握道路交通路况信息，为乘客提供人性化的服务。

1)北美地区道路客运联网售票系统

美国“灰狗”(Greyhound)长途客运公司创建于 1914 年，目前已经发展成为一家跨北美地区的长途客运公司，也是美国、加拿大和墨西哥等国家城市间公共客运的唯一提供者。美国灰狗公司共有 1800 个售票点，为 2600 个终点站提供班线客运服务，并与其他独立经营公共汽车线路的公司建立了伙伴关系，将经营线路延伸至城市各个角落，客运网络覆盖了北美地区大部分乡村和城市，每年的客运量大约占长途道路客运总量的 70%。美国灰狗公司率先研究并应用公路客运站联网售票系统，在全路网范围内实现了联网售票，为乘客提供多种购票方式：网上购票(www.greyhound.com)、电话购票、车站购票、代销点购票等。乘客可以通过网上购票并在线上进行电子支付，也可以通过电话订票和移动设备订票等。美国灰狗客运公司的售票系统与美国各客运站的系统实现联网，不管你在哪个区域都能买到全国任何一个客运站始发的车票，销售方式十分灵活，乘客最长可通过网上或电话提前 3 个月订票，全天 24 小时服务，打破了传统售票时空上的限制。同时，灰狗公司还推出了跨国购票服务，对于那些想乘坐灰狗巴士到美国旅游的墨西哥乘客，可以在其境内 100 多家代理机构购买车票，这些代理机构可以在美国与墨西哥边境口岸城市将灰狗公司的运输服务衔接起来。另外，灰狗公司的车队管理系统是一种实时跟踪系统，它对车队实施 24 小时监控，保证乘客的出行安全。

加拿大的主要交通工具也实现了互联网售票，只要在规定时间赶到始发站即可乘坐，且联程票中途换乘无须再次购票，联网售票的优势得到了极大的发挥。

CoachUSA是Stagecoach集团的子公司。Stagecoach是世界上最大的公共交通运营企业，长途汽车和城市轨道交通是该公司在北美的主要业务之一。CoachUSA在北美拥有超过20个地方公司，经营定期的巴士路线、游览车观光、包车服务以及城市观光旅游。公司业务覆盖三个地理区域：加拿大，美国北东部和中北部地区。这些公司在本地各自独立管理和运行，以满足当地社区的具体需求。

2)欧洲地区道路客运联网售票系统

欧洲是世界上公路最为密集的地区之一，其最大的公路长途客运品牌EuroLines，拥有32个独立经营的长途客运公司，客运网络连接500多个目的地，包括摩洛哥在内，覆盖整个欧洲大陆。EuroLines与大部分目的地的城市公交建立了合作关系，乘客可以持EuroLines客票在客运站转乘城市观光车、公交车，直接前往最终目的地。EuroLines所有运行的线路实现了联网售票，统一管理运营线路的票务信息，为乘客提供多种购票方式：网上购票（www. eurolines. com）、电话购票、EuroLines车站购票以及预约订票等。EuroLines还提供15天/30天通票，有效期内可以在欧洲的43个大城市之间任意穿梭，持有该通票的乘客入住合作宾馆时，还可享受非常大的折扣。根据欧盟相关法律，所有运行的车辆上都安装了行车记录仪，有效避免疲劳驾驶引发的安全隐患，极大地保障了乘客的出行安全。

3)亚洲地区道路客运联网售票系统

日本高速公路和城市道路网发达，道路客运不分城市公交与公路客运，而是按照营运特点分为公交巴士和旅游巴士，都属于道路公共交通范围，由国土交通省实施行业管理，真正意义上实现了"城乡一体化"。日本的AFC（Automatic Fare Collection）联网售票系统是一套集售票和检票功能于一体的票务系统，在日本已有数十年的历史，该系统多年来不断更新和升级，能在各客运站进行销售和检验，提高了票务现代化和经济效益。另外，日本的干线长途铁路是省际交通最主要的交通方式之一，查询和预订能完全通过其网上售票系统或自助售票机完成，使用十分方便。

印度最大的公交票务公司是Redbus。Redbus于2006年8月开始运营，总部设在印度班加罗尔，是印度第一个建立公路客运在线售票系统的公司，目前覆盖全国80%的市场。其网站“www. redbus. in”在全国访问量排名第4，它的网上总预订量占其客运量的60%。

1.3.2 国内道路客运联网售票系统建设与发展概况

相对于民航和铁路，我国道路客运信息服务水平远远落后，公众无法提前规划好自己的整个行程，在信息化发展程度逐渐提高的21世纪，这一弊端严重阻碍了道路客运的发展。随着道路客运信息化需求空前高涨，以此为契机，国内近年来已建成部分联网售票系统，下面从国内联网售票系统的建设模式、部署模式、运营模式、维护机制和发展概况等方面分别进行阐述，对近年国内道路客运联网售票建设情况予以介绍。

1)联网售票系统建设模式

目前，我国各省（直辖市、自治区）正积极开展道路客运联网售票系统建设，各省（直辖市、自治区）根据本地实际情况选择了不同的建设模式，下面将从项目建设管理模式以及系统部署模式两方面进行说明：

(1)项目建设管理模式

我国各省（直辖市、自治区）联网售票系统建设管理主要分为三类：政府主导建设模式，政府引导、企业参与建设模式，市场化建设模式。

①政府主导建设模式。

联网售票系统建设作为服务百姓的民生工程，前期建设投入大，回收周期长，盈利空间小，因此，部分省份采用政府主导建设模式，为公众出行提供更便捷的服务。

②政府引导、企业参与建设模式。

随着联网售票范围的扩展和百姓对联网售票的认可，客运企业逐步认识到联网售票的优势，积极支持建设联网售票系统。但系统前期投资数额较大，建设周期长，市场培育周期长，协调单位多，一般企业很难承担如此长的资金回收周期。因此，一般前期由政府协调各客运企业，并提供部分引导资金，进行联网售票系统建设。

③市场化建设。

目前已有部分省份采用完全市场化运营方式，由企业负责联网售票系统的建设、维护及运营，一般需要在政府的监管下，与客运企业签订系统服务协议，通过站外售票代理费、结算手续费、广告权等收益作为主要盈利手段。

(2)系统部署模式

我国各省(直辖市、自治区)联网售票系统部署模式主要分为四类:集中式、分布式、分布集中式和集中分布式。

①集中式。

集中式是依托网络技术,业务数据集中管理,应用系统集中建设,构建全省(直辖市、自治区)统一的联网售票中心,实现客运票源的集中管理和全省联网售票。各客运站无独立数据库,通过客户端直接接入联网售票中心进行业务操作,易于控制。集中式对系统运行、维护和结算及多元化售票均非常有利,但对网络要求高。集中式适用于同一客运企业建设联网售票系统。

②分布式。

分布式是票务信息分布式的存储在联网各客运站自身的数据库服务器中。各站售票服务器在网络上是平等,相互没有依存关系,最大限度地保证客运站地售票业务操作。但对于其他站售本站票,会造成多用户同时连接本站数据库,出现一对多连接的情况,会影响本站售票系统性能。分布式适用于联网车站售票系统多样化改造不方便或难度较大的场合,是目前用得比较多的整合方式,但不适合多元化售票的未来发展。

③分布集中式。

分布集中式是票务信息分级存储,主要包括省(直辖市、自治区)中心—客运站两级部署模式、省(自治区)中心—区域(市)中心—客运站三级部署模式两种。分布集中式是各客运站有数据库,同时建立全省(直辖市、自治区)统一的数据中心,各客运站通过提供统一的接口接入平台实现联网售票。在网络中断的情况下,对客运站自身售票无影响,但约束力小。

④集中分布式。

集中分布式是乘务信息集中存储的同时也在客运站本地存储,不因网络中断而影响本站售票业务,多元化售票时代售点只与集中数据库相连,不影响车站售票系统性能;但对数据同步、信息比对要求高,适用于同城联网或客运企业自身联网售票,对网络通信质量要求高。

2)联网售票系统运营模式

联网售票系统建设完成后,将进入运营状态,采用何种运营模式决定系统的长效性。当前在全国范围看,主要的运营模式有:政府主导,政府引导、企业参与以及市场化运营三种模式。

(1)政府主导运营模式。

作为服务百姓的民生工程，联网售票系统公益属性明显，相应地，该工程社会效益远大于经济效益，因此当前部分省份采用了政府主导的运营模式，其主要运营资金由政府解决。

(2)政府引导、企业参与运营模式。

随着联网售票区域的逐步扩展以及百姓对联网售票的认可，当聚集到一定客户群后，该系统具有一定增值空间。因而，部分省份采用前期由政府提供引导资金，培育市场，后期引入社会资本投资并进行市场化运作的方式推广联网售票系统。

(3)市场化运营模式。

目前也有部分省份采用在政府的监管下，完全以市场化方式进行运营工作，由企业负责联网售票系统的建设、维护、清分结算和运营的模式，此种模式主要通过站外售票代理费、广告权等收益作为主要盈利手段。

3)联网售票系统维护机制

(1)维护职责分工

①行业管理部门维护职责。

用于政府管理及公益性用途的部分由相应的行业管理部门负责维护，例如道路客运信息联网数据中心、用于行业管理与决策分析的道路客运信息监管与决策辅助系统以及部分公益性网络及硬件基础设施的维护。

②企业维护职责。

用于以市场化方式开展经营服务的部分，本着谁受益、谁维护的原则进行运营维护，如道路客运联网综合管理系统、道路客运联网售票清分结算系统、公众信息服务系统、小件快运管理系统等应用系统以及接口服务的运营维护由运营企业负责。站务管理系统、客运企业硬件及网络基础设施等由各客运集团(客运站)负责运营维护。

(2)维护内容

①硬件及系统平台的维护。

硬件及系统平台的维护主要包括所配置的主机系统维护、安全检查和软件平台的访问控制调整、故障维护等内容。其中日常管理维护工作应以运营机构为主，设备技术性维护主要依靠设备厂商与软件开发商完成。

②应用系统和软件的维护。

应用系统和软件的维护主要包括系统试运行期的改正性维护，运行过程中适应性维护和完善性维护等内容。除用于行业管理和公益性的应用系统由行业管理部门统筹负责维护外,其他维护工作由运营机构负责。

③数据中心与数据传输网络运行维护。

数据中心与数据传输网络的运行维护主要包括数据中心软硬件支撑平台、各类数据库,以及中心数据传输网络的运行维护工作和分中心到客运站的专线维护工作,具体包括机房和网络设备故障监测、维修、升级与更换,数据库的维护与管理等。数据中心数据资源维护主要包括道路客运基础数据、联网售票数据、清分结算数据等的采集、入库、更新、修正、备份及恢复等内容。数据中心与数据传输网络运行维护主要由行业管理部门负责(或交由相应企业代为维护)。

④技术支持和服务。

在平台应用过程中,当发生系统技术支持请求或故障报告后,维护单位应立即了解系统运行过程中所出现的故障详细情况,迅速召集技术人员,制订应急技术方案,并指导用户解决问题。必要的情况下,安排集成商相关技术人员现场指导解决问题。

⑤后期技术培训。

在行业主管部门和运营机构的统一组织下,向各用户单位提供后期技术培训,为这些单位培养一支水平高、人员稳定的技术队伍。

(3)维护管理制度

为保证联网售票系统的长期有效运行,除了考虑技术层面的运行维护问题,还需要考虑配套管理制度的建设。至少包括以下3个方面:

①建立客运联网售票系统的管理制度。在联网售票建设工程实施过程中,应根据该系统的功能定位,尽快进行管理制度的设计,从而保障工程交竣工后的顺利运行。

②建立数据管理规章制度。联网售票数据中心与客运站、行业管理结构之间的数据交换需要制定相关制度,明确规定联网售票运营机构与客运站、运管局之间的日常数据交换的程序,包括数据交换的流程、数据更新的事件、频率、质量要求等。保障平台端数据接收有固定人员,审核有规定程序,录入有规定时间,使用有安全保障,数据备份定期实行。

③建立维护资金保障制度。确保系统运行维护的资金投入,保障系统的更新、升级。

4)联网售票系统发展概况

近年来,不少大中城市纷纷推出了由政府行业管理部门主导的局域性道路旅客运输联网售票服务。这些局域联网售票系统的建设,大大推动和促进了道路客运市场的繁荣与发展，提升了客运业的整体服务水平。

客运联网售票系统按照区域可分为局域联网售票系统、省域联网售票系统、区域联网售票系统和全国联网售票系统。

(1)局域道路客运联网售票系统发展概况

局域联网售票系统，售票的范围主要在同一客运集团下属企业之间，根据目前全国道路客运格局来看，局域售票主要限制在地/市/州间，部分大型客运集团可覆盖至全省范围内主要大中城市。局域联网售票的覆盖范围比较有限，对集团未覆盖的地/市/州，无法实现联网售票。局域道路客运联网售票系统的建设主要是企业行为。

(2)省域道路客运联网售票系统发展概况

省域道路客运联网售票系统的联网对象为省域范围内二级及以上客运站(部分扩展到三级及以上)，通过网络等多种方式为公众提供班次、余票、票价、车辆、驾驶员等信息的查询及购票服务。省域道路客运联网售票系统覆盖范围超过了局域联网售票系统的售票范围，使多家客运企业/集团之间互联互通，真正实现了省域范围内至少二级及以上客运站之间的联网售票，各客运站除可售本站票外，也将实现售异地票的功能。省域道路客运联网售票系统的建设是一个综合统筹的工程，目前主要以政府牵头、各客运企业/集团进行配合的方式进行建设。

(3)区域道路客运联网售票系统发展概况

区域联网售票系统的售票范围涵盖多个省份，主要指地理上相邻或相近的省份间实现客票互售。跨区域网售票，是信息化与经济化社会发展的必然结果。这种区域性的联网售票系统，主要以联合现有的局域或者省域的联网售票系统资源，为区域内民众提供更多的跨区域性购票选择。以京津冀道路客运联网售票一体化平台建设为例，目前，京津冀地区正在规划区域联网售票系统建设。系统将建成后的北京、天津、河北联网售票中心接入京津冀道路客运联网售票一体化平台，售票数据采用实时同步的方式汇聚到京津冀道路客运联网售票一体化平台，从而实现京津冀道路客运联网售票的统一化管理。京津冀道路客运联网售票一体化工程作为全国联网售票工作的基础和先导，将率先启动、尽快落实、形成模式；京津冀道路客运联网售票一体化平台的建设将为全国道路客运联网售票信息系统的建设提供探索。

(4)全国道路客运联网售票系统发展概况

全国道路客运联网售票系统将包含全国 32 个省(自治区、直辖市、新疆生产建设兵团)，采用两级联网的模式，建立全国联网售票系统，按照成熟一个接入一个的原则，将各省级联网售票系统逐步接入全国联网售票系统；实现全国各省

(自治区、直辖市)道路客运数据的交换和分布式事务处理,在交通运输部汇聚形成全国道路客运联网售票数据中心,并建立行业级的应用平台,形成道路客运行业级服务、应用体系,推动和促进道路客运行业的发展。

1.4　道路客运联网售票系统技术与应用展望

1.4.1　技术展望

随着信息技术的飞速发展,越来越多的新技术将逐步加入到道路客运联网售票系统的技术框架及技术体系中。其中,云平台、分布式计算、大数据等是目前主流的应用技术。

1)云平台

云计算(Cloud Computing)是基于互联网的相关服务的增加、使用和交付模式,通常涉及通过互联网来提供动态易扩展且经常是虚拟化的资源。目前广为接受的云计算定义是中国云计算专家咨询委员会副主任、秘书长刘鹏教授给出的定义:云计算是通过网络提供可伸缩的廉价的分布式计算能力。云是网络、互联网的一种比喻说法,也用来表示互联网和底层基础设施的抽象。

转向云计算,是业界将要面临的一个重大改变。各种云平台(Cloud Platforms)的出现是该转变的最重要环节之一。云平台允许用户将程序放在“云”里运行,或是使用“云”提供的服务,或两者皆是,这种新的支持应用的方式有着巨大的潜力。云计算甚至可以让你体验每秒 10 万亿次的运算能力,而你不必构建自己的基础硬件架构。这对需要海量资源来进行计算的道路客运联网售票系统来说,是一个很好的资源扩展方式。

根据对道路客运联网售票系统的分析,系统的核心瓶颈在票务的查询,特别在春运、国庆长假等节假日高峰,系统的票务查询工作将非常繁忙,旅客在确定具体出行时往往还需要查询若干个班次,系统的大部分 CPU(Central Processing Unit,中央处理器)资源和接口交互都被查询功能占用了。按往常的建设方法,需要投入巨资来进行基础设施的建设,采购价格昂贵的小型机集群来应对这些压力。但过了这个购票高峰后,这些巨额投入的设施又会形成很大程度的资源浪费,无法充分利用。而采用云平台将可以有效解决这些问题:利用外部云计算资源分担系统查询业务,并可根据高峰期业务量的增长按需及时扩充,既可稳定地解决系统高峰资源不足的问题,使出行乘客在票务高峰期正常使用系统,同时,又可以节约大量的投资。

2)分布式计算

随着计算技术的发展,有些应用需要非常巨大的计算能力才能完成,如果采用集中式计算,需要耗费相当长的时间来完成。分布式计算将该应用分解成许多小的部分,分配给多台计算机进行处理,可以节约整体计算时间,大大提高计算效率。

中国科学院对分布式计算的定义是:分布式计算是一种新的计算方式,和集中式计算是相对的。所谓分布式计算就是在两个或多个软件之间共享信息,这些软件既可以在同一台计算机上运行,也可以在通过网络连接起来的多台计算机上运行。与其他算法相比,共享稀有资源和平衡负载是计算机分布式计算的核心思想之一。

典型分布式计算技术主要有中间件技术、网格计算、Web Service 技术等。

(1)中间件技术

中间件(Middleware)是基础性软件的一大类,属于可复用软件的范畴。中间件在操作系统、网络和数据库之上,应用软件的下层,总的作用是为处于自己上层的应用软件提供运行与开发的环境,帮助用户灵活、高效地开发和集成复杂的应用软件。

中间件是一种独立的系统软件或服务程序,分布式应用软件借助这种软件在不同的技术之间共享资源,中间件位于客户机/服务器的操作系统之上,管理计算资源和网络通信。限定了只有用于分布式系统中的此类软件才能被称为中间件,同时还可以把中间件与支撑软件和实用软件区分开来。

道路客运联网售票系统的建设过程中,由于运行环境的未知性及适应性的需要,在道路客运联网售票系统应用与操作系统及数据库间,需要一个过渡的中间层,这个中间层即中间件。通过中间件,使得道路客运联网售票系统的开发与系统、数据库无关,能够广泛适应各种操作系统环境(如 Windows、Linux、Unix 等)、数据库环境(如 Oracle、SQL Server、MySQL、Sybase、PostgreSQL 等),同时,也可直接适应多种设备的硬件环境(如普通 PC Server、小型机、大型机等),同时,可以方便迁移至分布式计算网络上以及云平台上,有强大的可移植性。中间件带来的直接好处是:所开发的道路客运联网售票系统能够广泛支持各种环境,可灵活适应,在开发过程中专注业务即可,强的业务关注度将为客户提供更高水平的服务,提供更好的用户体验。

(2)网格计算

网格计算(Grid Computing)通过利用大量异构计算机(通常为桌面)的未用资源(CPU 周期和磁盘存储),将其作为嵌入在分布式电信基础设施中的一个虚拟的计算机集群,为解决大规模的计算问题提供了一个模型。网格计算的焦点放在支持跨管理域计算的能力方面,这使它与传统的计算机集群或传统的分布式计算相区别。

网格计算的目标是解决对于任何单一的超级计算机来说仍然大得难以解决的问题,并同时保持解决多个较小问题的灵活性。这样,网格计算就提供了一个多用户环境。它的第二个目标是:更好地利用可用计算机,迎合大型的计算练习断断续续的需求。这隐含着使用安全的授权技术,以允许远程用户控制计算资源。

网格计算包括共享异构资源(基于不同的平台、硬件/软件体系结构以及计算机语言),这些资源位于不同的地理位置,属于一个使用公开标准的网络上的不同的管理域。简而言之,它包括虚拟化计算资源。网格计算经常和集群计算相混淆。两者主要的区别就是:集群是同构的,而网格是异构的;网格扩展包括用户桌面机,而集群一般局限于数据中心。事实上,欧洲核子研究组织(CERN,European Organization for Nuclear Research)对网格计算是这样定义的:“网格计算就是通过互联网来共享强大的计算能力和数据储存能力。”网格计算对那些需要解决复杂计算问题的商业公司有着非同一般的吸引力,其目标是将企业内部的计算能力最大化。

道路客运联网售票系统中涉及非常复杂的线路计算问题。特别在参与的线路及站点越来越多的情况下,网格计算为道路客运联网售票系统指出了一条新的出路。

(3)Web Service 技术

Web Service 是近几年出现的一种新的分布式计算技术,是对象/组件技术在 Internet 中的延伸,是一种部署在 Web 上的对象/组件,其目的是解决中间件平台与 JavaEE 技术存在的一个共同缺陷。它们要求客户端必须使用特定的协议访问服务器端的对象,当各个公司需要相互合作或者扩展业务时,很难满足这样的要求,因为根本无法保证进行交互的双方采用的是相同的中间件平台。

Web Service 结合了以组件为基础的开发模式以及 Web 的出色性能,一方面,Web Service 和组件一样,具有黑匣子的功能,可以在不关心功能如何实现的情况下重用;另一方面,与传统的组件技术不同,Web Service 可以把不同平台开发的不同类型的功能块集成在一起,提供相互之间的互操作。所以,Web Service 被普遍认为是下一代分布式系统开发的模型,得到了工业界的广泛支持，许多大型的计算机厂商已推出了支持 Web Service 开发的集成环境，如 IBM 的 Websphere、Microsoft 的. NET、Oracle 的 Weblogic 等。

Web Service 使用标准技术，通过 Web service，软件应用程序资源在各网络上均可用。因为 Web Service 基于标准接口，所以即使是以不同的语言编写并且在不同的操作系统上运行，也可以进行通信。因此，Web Service 是生成必须适用于网络上不同系统的分布式应用程序的极好方法。

Web 服务体系结构基于三种角色(服务提供者、服务注册中心和服务请求者)之间的交互。图 1-1 显示了这些操作、提供这些操作的组件及它们之间的交互。

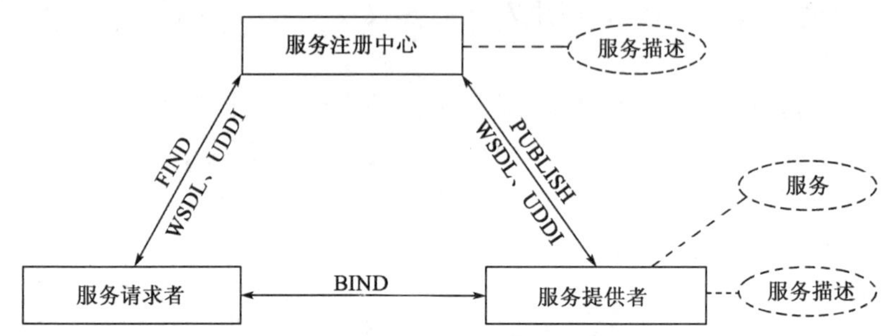

图 1-1 Web Service 体系结构——面向服务的体系结构
(SOA，Service-Oriented Architecture，面向服务的体系结构)

道路客运联网售票系统的业务除了自身系统内部交互外，还需要同很多外部的异构系统进行交互，包括但不限于如下系统交互：道路运政管理信息系统、重点营运车辆联网联控系统、自助售票机等进行即时的交互。考虑到这些系统的开发厂商并不是同一家，且时间先后不同，采纳技术有多种差异，技术水平也是参差不齐的，这就造成了交互的高难度，如果仅用前面的中间件技术和网格技术，还不能完全满足这一需求。而 Web Service 技术的引入，将很好地解决各种异构系统间的交互问题，通过接口等方式完成数据的交互。

3)大数据

大数据(Big Data)技术，指的是所涉及的资料量规模巨大到无法通过目前主流软件工具，在合理时间内达到撷取、管理、处理，并整理成为帮助企业经营决策更积极目的的资讯。大数据的 4V 特点具体如下。

(1)Volume(大量)：数据体量巨大，从 TB 级别跃升到 PB 级别。

(2)Velocity(高速)：对处理速度有较高要求，服从“1 秒定律”或者秒级定律，一般要在秒级时间范围内给出分析结果。这个速度要求是大数据处理技术和传统的数据挖掘技术最大的区别。

(3)Variety(多样):数据类型繁多,包括网络日志、视频、图片、地理位置信息等。

(4)Value(价值):价值密度低,商业价值高。以视频为例,在连续不间断监控过程中,可能有用的数据仅仅有1～2s。

道路客运联网售票系统的大数据在预测方面可起到良好的效果。如预测客流高峰时段、运力调配、实时交通信息、主动安全、客运班车的排班、驾驶者驾驶行为分析、车辆安检分析等。车站可以根据出行旅客多元化购票方式的比率,优化安排各种售票方式所投入的资源数;可以根据哪些方向车票最紧张、哪个地区的乘客购票量最大、哪个时段售票最紧张等用户的行为,合理调配运力和相关资源。

大数据的核心在于预测,这在道路客运行业非常有用。例如,大数据可应用于客流高峰时段的预测,根据客流量、节假日、气候、天气、自然灾害、道路、车况事故、历史同期数据、售票方式等条件建立计划模型,从而用最快的速度对这些影响运营计划的因素作出反映。比如增加线路,增加车辆,增加驾驶员,有效地制订长途客运运营计划。同时,对于运营排班精准管理,可通过大数据进行自动排班,对行车作业计划进行优化,并快速地对运行线路进行调整和优化。

同时,道路客运行业在充分使用车辆资源的基础上,快速发展小件货运业务,增加客运企业收入。通过使用大数据技术,对海量的数据进行分析计算,经过合理调度,降低车辆的空驶率,把移动中的每辆客车作为一个流动的仓储空间,提高了仓储空间的周转率,从而帮助企业降低仓储成本。同时还可以针对乘客的一些出行行为习惯做专题营销,推广增值业务。

1.4.2　行业愿景

1)构建综合运输体系

2013年11月25日,中央编办正式批复交通运输部门体系改革方案,明确推进综合交通运输体系建设,统筹规划铁路、公路、水路、民航以及邮政行业发展,体现以人为本的要求,更多地从用户和乘客的角度去考虑问题,体现综合运输的服务属性。统筹各种运输方式发展,推进综合运输服务体系建设,满足人民群众对出行服务更便利、更高效、更安全的需求。

通过建设公路、铁路、航空联网售票系统,以及强化客运班线与火车站、航站楼、异地航站楼之间的对接,逐步实现客运“一票制”“一站式”联程服务。合理布局各种运输方式的网络规模、经营结构和线路走向,着力形成大中城市间以民航、铁路网络为主，中小城市、县乡之间以公路网络为骨干，各种运输方式高效衔接、紧密配合、优势各异、特色鲜明的综合运输网络，促进综合运输体系建设。

2)实现行业转型升级

目前，道路客运服务市场资源约束趋紧，运输效率和服务质量不高。道路客运联网售票系统的发展将极大提高管理的效率。特别是通过对大数据、云计算等新一代信息技术的应用，能够通过大数据掌握客运行业、车辆、实载率、客流运量、流向等相关数据，可以更加合理地确定客运运力调控，更加科学地实施线路优化、站点调整等；通过大数据挖掘分析，可消除客运服务供需双方信息不对称，有效推动客运服务行业对社会公众出行的敏捷反应，有效推动运输服务组织的网络化；信息的实时化、动态化，能够有效推动运输服务的监督实时化，促进运输组织方式转变和管理模式改革，由以生产增长为导向的发展向以服务质量为导向的转变，提升运输服务的组织化、专业化、集约化、规模化水平。

3)改进提升运输服务

随着经济社会的快速发展，人民群众对出行安全性、舒适性和便利性的要求越来越高，需要便利、及时地掌握客运班线、班次、票价信息。道路旅客运输是人们出行的主要方式，但目前道路客运的信息化水平还不高。民航出行已实现了电子客票，铁路车次信息也已实现全国联网，但道路客运班车信息还未能实现互联互通，极大制约了整个行业的发展。同时，道路客运行业也未同航空、高铁一样为出行旅客提供足够便捷的服务。道路客运联网售票系统的广泛应用将有效解决这一问题。未来，道路客运与铁路、航空系统的对接将为公众提供个性化、多样化需求的出行信息服务，让公众体验到更加丰富的服务内容、更加广泛的服务领域、更加经济便捷的服务方式、更加优质高效的服务质量。通过信息动态实施交换共享，可以全面实现运输服务与经济社会需求的实时匹配、按需对接，消除行业管理部门、客运企业与人民群众间运输服务信息的不对称，增强交通运输对社会服务的透明度，让公众切实享受到改进提升运输服务带来的便利。

第2章　总体设计

2.1　概述

2.1.1　总体目标

结合道路客运业务现状，按照“一个平台、六个系统”的建设思路，通过道路客运联网售票系统六大应用系统及数据交换平台的建设，积极探索多元化售票渠道的建设以及道路客运联网售票系统运营思路，更好地服务领导决策、行业管理和公众出行。

道路客运联网售票系统的总体目标有：

1)提升公众出行信息服务水平

面向出行公众提供全方位的多元化售票服务，全面提升公众交通信息服务水平。通过网络等多种方式为公众提供道路客运班次、余票、票价、车辆、驾驶员等信息的查询服务，并提供方便及时的网络售票、代售点售票、自助终端售票、智能终端售票等多元化、创新性的售票服务，探索车票预定、送票(邮寄)、票务信息定制等增值服务方式。扩展客票销售渠道，强化售票代理点经营管理。

同时，通过实名制售票的建设实施，为公共安全和道路客运安全管理提供基础支撑。

2)提升客运企业运营效率

通过预售票数据和历史售票数据分析，可以预测各班线运输需求，为客运企业调整班线运力、实现精细化管理、提升运营效率提供支撑，同时降低客运市场相关运营成本。

3)增强客运行业监测能力

在全面采集道路客运动态信息的基础上，进行客流方向、客运量、上座率、发车准点率等数据的分析，可以有效掌握道路客运行业动态、发展趋势，为各级行业管理部门制订道路客运发展规划、开展重点时段运输组织、运力调配、评价道路客运企业服务质量等提供数据支撑。并通过加强道路客运行业监测，可进一步落实道路客运行业管理部门的监管责任，节约行业管理成本。

4)有效实现数据交换共享

参照行业规范和标准，制订统一的道路客运数据交换接口标准和交换规则，建设数据交换平台。全面采集人、车、业户、班线等基础数据，采集各客运站的客运基础数据和业务数据，在转换、关联、合并和清理的基础上，对道路客运信息资源进行梳理，实现道路客运行业数据在多级层面上的交换共享。

5)探索长效运营管理机制

长效可持续的运营管理机制是联网售票系统实现常态化运营、实现系统服务价值、提高经济社会效益的重要保证。通过联网售票系统建设，探索系统运营管理机制，通过政策法规、标准规范、利益格局、运维经费等方面的多元化探索，形成道路客运联网售票系统长效运营机制。试点引入市场化运作手段，促进联网售票产业化发展模式的形成。

6)提升道路客运综合信息服务水平

推进道路客运联网售票系统与水路运输、铁路、民航等多种出行方式的有效衔接与信息共享，拓展道路客运出行信息发布手段，为公众提供全方位的出行信息服务。进一步促进综合客运体系的形成，实现多种出行方式的无缝衔接，建立较为健全的综合运输信息服务体系。

2.1.2 设计原则

道路客运联网售票系统的设计应立足于先进、成熟的主流技术和产品，在技术开放和高度集成的基础上进行应用开发；在保证系统安全的前提下，使系统做到易用性强，可维护性、可扩展性强。

在整个系统的设计时，应遵循如下设计原则：

1)实用性与可行性

联网售票系统建设所采纳的主要技术和相关产品应具有实用、成熟、稳定、安全的特点。其中，实用性以提高系统整体运行效率为重点，既要便于用户使用，又要便于系统管理。

2)先进性与成熟性

联网售票系统建设既要采用超前思维、敢于采用先进技术和先进系统工程方法,又要注意思维的合理性、技术的可行性以及方法的正确性。系统的建设应能反映当今的先进技术和理念,而且具有发展潜力,能保证在未来若干年内仍占主导地位。系统建设要求先进性与成熟性并重,并考虑到近年来的应用发展特点,把先进性放在重要位置。

3)开放性与标准化

联网售票系统应是一个开放的且符合业界主流技术标准的系统平台,系统的建设应是与硬件、通信、软件、操作平台等环境松耦合的,不应依赖某个特定平台。

4)可靠性与稳定性

在考虑技术先进性和开放性的同时,还需从系统结构、技术措施、系统管理等方面着手,确保系统运行的可靠性和稳定性,达到最大的平均无故障时间。

5)可扩展性与易升级性

为适应联网售票业务不断拓展的需要,道路客运联网售票系统的软硬件环境必须具有良好的平滑可扩展性,软硬件系统均容易升级。系统能满足未来若干年业务发展的需求。

6)安全性与保密性

在联网售票系统设计中,要充分考虑信息资源的安全共享,注意信息资源的保护和隔离,并针对不同的应用和不同的网络通信环境,分别采取不同的措施,包括系统安全机制、数据存取的权限控制、网络上传输的安全保密性等。

7)可管理性与可维护性

整个联网售票系统是由多个应用组成的复杂应用系统,为便于系统的日常运行维护和管理,要求所选产品具有良好的可管理性和可维护性。同时,可管理性和可维护性还包括道路客运联网售票系统自身。

8)最佳的性能价格比

联网售票系统建设应进行科学的投入产出分析,力求道路客运联网售票系统能反映实际需求,并能达到最佳的性能价格比。

2.2 服务对象分析

道路客运联网售票系统的服务对象主要包括社会公众、客运站和客运企业、各级行业管理部门，以及系统运营单位和代售点等。联网售票系统以社会公众为主要用户，应尽可能加强道路客运票务资源统筹及与其他客运信息的联动，为公众提供便捷的出行信息查询和售票服务。

1)社会公众

联网售票系统为社会公众提供网上售票、智能终端售票、代售点售票、自助终端售票等多元化售票方式，打破了道路客运售票中长期存在的站点排长队、不容易查询和购买车票的局面，并可通过在线支付、退改签等方式自主安排出行。

2)道路客运企业及各级客运站

联网售票系统中客运站站务管理系统及小件快运管理系统直接服务于各客运站和客运企业，应用于客运站站务、票务、调度、检票等各项业务，充分利用客运企业优势车辆资源，在新的形势下节约企业运营成本，创造更多的利润。

3)各级代售点

道路客运联网售票系统覆盖面较广，除客运站售票外，各级代售点也可并入该联网售票系统进行各级范围内的售票，为不同的应用人群提供便利，扩大联网售票系统的受众面。

4)道路客运联网售票系统运营单位

运营单位统一管理联网售票相关渠道信息及票源信息，做好票据票证相关维护工作，保障联网售票系统的稳定性和可靠性。

5)道路运输管理部门

各级道路运输管理部门通过对班线信息、售票信息、实名制信息等业务数据的实时采集，以及各种统计分析技术及大数据挖掘，为行业安全监管及生产指导提供重要数据依据，方便行业领导决策。

6)保险单位

公路客票及小件快运均可引入保险理念，既充分保障了旅客权益，又为客运企业及保险公司带来了一定的额外收益。

2.3　系统功能需求分析

道路客运具有“点多、线长、面广、流动、分散”的特点，信息瓶颈是制约公路客运服务、管理、经营水平的重要因素。道路客运联网售票系统的建设就是在现有技术平台上充分发挥高新技术的作用，建设全方位运营服务平台，提高客运服务水平及信息互动水平。

2.3.1　核心需求分析

道路客运联网售票系统主要提供公众出行服务、客运企业（含联网售票运营机构）服务、政府行业监管/安全监管服务三大范围的服务，同时提供数据交换共享，实现大数据整合和应用。同时考虑与运政等系统进行信息整合共享，以及与其他系统通过接口进行数据交换。

2.3.2　面向社会公众的系统功能需求

公众乘车出行从出发前的准备、购票、乘车到达目的地，需经过多个环节，在每个环节，公众所需的信息和服务是不同的，道路客运联网售票系统的建设就是通过对公众乘车业务流的全面分析，为公众提供准确、及时和主动的信息和服务，提供多元化的售票方式，简化购票流程，全面提升客运服务水平。

为公众提供的服务主要有：

（1）提供网络售票、代售点售票、自助终端售票、智能终端售票等多元化售票方式。

（2）实现汽车票查询、购票、在线支付、退票等服务。

（3）可在客运站购买其他联网车站间的客票。

（4）支持自助售票机取票、取票号/取票密码取票、二代身份证取票。

（5）小件快运预约、网上快速查询。

（6）电子客票推广应用。

（7）统一客服热线电话、公众监督。

公众出行乘车流程如图 2-1 所示。

1）出行前

（1）客运站信息查询：提供各级客运站情况介绍，使乘客可以按区域、名称等检索出其关注的客运站详细情况，包括客运站的位置、交通、班次发往地、服务电

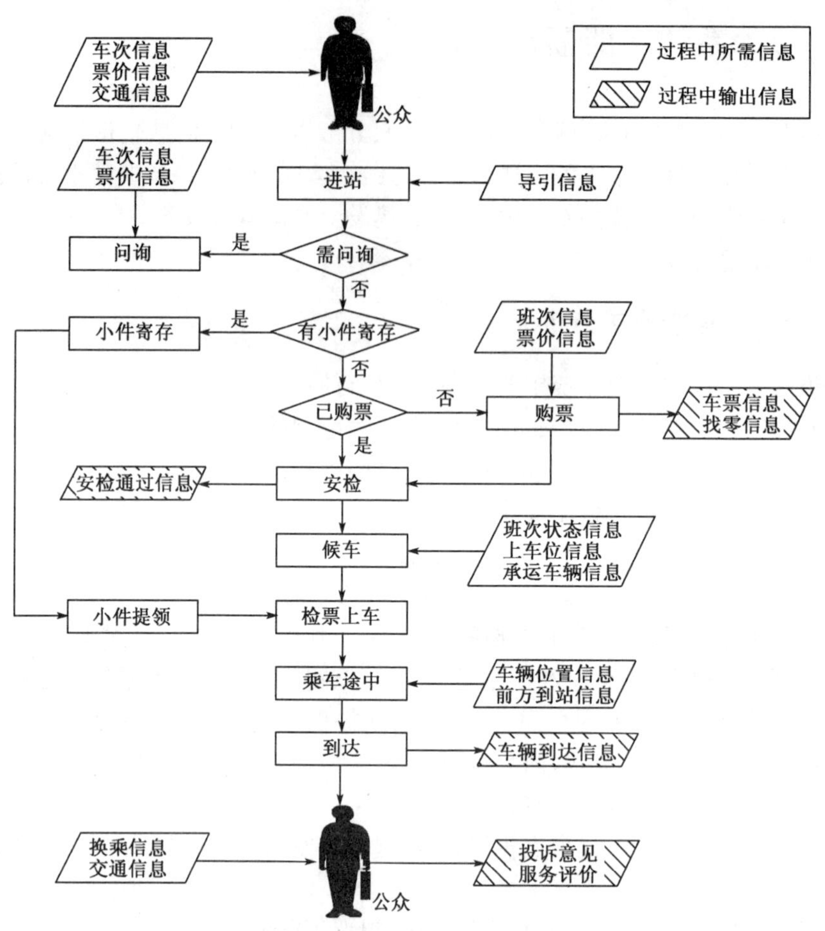

图 2-1　公众出行乘车流程图

话及相关注意事项等。

(2)班次票价信息查询:提供各客运站的班次、票价信息及检索服务,使乘客可按出发地、目的地以及出发日期,检索出符合条件的班次详细信息,包括发车时间、票价、余票信息、承运车型、途经站点、里程及时长等信息。

(3)出行智能规划:为乘客提供智能化出行规划和换乘方案,使乘客可以基于票价、所需时间以及舒适度选择最佳的出行及换乘方案。

(4)多元化购票:为乘客提供互联网网站、手机等多种方式的购票服务,并提供在线支付功能,使乘客在出行前就能预先购买去往目的地的车票。

2)出行中

(1)进出站引导信息发布:通过LED屏、自助查询机、静态引导标识以及站内广播,为乘客进站购票、候车检票以及出站提供引导,方便乘客进、出站。

(2)班次、车辆状态信息发布:通过门户网站、LED屏、站内广播为候车乘客及接站人提供班次到发计划信息,保障乘客的知情权。

(3)问询:通过服务台或售票窗口,为乘客提供查询到目的地的班次信息,包括班次的开车时间、票价、里程、余票等。

(4)小件寄存:提供小件寄存和提领登记功能。办理小件寄存时,登记寄存人信息、标签信息和存放位置信息,若有向乘客收取寄存费,则应打印收费发票。在乘客领取小件时,应通过乘客提供的身份信息和小票,快速查找到小件存放的位置,在完成信息核对后将小件提领给乘客。

(5)购票:乘客通过客运站售票窗口、自助售票机,购买从本站前往目的地的班次车票。购票时,乘客可以选择发车时间、承运车型和座位种类。

(6)检票:乘客上车前,对乘客的车票进行验票,当开检班次与乘客所乘班次不一致时应提醒乘客,告知其正确的检票口和开检时间。

(7)应急及交通信息通报:对于因天气、自然灾害、节假日高峰期等导致的路阻、班次延误、乘客大量聚集等,及时通过门户网站、站场LED、广播等方式通知乘客,并提供换乘方案和疏导信息。

(8)在途信息发布:在车辆行驶途中,对于设有LCD/LED屏的车辆,应该及时发布车辆的位置信息和到站信息。

3)出行后

投诉及服务评价:通过网站为乘客提供投诉和服务评价功能,供乘客对客运站和班车提供的服务进行评分,并开辟投诉专栏供乘客发布投诉及建议。

2.3.3 面向客运站的系统功能需求

客运站的主要任务是安全、迅速、有秩序地组织乘客乘车、下车,便利乘客办理一切旅行手续,为乘客提供舒适的候车条件。客运站是乘客集散的重要场所,同时承担车辆调度和安全管理等职能,运行效率、作业规范程度是衡量其服务质量的关键指标。

客运站营运是通过不同岗位人员间的精密协作来实现的,各岗位的作业效率和信息传输速度决定其经营管理水平。目前,客运站主要设置的岗位角色包括调度员、售票员、检票员、出站稽查人员、行包员、票据管理员、财务人员、统计人员以及管理者等。

客运场站业务流程如图 2-2 所示。

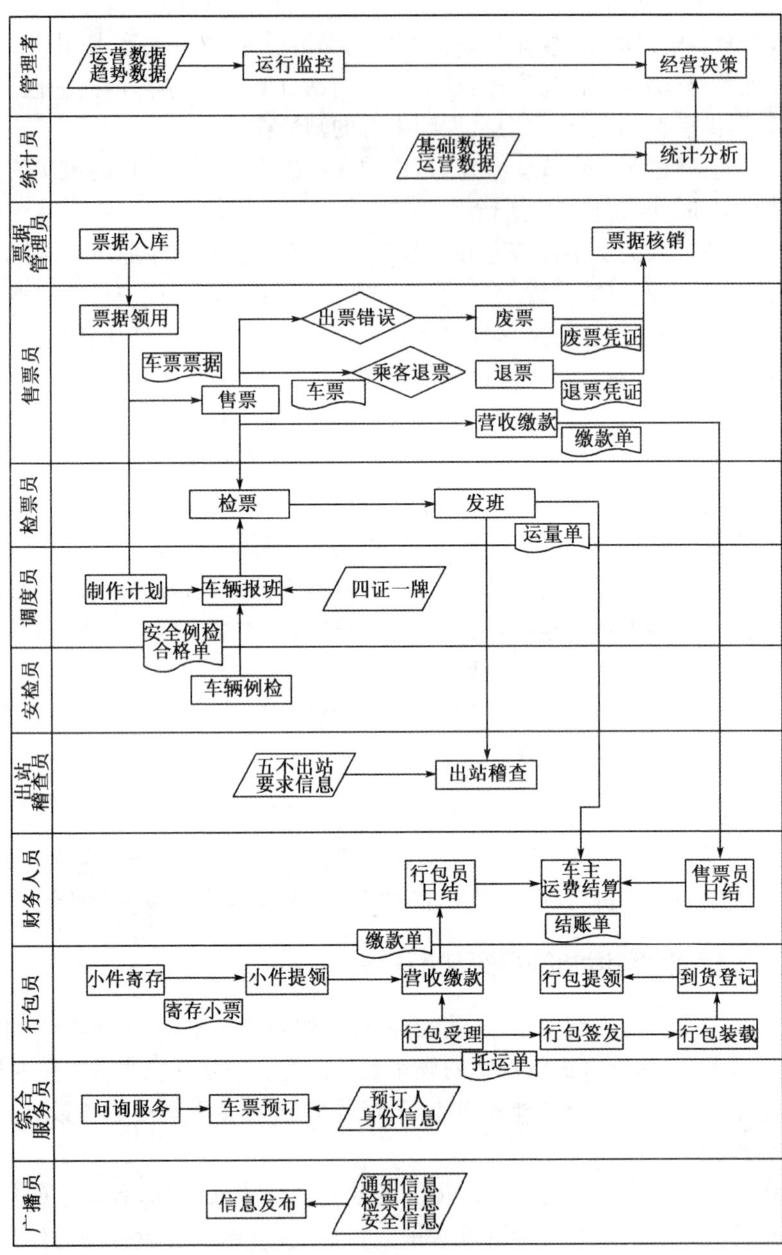

图 2-2　客运场站业务流程图

客运车辆是客运站的承运主体，需要遵守相关行业管理规范、接受客运站安全监控，并履行相应安全运行职责，同时接受客运站提供的各类调度和引导服务。

车辆进站时，客运站应对车辆进行自动辨识，确保“无关车辆不进站”。对于营运车辆，客运站应提供信息引导，指引车辆在指定区域落客、停车。

在车辆报班前，需要经过洗车、消毒等整备作业，然后按照安全管理规定接受车辆例检。通过安全例检的车辆才能去报班，在报班时，系统应自动提取车辆的整备和安检信息，并根据预设条件决定车辆能否报班。

车辆完成报班，在检票时间到达后，接受客运站调度，到达指定的候车位，等待乘客检票上车。当发车时间已到，车辆发车准备出站，到达出站口时，需再次接受检查，确保符合“五不出站”的要求。

为高效完成以上整个流程，车辆应尽量借助自动识别和检测设备（如 RFID、IC 卡等），实现自动化作业。

另外，在行驶途中，车辆需按指定的线路行驶，并接受行业管理机构的监控。客运车辆营运调度流程如图 2-3 所示。

道路客运联网售票系统就是要通过引入先进的技术手段和作业方式，加速各岗位的作业效率，同时，将原有的信息传递方式由纸质改变为电子信息传递，提高信息传输速度。

另外，须切实落实行业管理规定和安全管理要求，将安全管理的人为控制方式转变为自动化控制，实现安全管理信息化，满足经营管理者及时掌握经营状况、辅助经营决策的统计分析需求。

客运站的功能需求主要包括：

（1）基础资料管理：对站点、车型、线路、班线、车辆、车站、售检票口、停车位和售票点等基础数据进行管理，为客运站业务的开展提供数据保障。

（2）档案管理：用于管理驾驶员、乘务员、车站员工、承包者等的档案信息，以及驾乘人员的奖惩信息。

（3）票据管理：实现对客运站各类票据（如车票、运量单、IC 卡等）从入库、领用到核销的全过程管理，有效防止票据流失。

（4）车辆安检管理：对车辆例检进行信息化管理，提供车辆信息登录、检查数据存储、检查信息查询、检查报告生成和人工录入功能。

（5）票价管理：对客运站各线路班次的公式票价、平时票价和节日票价进行管理，提供票种、票价组成、票价公式自定义等功能。

（6）调度管理：满足对运行班次的各类综合调度，提供班次修改、票价临时调整、加班、班次状态变更、留位、加减座、并班及车辆报道等功能。

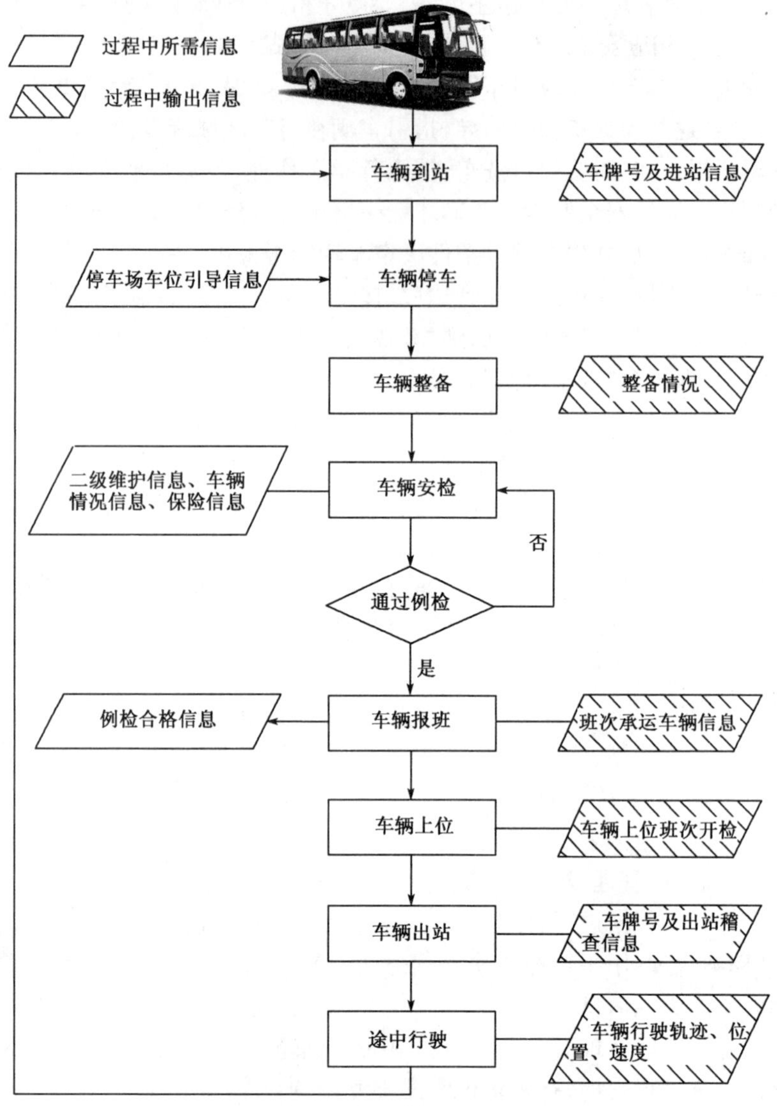

图 2-3 客运车辆营运调度流程图

(7)售票服务:提供售/退/废本站票、联网票,订票、补票,售/退/废保险票,车票重打和补打,及会员卡购票等功能。

(8)问讯处:为问讯处提供本站班次和联网班次信息的查询功能。

(9)检票服务:面向正班和流水班提供检票功能,支持手工检票、扫描检票,提供检票、退检、补检、混检、发班、补打等功能。

(10)结算管理:提供售票员缴款、站运结算功能,支持罚款登记、扣费项自定义、客代费公式计算、车主分成结算。

(11)综合查询:提供各类基础信息和经营信息的明细查询功能,包括售票信息、调度信息、票价信息、检票信息等。

(12)报表统计:面向管理人员、财务人员、统计人员和业务人员,提供站务营收统计、票款划拨统计、各类经营指标统计的报表。

2.3.4 面向客运企业的系统功能需求

客运企业是交通运输业的运营主体,承担着运送乘客、车辆调配、驾乘人员管理等任务,并对上级管理单位肩负着提供运营数据等一系列工作。借助道路客运联网售票系统的建设,可为客运企业提供实时客流动态信息,提供运营管理、安全监控、客运服务等诸多方面更多的信息和业务支持,提高企业的运营效率和管理水平。系统可以通过用户权限的配置,为不同的用户提供与其企业发展有关的决策支持信息。

客运企业的功能需求主要包括:

(1)班线基础信息管理。

(2)班线实时售票情况查询。

(3)运力管理。

(4)调度信息实时查询。

(5)结算和对账。

(6)运营车辆实时监控。

(7)运营统计分析。

2.3.5 面向客票分销商的功能需求

道路客运联网售票系统建设的目的是搭建起多渠道、多方式的分销渠道,鼓励超市、邮局、旅游办事处、旅馆酒店等多种服务网点作为代理售票服务商,并可通过网络、手机、呼叫中心、自服务售票终端和代理点等多种售票方式为乘客提供高效快捷的购票服务,可以快速拓展车票销售渠道,为乘客购票和出行服务提供更多选择与便利。

客票分销商的功能需求主要包括:

1)互联网/呼叫中心/移动终端售票业务接口

提供标准的数据接口,实现互联网、呼叫中心、手机终端、自助售票终端等多元化售票方式的接入，提供查询、售票、退票等服务。出行公众可通过登录互联网客票销售网站，或通过手机终端应用、自助售票机等，查询客票信息，选择所需客票，通过多种支付方式实现购买客票。凡是能上网的地方，均可实现电子客票的购买，实现了不限时间、不限地域的客票销售功能。

2)对下级代理点管理

支持开展B2B、B2C的商业模式，满足对下级代理点管理：

(1)接入身份认证与识别。

(2)通过标准接口与票务中心互通，实现查询和售票相关业务。

(3)与清分中心实现账务结算。

(4)支持对二级代理点的管理结算。

(5)业务统计与分析。

2.3.6 面向行业管理部门的系统功能需求

行业管理部门承担道路乘客运输行业管理职责，负责维护行业的公平和公正，为乘客提供便民服务，并及时公开各类服务信息和行政许可信息，保障行业健康、安全和持续发展。

行政许可包括客运经营许可和班线经营许可，是运管部门行使行业管理职能的主要手段。在审批客运经营及客运班线经营申请时，运管部门需要掌握行业统计信息，了解现有班线的经营情况及客流情况，合理控制规模，防止运力资源浪费。同时，对于运力投入不足的线路，运管部门需要通过公开招标方式，择优选取信誉良好、服务质量有保证的班线经营者参与班线经营。

指导道路运输安全生产工作也是运管部门的一项重要职责，运管部门需及时监控各经营车辆的安全例检情况和在途运行情况，对于不符合安全生产规定的运输行为进行及时干预。同时，对于有可能发生或已发生的各类事故要进行高效处置。特别是在春运期间，需要通过运力统计分析获取最大能够承受的运量，如果运力不足时，及时启动应急预案，并调集社会可用车辆，增设加班车次，缓解运输压力。

行业监管业务流程如图2-4所示。

行业监管部门的功能需求主要包括：

1)科学制订决策

建立道路客运联网售票系统，可以整合客运信息，为行业管理者提供实时客运动态信息，结合已有静态信息，可以全面了解客运流量、流向、企业经营状况

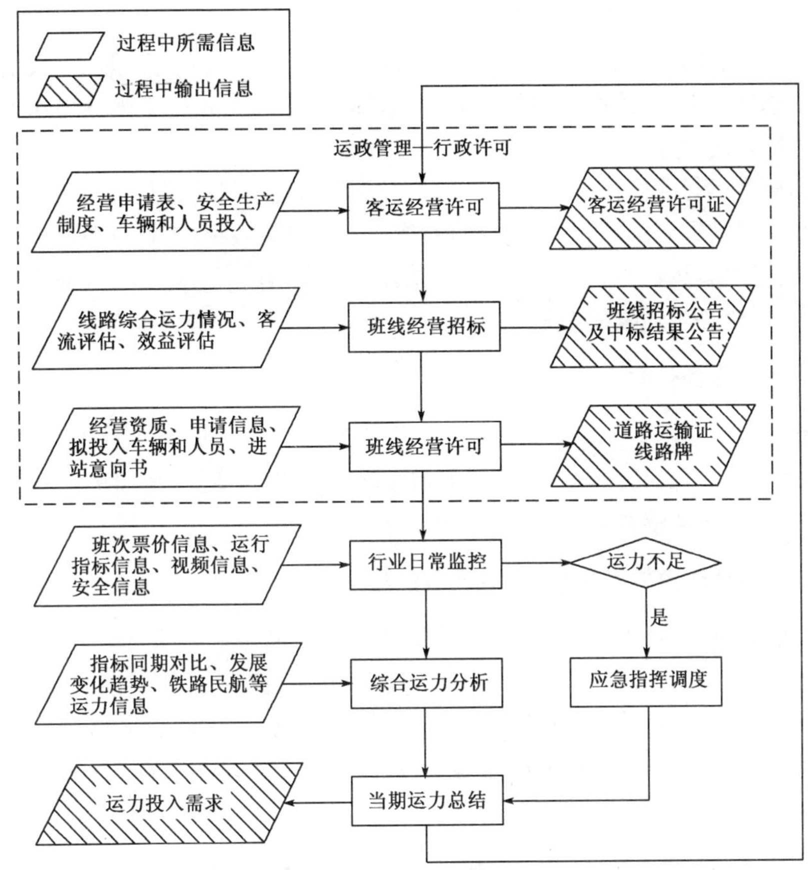

图2-4　行业监管业务流程图

等。运用先进的数据分析处理和信息挖掘技术，主动发现道路客运行业中的问题和规律，提高决策的科学性和应急事件的快速响应能力，充分满足行业管理的需要。

2)规范客运市场行为

通过建立联网售票系统，一方面可以减少目前部分企业之间不公平竞争的问题，保证经营业户在售票环节中提高信息透明度，为客运站、客运企业创造公平竞争环境；另一方面联网售票系统的建立将促使更多乘客到站乘车，强化了运管部门要求的“车进站、人归点”的执行力度，对打击黑车、维护安全和规范市场行为具有一定作用。

3)实现道路客运信息共享

“一票到底,一单到底”将是未来综合运输的发展方向,公路、铁路、民航联运的需求越来越大,道路客运中短途运输优势和灵活的支线运输优势将使道路交通成为综合运输体系主干运输延伸的不二选择。

当前客运行业内信息不统一造成的行业间信息不能共享是阻碍现代综合交通体系建立的重要问题,通过建立道路客运联网售票系统,整合行业内部客运信息,实现道路客运信息共享,满足与民航、铁路客运信息无缝对接,方便乘客换乘的要求,促进综合运输体系建设。

4)提高服务公众水平

联网售票系统的建设将打破以往地市之间由于信息孤岛引起的异地购票难等问题,方便公众出行购票,从而提升政府服务社会的能力,是加快发展道路运输业,提升道路运输监管和服务水平的举措之一。

5)提高运输资源利用效率,实现节能减排

当前道路客运线路投放决策缺乏数据支持,导致一些线路实载率低,部分客车回程空驶。加上客车都设计了较大的货仓,乘客行李一般都不能满载,这些情况导致了极大的运输资源浪费。通过道路客运联网售票系统,提高运输资源利用效率,减少不必要的或重复的运输资源投入运营,实现节能减排,从战略上贯彻落实国家关于发展低碳经济的号召。

2.3.7 面向联网售票运营机构的系统功能需求

1)联网售票交易结算

定期生成结算数据和结算报表,实现运营机构与各客运站或客运企业的票款结算,提供网上售票、手机售票等票款的集中结算功能。

另外,在生成汇总结算数据的基础上,提供结算数据明细查询功能。当客运站与运营机构存在差异时,方便双方对账。

2)渠道管理

联网售票运营机构对外提供统一的票务服务和数据接口,实现与第三方代售机构的对接。作为对外服务的窗口,可以管控各类接入机构,控制其可访问、可售班次的种类和数量,以及售票额度,或实行保证金制度等。

3)运营监控

联网售票运营机构可监控各客运站的联网状态,查询各联网客运站的班次信息、票价信息和实时余座信息。

4)对外服务

对外提供票务服务接口和数据服务接口,并能对各接口的流量情况、交易发生次数、运行状态进行监控和数据统计。

5)票据管理

票据管理主要包括票据领取、票据发放、票据使用、票据上缴等业务,支持票据操作包括票据的入库、领用、核销、作废,票据类别管理,以及票据使用情况汇总。

2.3.8　面向社会安全及监管需要的电子客票及实名制售票需求

1)电子客票服务功能

电子票务是通过非纸质有价凭证来实现客运服务(电子客票)与相关服务的销售,并实现全程电子化服务。

(1)以电子客票作为客运服务核心,实现电子化的售票、支付、改签、检票、乘车、结算以及其他个性化、多样化服务等全过程旅行服务,为乘客提供更加便捷、高效、舒适的服务。

(2)以电子客票作为业务流程优化的基础,实现客运营销、销售、乘车、乘务、收入审核、清算等业务的电子化管理。

电子客票购票业务流程如图 2-5 所示。

2)实名制售票服务功能

实名制售票整体的业务流程分析如图 2-6 所示。

从图 2-6 可以看出,通过不同的联网售票方式售出的车票,其介质形式是不同的,车站或代售点售出纸质车票,而通过网站售出的是电子客票。对于电子客票,出行公众可取票后检票乘车,未来应满足乘客直接凭身份证件刷卡乘车。

实名制进站安检验票流程如图 2-7 所示。

客运车站通过设置安检通道,对进入客运站候车大厅的乘客的身份证件进行登记,并验证乘客的乘车凭证。通过条码/二维码阅读器对乘客的乘车凭证进行自动读取登记,对其他身份证明进行扫描存档、录入登记;系统在读取乘车凭证时,将与乘客进站实名制登记信息和售票系统的购票人登记信息进行对比,信息全部一致时,方可通过验证乘车。

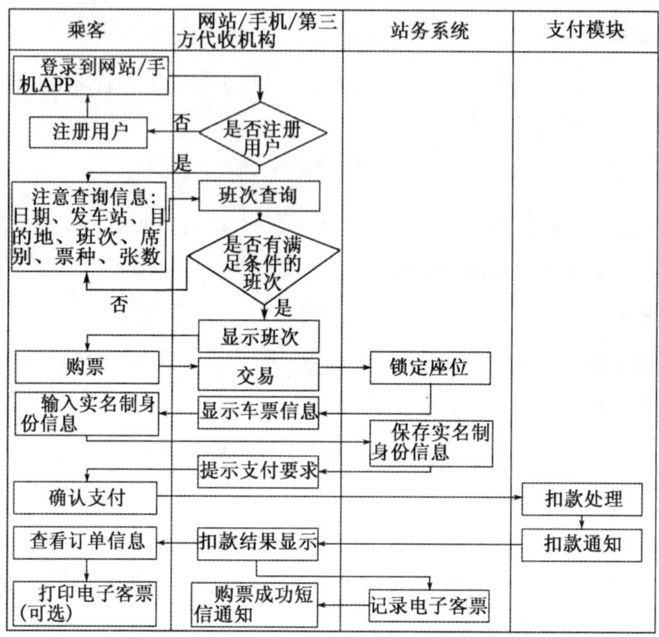

图 2-5　电子客票购票业务流程图

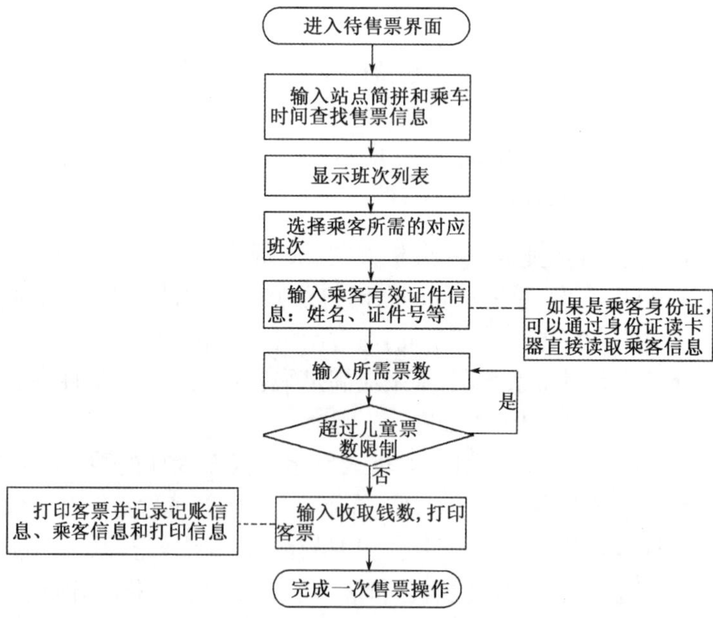

图 2-6　实名制售票服务流程图

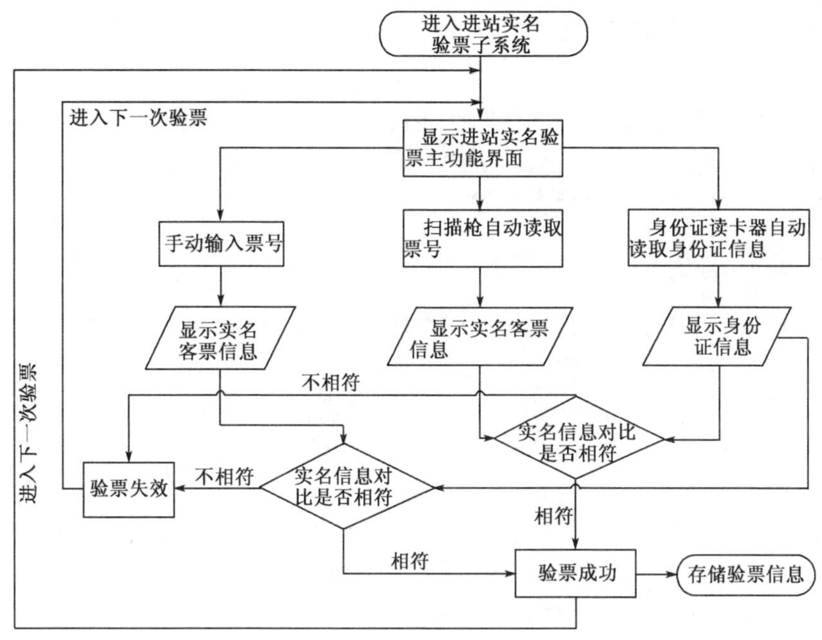

图 2-7　实名制进站安检验票流程图

2.3.9　面向增值服务的功能需求

(1)保险

提供车辆乘意险等相关保险的销售服务，包括售票系统网络售票、代售点售票、自助终端售票、智能终端售票等多种方式，均可引入保险相关业务，为乘客出行带来相应保障。小件快运中的货物运输也可引入保险机制。

(2)广告

在网上售票、自助机售票、手机售票等方式中，引入广告运营商，增加业务收入。

(3)车载 WiFi 终端

通过车载 WiFi 终端设备的引入，使乘客在长途旅行中有效改善乘车体验，为乘客移动办公提供网络支持。同时，WiFi 终端设备的广告运作亦可增加业务收入。

2.4 系统性能需求分析

道路客运联网售票系统的预期性能指标参考业务访问性能需求、主机系统性能需求、存储系统性能需求、网络性能需求、系统可用性需求、系统可扩展性需求、系统易用性需求、安全保密性需求、系统容灾需求。

2.4.1 业务访问性能需求

业务访问性能主要表现在作业响应时间上。作业响应时间是指完成目标系统中的交互或批量处理所需的响应时间。

(1)交互类业务是指平时工作中在系统中进行的业务处理，如录入、修改或删除一条单据等操作。系统对交互类业务响应时间要求在5s以内。

(2)查询类业务。票务信息查询、清分对账、统计报表生成等查询业务由于受到查询的复杂程度、查询的数据量大小等因素的影响，需要根据具体情况而定。对大数据量的查询系统响应时间应在60s内。

(3)售票交易系统具有高并发业务请求和海量数据的处理能力，同时支持多种渠道的订/购票并发请求，系统完成单笔业务的时间不应超过5s，其中单张出票时长不应超过1.5s。

2.4.2 主机系统性能需求

道路客运联网售票核心数据库建议采用关键应用主机系统，确保系统性能稳定，避免核心数据丢失。为合理选择数据库服务器的技术指标，采用业界较为通用的方法对数据库服务器的计算能力进行初步估算。

采用目前使用较多的基于TPC-C的经验公式来对道路客运联网售票系统的应用服务器CPU性能要求进行估算。其计算公式如式(2-1)所示。

$$\mathrm{tpmC}=\mathrm{TASK}\times C_t\times S\times F/[T\times(1-C)] \tag{2-1}$$

式中：tpmC——每分钟处理的交易量(transactions per minute)；

TASK——每日业务统计峰值交易量；

C_t——交易日集中期内交易量比例；

T——每日峰值交易时间；

S——实际业务交易操作相对于TPC-C测试基准环境交易的复杂程度比例；

C——主机CPU处理余量；

F——系统未来5年的业务量发展冗余预留。

TASK值以主要业务操作的日均处理量为基数计算,其计算公式如式(2-2)所示。

$$\text{TASK}=\text{日均业务处理量}\times\text{平均每次访问对应数据库事务数}\times\text{业务高峰期交易量与平均交易量的比值} \quad (2\text{-}2)$$

2.4.3 存储系统性能需求

道路客运联网售票系统应满足基础数据和动态业务数据存储能力,保证设备能够存储5年的分析统计及重要数据。

道路客运联网售票系统建设可配置磁盘阵列用于存储,建议通过SAN交换机与数据库服务器连接,组建FC SAN存储系统,存储容量视各个地方具体需要进行设置,建议保留30%以上的冗余容量。同时,建议系统运营中心与备份中心的数据保持同步,存储容量可以基本保持一致。

2.4.4 网络性能需求

联网售票系统的网络性能需求主要包括:

(1)网络性能:内网千兆带宽,支持万兆扩展。

(2)网络安全:网络物理安全防护、系统主机安全防护、数据通信安全防护、操作系统安全防护、数据库安全防护与应用安全防护等多重安全保障。

(3)网络结构:7×24h,关键节点冗余设备。

(4)网络管理:网络状况自动监控、网络故障诊断与管理、网络服务管理、网络性能管理。

(5)数据中心到各个分中心的网络专线,建议带宽配置不小于10Mbps;对外公开售票服务(包含网站服务、代售点SSL VPN接入等)的网络带宽配置100Mbps,根据实际的用户压力情况弹性增加,按需缴费,并建议多家运营商线路接入作为线路备份,减少断网的概率;同时还需要把网络跟各级运输管理部门对接,对接专线若有交通专网则采取接入交通专网的方式,若无交通专网建议采用2Mbps以上VPN专线接入。客运站到道路客运联网售票中心之间的线路对接采用互联网专线的方式连接,建议带宽配置不小于2Mbps,一、二级站建议带宽配置不小于10Mbps。

(6)清分结算系统带宽建议不小于10Mbps。

(7)备份网络建设:每条网络线路建议采用双线方式进行备份,由不同网络服务提供商提供,以应对不断增长的业务需求及网络链路中断的可能性。备份链路带宽可略小于原主线路带宽。

2.4.5 系统可用性需求

道路客运联网售票系统应具备每周 7d、每天 24h 的不间断连续运行能力。其中道路客运联网售票服务系统和道路客运联网售票清分结算系统对可用性要求较高，可用性应达到 99.99%，其余系统应达到 99.9%，并应在建设时排除“单点故障”。详见表 2-1。

系统可用性需求 表 2-1

需求描述	优先级	响应和对策
系统自动失效转移，避免单点故障	高	支持
灾难恢复计划	高	支持
高效的备份/恢复流程和技术，缩短由于数据库、硬件和应用升级所带来的停止服务时间	高	支持

道路客运联网售票系统的平均故障恢复时间不超过 1h；较大故障 6h 内恢复。系统发生故障时，除了能够立即组织解决故障外，同时需要考虑采用技术手段保证交易的完整性，具体要求如下：

(1)发生故障后应优先恢复外部门户网站等涉及社会公众的重要模块，体现以服务大众为中心的工作原则。

(2)应考虑配置后备系统，如果确认故障不能在短时间内解决，立即启用或自动切换到后备系统，保证业务的正常运作。

2.4.6 系统可扩展性需求

道路客运业务是不断变化发展的，要求系统能够灵活适应业务的发展需要，能够与其他系统进行衔接和数据交互。所以，系统应具有良好的可扩展性，能方便部署新的业务应用系统或应用功能。

(1)系统在设计上具有适应业务变化的能力，当系统新增业务功能或现有业务功能需求变化(如界面的变化、业务实体变化、业务流程变化、规则的改变、代码改变等)，可以保证业务需求变化造成的影响局部化。

(2)系统应提供一个弹性的架构，支持使用配置而免编程的方式对业务流程、业务表单、查询统计等功能的定制与调整。

(3)系统设计应有完整的过程文档，并建立相应的环境和工具，以便将来对系统功能进行修改和扩充。针对不同上线单位，提供相适应的系统部署方案和详细、易读、易理解的安装和维护手册。

(4)软件修改和升级应方便易行,系统具有自动升级功能,具备对错误问题进行远程分析与排除的功能,提供对历史数据的处理及优化机制。

(5)对于需求中已经明确考虑到未来可能发生的业务处理模式,系统必须采用参数化设计,可以根据实际情况对系统功能进行灵活调整而无须修改程序。

系统可扩展性需求详见表 2-2。

系统可扩展性需求　　表 2-2

需求描述	优先级	响应和对策
面向服务架构,模块化、组件化和松耦合系统设计	高	支持
软件设计上要面向接口而不是面向具体实现,业务逻辑和数据存储相对分离	高	支持
基于工作流和规则库	中	支持
系统的可配置能力,如录入的表单种类、表单中的输入域	中	支持
客户端必须减少修改和升级所带来的维护工作量和复杂度	高	支持
基于标准的 HTTP 协议通信,减少对防火墙以及服务递送机制的维护工作	高	支持
统一内容管理和内容定制	中	支持
涵盖需求分析、系统设计、软件开发、系统测试等阶段详细完整的设计文档和用户使用指南: ①一致的编程语言; ②使用业界标准建模工具,符合 UML 标准; ③提供所有的源代码,源代码包含必要的注释	高	支持

2.4.7 系统易用性需求

道路客运联网售票系统主要为出行公众、行业管理部门、客运站和客运企业等提供服务,覆盖范围较广,特别是出行公众服务部分,包括网络售票、代售点售票、自助终端售票、智能终端售票等。因此,联网售票系统应提供友好的人机操作界面,系统设计应以用户为中心,符合不同类型的用户角色固有的管理和使用习惯,能使用户以较快的速度找到自己最关注的功能操作和数据信息,方便用户学习和掌握,提高系统使用效率。

易用性需求主要包括以下两个方面:

1)界面和操作易用性

(1)界面设计符合客户的要求。

(2)界面风格一致,颜色调和、提示清晰、窗口大小适当,使用方便。

(3)系统中的业务表单与实际单据保持一致,减少对话框的数量和鼠标操作使用率。

(4)常用操作有快捷键支持,大部分操作能够在小键盘内完成。

(5)系统应易于操作,逻辑步骤和操作步骤都应避免繁杂。

2)提供专业和人性化的帮助

(1)系统应有足够的提示信息显示操作结果及必要的处理方法。

(2)系统文档应符合用户的语言与文化习惯。

(3)应能提供详细、易读、易理解的操作说明书。

(4)系统在选择快捷键、缩写、提示和图标时应符合语言习惯。

(5)系统提供上下文相关的帮助信息,联机帮助应包括关于系统使用的分步指导,联机帮助应包括专业术语和缩写词的定义。

系统易用性需求详见表 2-3。

系统易用性需求 表 2-3

需求描述	优先级	响应和对策
一致的用户界面和个性化界面	高	支持
快速准确地得到信息服务: ①基于个人的信息门户; ②基于组织的信息门户	高	支持
突出用户的中心地位,在保证系统交互要求的同时考虑降低用户劳动强度,满足用户使用习惯	高	支持
区分用户的环境特点和工作要求,支持多种用户访问渠道: ①Internet 环境+信息访问:纯 Web 浏览器; ②Intranet 环境+高强度、高密度信息交互:采用插件方式; ③移动用户+信息访问:各种手持设备	高	支持
网上服务支持多语言(简/繁/英)	低	支持
全程在线帮助: ①提供了上下文相关的帮助信息; ②操作错误的提示信息是用业务用语描述; ③关键操作有提示信息	中	支持
详细完整的用户使用指南	中	支持

2.4.8 安全保密性需求

由于客运数据涉及各客运站和客运企业的商业秘密，以及出行公众的个人隐私数据，一旦数据泄露或系统遭到破坏，会对道路客运行业造成严重影响。因此，道路客运联网售票系统按照不低于等级保护二级的要求进行预定级。

联网售票系统的安全需求包括物理安全、网络安全、系统安全、应用安全和管理安全5个方面的内容。

(1)物理安全是保护计算机网络设备、设施以及其他媒介免遭地震、水灾、火灾等环境事故、人为操作失误或错误，以及各种计算机犯罪行为导致的破坏。它主要包括环境安全、设备安全、媒介安全3个方面。

(2)网络安全主要包括访问控制、漏洞扫描与风险分析、入侵检测与防御、病毒防护体系4个方面的内容。

(3)系统安全是指操作系统的安全级别要达到信息系统建设的要求，在选择操作系统时至少应该达到C2级别的安全，并需要做好补丁升级，掌握并使用操作系统提供的安全功能，实施账号及口令策略，启动审查功能，为防止未经授权的访问，定期检查系统日志文件，在备份设备上及时备份。

(4)应用安全主要包括各个业务系统的安全管理，是安全解决方案的落脚点和最终目标。采用的主要措施包括：认证与授权，PKI/CA系统(可选)，日志监控，数据安全，内容检查与过滤，数据输入和输出控制，数据审计与追踪。

(5)管理安全重点强调如何从管理的角度保证信息安全，其主要内容包括针对安全管理制订规章、制度，科学合理地组织安全管理实施，加强安全管理人员的培训。

安全保密性需求详见表2-4。

安全保密性需求 表2-4

需求描述	优先级	响应和对策
统一认证和权限管理机制，可以灵活配置； 多层次、多级别的用户管理及验证	高	支持
单点登录	高	支持
防火墙等安全产品符合国家有关规定	高	支持
权限管理：实现功能权限和数据权限控制	高	支持
数据安全：客户端与服务器以及服务器之间的数据传输安全；关键数据的存储安全；数据恢复机制	高	支持

续上表

需 求 描 述	优先级	响应和对策
安全事件审计包括:登录事件审计、访问控制审计、其他安全事件审计	高	支持
数据完整性:保证用户行为的不可抵赖性	高	支持

2.4.9 系统容灾需求

道路客运联网售票系统应具有较好的系统容灾机制,以保证发生网络中断、数据损毁等事故时,尽快地恢复系统应用,把损失降到最低。

联网售票系统的容灾需求主要包括:

(1)应用系统容灾

道路客运联网售票系统的建设中,数据交换平台、客运站站务管理系统、道路客运联网售票业务管理系统、道路客运联网售票清分结算系统、道路客运联网售票服务系统、道路客运信息监管与决策辅助系统为核心应用系统,应采用双机热备的方式,以保证这些系统的正常高效运转。

(2)数据容灾备份

数据安全是保障系统应用及对外服务实时高效提供的基础,数据库服务器采用双机热备模式保证数据服务的稳定性。道路客运联网售票系统的建设还可以考虑根据实际情况建立完善的容灾备份机制,如建立备份中心。

(3)网络容灾

当客运站与省联网售票中心的网络链路中断时,客运站仍可以出售本站车票。此时,其他售票渠道和终端将无法出售该离线客运站的车票,以避免重复售票的情况发生。待网络连接恢复,原离线客运站售票数据与道路客运联网售票系统数据中心票库同步后,方可恢复该客运站与其他客运站的车票互售及该客运站车票的网上销售。

同时,建议在建造时使用不同的网络服务提供商,建成双线备份,降低网络链路中断的可能性。

2.5 技术架构

2.5.1 总体技术架构

道路客运联网售票系统总体技术架构可概括为“一个平台、六个系统”。其中“一个平台”是指建设道路客运数据交换平台;“六个系统”是指客运站站务管理系统、道路客运联网售票业务管理系统、道路客运联网售票清分结算系统、道路客运联网售票服务系统、道路客运信息监管与决策辅助系统、小件快运管理系统。通过以上两个方面的建设,构建一个智能化的道路客运联网售票系统。

道路客运联网售票系统的总体技术架构如图2-8所示。

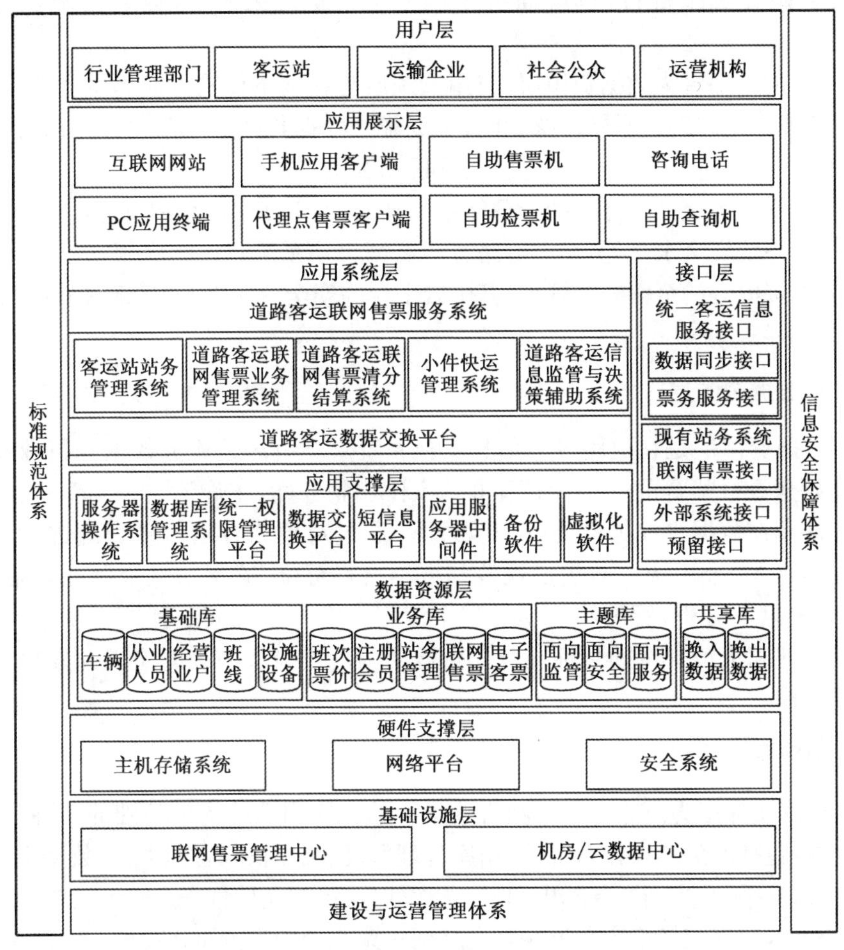

图2-8 道路客运联网售票系统总体技术架构图

1)基础设施层

基础设施层为道路客运联网售票系统建设提供的配套物理场所,主要包括联网售票管理中心建设与机房建设。其中,开展系统运营的办公场所在联网售票管理中心;机房建设方面,可采用自建机房或租赁云数据中心服务的方式来进行。

2)硬件支撑层

(1)主机及存储系统是道路客运联网售票系统运行的基础硬件系统,可通过自行采购集成来进行,也可通过租用云平台资源来进行,以有效节约硬件投资。

(2)网络平台为数据资源层、应用系统层等在网络传输方面提供支撑服务,建设完成的道路客运联网售票专网,应覆盖尽可能多的客运站。并依托该网络,实现各客运信息的采集、整合、处理、分析和展现。

(3)安全系统是在已有的管理体系基础上,完善技术体系和新建运维管理体系,提升系统安全水平,实现对道路客运联网售票系统建设的应用系统、网络系统、数据资源等的全面安全管理,其中云平台的安全由云服务提供商提供相应技术安全保障。

3)数据资源层

数据资源层是在道路客运信息交换系统对现有客运业务数据和行业管理基础数据进行整合的基础上产生的基础库、业务库、主题库、共享库。4 种类型数据库在数据管控体系的统一管理下,通过对道路客运信息资源进行科学的分类组织,采用统一的建设规范和数据交换标准,确保信息资源在采集、处理、传输以及分析、管理和共享的整个流程中在各系统间顺利地交换,以实现知识管理和决策支持的目标。数据资源层为各类应用系统的应用开发提供了数据支撑。

4)应用支撑层

应用支撑层为道路客运联网售票系统的各应用系统提供基础的、共同的应用支撑,包括服务器操作系统、数据库管理系统、统一权限管理平台、数据交换平台、短信息平台、应用服务器中间件、备份软件、虚拟化软件等。

其中,数据交换平台是道路客运联网售票系统中需着重建设的一个系统,该平台旨在搭建一个统一的信息交换子系统,通过制订统一的接口标准与规范,提供多层面、多形式的交换接口,I/O 层、数据层、应用层以及服务层相结合,满足各种应用系统之间的数据和应用的共享和交互,实现与客运企业其他业务系统之间的数据交换。

5)应用系统层

在数据资源层的基础之上,通过对公众出行服务、企业经营和行业监管的需求进行深入分析,基于先进的技术架构,设计开发各类应用系统;开发客运站站务管理系统、道路客运联网售票业务管理系统、道路客运联网售票清分结算系统、小件快运管理系统、道路客运联网售票服务系统和道路客运信息监管与决策辅助系统等。

6)应用展示层

通过互联网网站、手机应用客户端、自助售票机、电话、PC 应用终端、代理售票点客户端、自助检票机以及自助查询机等,为公众出行提供信息和票务服务。

7)接口层

接口层包括统一客运信息服务接口、站务系统接口、外部系统接口和预留接口。

统一客运信息服务接口主要实现客运数据同步与票务服务接口,站务联网售票接口主要用于对现有站务系统接入联网售票系统平台,外部系统接口主要实现联网售票系统与其他业务系统的数据交换与共享,预留接口则为满足未来应用需求所预留。

8)系统用户

系统用户主要包括 5 大类:行业管理部门、客运站、客运企业、社会公众和系统的运营机构。

9)保障体系

保障体系包括信息安全保障体系、标准规范保障体系、建设与运营保障体系。三大保障体系是该工程顺利建设与运行的必要条件。

2.5.2　道路客运数据交换平台

道路客运联网售票系统的建设应按照联网售票相关标准及规范要求,搭建安全、可靠、高效、稳定的道路客运数据交换平台,整合来自各类客运站、客运企业的客运动态数据和综合信息,实现道路客运信息的交换共享。

道路客运数据交换平台通过规划统一应用接口,对现有客运站站务系统进行接口升级改造或替换成客运站站务管理系统,提供票务服务和数据同步服务,完成客运站与客运站、客运站与数据中心、数据中心与运政系统等系统之间的数据交换和分布式事务处理，以实现联网售票数据的交换共享，实现大数据集中的目标。同时，通过与各级运政信息化系统的有机整合，最终实现道路客运业务流程的完整信息化。

2.5.3 联网售票六大业务系统

道路客运联网售票系统重点建设客运站站务管理系统、道路客运联网售票业务管理系统、道路客运联网售票服务系统、道路客运联网售票清分结算系统、道路客运信息监管与决策辅助系统、小件快运管理系统6个业务系统，并可根据实际情况，深化和扩展相关业务系统的范围。

6大业务系统主要包括：

(1)建设面向客运站的客运站站务管理系统，替换现有客运企业站务系统，解决现有站务管理系统由各客运站独立开发，存在标准不统一、信息化程度不高等问题，以实现同联网售票数据中心的数据交换和业务协同，加强运输管理部门的统一协调功用，同时保证道路客运生产数据获取的准确性与实时性。

(2)建设面向联网管理的道路客运联网售票业务管理系统，统一管理道路客运票源、票据，规划各售票渠道，管理售票规则，实现联网售票系统运营监控以及实名制售票技术支持。

(3)建设面向公众服务的道路客运联网售票服务系统，覆盖客运站、代售点和公共服务网站等多渠道间的信息交互机制，扩展出行信息的发布和获取途径，提供网络售票、代售点售票、自助终端售票、智能终端售票等多元化售票方式，以及各类客运信息的发布，降低出行者的隐性成本。后期可通过行业公开标准接口与民航、火车等其他交通形式的信息实现交换共享，推进道路客运与其他运输方式间的信息共享和互联互通工作。

(4)建设道路客运联网售票清分结算系统，实现联网售票各参与单位统一的清分结算、渠道管理和联网售票监控；实现以中心为结算平台的联网售票票款的清分结算，并同时预留各级清分结算接口。

(5)建设面向各级行业管理部门的统一部署、分级监管的道路客运信息监管与决策辅助系统，为各级行业管理部门提供行业监管、统计分析和预警等功能；加强政府部门对道路客运行业的生产实时监控的能力，提高安全生产能力，并能提供实时客流预警功能，对道路运输管理部门运力调整、班线审批、应急运力投放等提供决策数据支持。

(6)建设小件快运管理系统，充分发挥客运网络优势，开发行包托运、小件快运等客运增值服务功能，提高客运企业行业竞争力和盈利能力。

2.6　部署模式

大型信息系统建设的部署主要采用的方式有4种，即集中式、分布式、集中分布式和分布集中式。

2.6.1　集中式

集中式是将联网的客运站票务信息统一存储在一个数据中心，该模式对系统运行、维护和结算及多元化售票均非常有利，但对网络要求高，需要改造现有售票系统。集中式适用于同一客运企业或同城联网等。

2.6.2　分布式

分布式是票务信息分布式地存储在联网各客运站自身的数据库服务器中。各站售票服务器在网络上是平等的，相互没有依存关系，可最大限度地保证客运站的售票业务操作。但对于其他站售本站票，分布式会造成多用户同时连接本站数据库，出现一对多连接的情况，会影响本站售票系统性能；适用于联网车站售票系统多样化改造不方便或难度较大的场合，是目前用得比较多的整合方式；但不适合于多元化售票发展。分布式适用于省域或全国联网售票。

2.6.3　集中分布式

集中分布式是票务信息集中存储，同时也在客运站本地存储，不因网络中断而影响本站售票业务，多元化售票时代售点只与集中数据库相连，不影响车站售票系统性能；但对数据同步、信息比对要求高。集中分布式适用于同城联网或客运企业自身联网售票，对网络通信要求高。

2.6.4　分布集中式

分布集中式是票务信息以车站分布式存储为主，定期或不定期地将数据向中心数据库汇聚，最大限度地保证车站售票业务，对数据统计、分析应用有利。分布集中式对数据同步、信息比对要求不高，集中数据库信息难以与车站数据库信息实时保持一致，影响多元化售票发票。分布集中式适合以数据统计和分析应用为主要目的、联网售票量小的场合。分布集中式比较适用于省域或全国联网售票。

2.6.5 部署模式比较分析

联网售票系统部署模式比较分析见表 2-5。

联网售票系统部署模式比较分析　　表 2-5

对比内容 \ 模式	集中式	分布式	集中分布式	分布集中式
网络要求	满足实时业务处理,高带宽	满足数据传输,低带宽	满足实时业务处理,高带宽	满足数据传输,低带宽
建设投资	一次性高投入	一次性投入,之后随客运站建设持续不断投入	一次性投入,之后随客运站建设持续不断投入	一次性投入,之后随客运站建设持续不断投入
运营风险	高	低	高	低
运营效率	较高,集中监管	低	较高,集中监管	低
运维成本	低,统一维护	高,维护范围广	中等,维护范围广	高,维护范围广
可扩展性	较好,统一接口	差,应用分布不可控	好,统一接口	较好,统一接口
升级难易程度	容易	难,升级范围广	容易	难,升级范围广
响应需求变化	快速	慢	快速	慢

2.7 道路客运联网售票标准体系

标准体系对构建统一的道路客运信息平台意义重大。道路客运联网售票标准规范建设应以推动信息高效交换共享、降低信息化建设难度与成本、提高公众出行服务水平为目的,以构建规范有序的行业信息化数据体系为目标。

从道路客运联网售票系统建设需求角度出发,深入分析部(省)行业管理部门、其他政府部门、从业企业、从业人员、社会公众等各类用户对于联网售票信息的应用需求,在遵循“科学性、统一性、扩展性”原则的基础上,完善联网售票信息数据元及代码、总体技术要求、服务接口规范、联网售票系统信息采集与数据交换、清分结算、主要终端设备等相关标准规范,提升工程建设标准化与规范化水平。

2.7.1 标准体系总体框架

道路客运联网售票标准规范制(修)订共涉及国家或行业基础标准规范、信息资源标准规范、数据交换管理、业务管理、多元化售票服务、客运信息监测6大类标准。联网售票标准体系总体框架如图2-9所示。

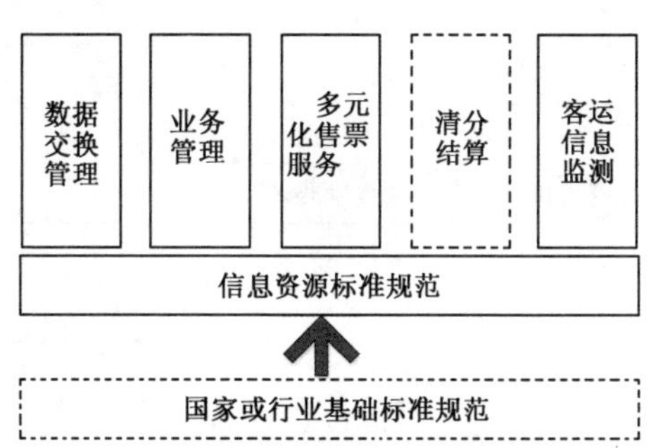

图2-9 联网售票标准体系总体框架

联网售票标准体系总体框架表如表2-6所示。

联网售票标准体系 表2-6

序号	标准名称	状态(截至2015年7月)
一	国家或行业基础标准规范	
1	汽车客运站级别划分和建设要求	JT/T 200—2004
2	道路乘客运输计算机移动售票票样及使用规定	JT/T 498—2004
3	汽车客运站计算机售票票样及管理使用规定	JT/T 319—2010
4	汽车客运站计算机售票行包票样	JT/T 418—2000
二	信息资源标准规范	
1	道路运输电子政务平台编目编码规则	JT/T 415—2006
2	交通信息基础数据元 第7部分:道路运输信息基础数据元	JT/T 697.7—2014
3	汽车客运线路代码	JT/T 417—2000
4	汽车客运站(点)代码	JT/T 309—1997
5	汽车客票条码	JT/T 381—1998
6	道路客运联网售票系统信息数据元	JT/T 979.2—2015
三	联网售票数据交换管理	
1	道路运输管理与服务系统数据交换接口	JT/T 785—2010

续上表

序号	标 准 名 称	状态 （截至2015年7月）
2	道路客运联网售票系统服务接口规范	JT/T 979.1—2015
3	道路客运联网售票系统数据交换	JT/T 979.3—2015
4	道路客运联网售票系统部省数据交换	已形成征求意见稿
四	联网售票业务管理	
1	汽车客运站计算机售票管理信息系统规范	JT/T 310—1997
2	网络售票服务系统技术要求	已形成征求意见稿
3	手机终端售票系统技术要求	已形成征求意见稿
五	多元化售票服务	
1	道路客运联网售票系统自助售票终端技术要求	已形成征求意见稿
2	道路客运联网售票系统自助取票终端技术要求	已形成征求意见稿
3	道路客运联网售票系统自助检票终端技术要求	已形成征求意见稿
4	道路客运联网售票系统电子登车牌技术要求	已形成征求意见稿
5	道路客运联网售票系统生物识别技术要求	已形成征求意见稿
六	客运信息监测	
1	客运信息监测服务技术要求	已形成征求意见稿

2.7.2 标准主要内容

1)服务接口规范

服务接口规范规定了道路客运联网售票系统的服务接口规范，包括总体技术要求、接口规范、接口类型及报文协议。服务接口规范主要适用于道路客运联网售票系统服务接口的开发与实现。

2)信息数据元

信息数据元规定了道路客运联网售票系统数据元的编制原则和分类、道路客运联网售票系统信息数据元以及数据元值域代码集。信息数据元主要适用于交通运输行业道路客运联网数据资源库以及道路客运联网售票系统、电子数据交换等的规范设计与开发应用。

3)数据交换

数据交换规定了票源地与道路客运联网售票系统，以及道路客运联网售票系统与省部平台之间数据交换的技术要求、数据采集交换信息。数据交换主要适用于票源地与道路客运联网售票系统，以及道路客运联网售票系统与省级平台之间所涉及的道路客运数据的交换与共享。

4)部、省数据交换

部、省数据交换规定了部、省两级道路客运联网售票系统之间的数据交换技术要求，包括数据交换格式、数据交换频次等。部、省数据交换主要适用于部、省两级道路客运联网售票系统之间的信息交换与共享。

5)网络售票服务系统技术要求

网络售票服务系统技术要求规定了道路客运联网售票网络售票服务系统的功能要求、性能要求、支付方式、取票方式、安全要求等。网络售票服务系统技术要求主要适用于道路客运联网售票网络售票服务系统的开发和建设推广。

6)手机终端售票系统技术要求

手机终端售票系统技术要求规定了道路客运联网售票手机终端售票服务系统的功能要求、性能要求、支付方式、取票方式、安全要求等。手机终端售票系统技术要求主要适用于道路客运联网售票手机终端售票服务系统的开发和建设推广。

7)客运信息监测服务技术要求

客运信息监测服务技术要求规定了道路客运联网售票客运信息监测服务的总体技术要求、功能要求、性能要求、安全要求等。客运信息监测服务技术要求主要适用于道路客运联网售票系统中客运信息监测服务相关功能的开发和建设推广。

8)自助售票终端技术要求

自助售票终端技术要求规定了道路客运联网售票系统自助售票终端的整机要求、功能要求、性能要求、接口规范等。自助售票终端技术要求主要适用于道路客运联网售票系统自助售票终端的设计和制造。

9)自助取票终端技术要求

自助取票终端技术要求规定了道路客运联网售票系统自助取票终端的整机要求、功能要求、性能要求、接口规范等。自助取票终端技术要求主要适用于道路客运联网售票系统自助取票终端的设计和制造。

10)自助检票终端技术要求

自助检票终端技术要求规定了道路客运联网售票系统自助检票终端的整机要求、功能要求、性能要求、接口规范等。自助检票终端技术要求主要适用于道路客运联网售票系统自助检票终端的设计和制造。

11)电子登车牌技术要求

电子登车牌技术要求规定了道路客运联网售票登车牌的总体要求、业务流程、内容要求和技术要求等。电子登车牌技术要求主要适用于道路客运联网售票系统登车牌的建设和推广。

12)生物特征识别技术要求

生物特征识别技术要求规定了道路客运联网售票系统中生物特征识别技术要求、生物特征识别系统的组成部分、系统功能等。生物特征识别技术要求主要适用于道路客运联网售票系统中员工和乘客身份识别和身份信息管理。

第3章　应用系统设计

3.1　概述

道路客运联网售票系统建设的6个应用系统包括:客运站站务管理系统、道路客运联网售票业务管理系统、道路客运联网售票清分结算系统、道路客运联网售票服务系统、道路客运信息监管与决策辅助系统、小件快运管理系统。

其中,客运站站务管理系统、小件快运系统主要面向客运站;道路客运联网售票业务管理系统、道路客运联网售票清分结算系统主要面向联网售票管理中心;道路客运联网售票服务系统主要面向出行公众,为公众提供统一的道路客运票务信息服务和多元化购票服务;道路客运信息监管与决策辅助系统则主要面向行业管理部门,为领导决策和行业管理提供全方位的数据支持。

1)客运站站务管理系统

客运站站务管理系统涵盖客运站站务作业,包含客运站票务计划、联网售检票、客运站调度、信息发布、售票信息监测、站运结算、运营分析等功能,实现客运站站务作业管理的精细化、全面化、智能化、协同化。

2)道路客运联网售票业务管理系统

道路客运联网售票业务管理系统提供联网售票基础数据管理、票证管理、综合查询、渠道管理、营运监管、报表统计等功能,可实现联网售票资源的统一管理与分配,协调各方实现联网系统健康高效的运行。

3)道路客运联网售票清分结算系统

道路客运联网售票清分清算系统通过系统应用实现自动化的票务结算,达到结算的实时性、准确性,为各类实体之间的经营往来提供直接的技术支撑。

4)小件快运管理系统

该系统提供统一的集中式模式的小件快运业务处理平台,实现小件受理、小件签发、小件到货、小件提取、货物跟踪等小件快运全业务、全流程业务处理。

5)道路客运联网售票服务系统

道路客运联网售票服务系统通过提供网站、手机等多种方式,对公路出行乘客提供统一的道路客运票务信息服务,包括班次查询、车票预订、搭乘指引、乘客服务质量评价等功能。

6)道路客运信息监管与决策辅助系统

道路客运信息监管与决策辅助系统为道路运输管理机构提供道路客运行业监管和决策的数据支撑服务。尤其是在班次班线方面监管、客车安全例行检查和出站检查监管、重点时刻客运站运行监管、运力投放等决策方面提供抓手。

6 个应用系统主要面向不同用户对象提供服务,并依托数据交换共享平台实现底层数据交换,其逻辑关系如图 3-1 所示。

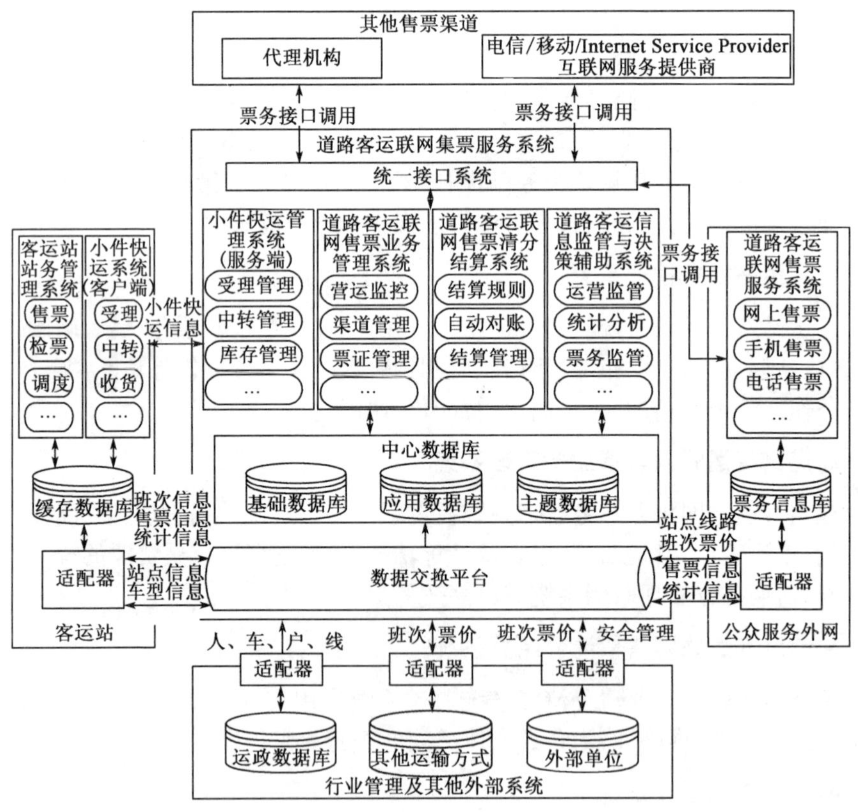

图 3-1　系统逻辑结构图

在道路客运联网售票系统工程建设实施过程中，可根据建设步骤合理安排系统开发计划，道路客运联网售票业务管理系统、道路客运联网售票清分结算系统和客运站站务管理系统是实现联网售票正常运转的关键系统，可纳入先期建设计划。道路客运联网售票服务系统是面向公众线上票务服务的统一出口，为及时给公众提供便利服务，采取成熟一个上线一个的方式快速搭建。小件快运管理系统则根据实际应用情况，合理安排建设工期。另为快速实现联网售票，对于站务管理系统已具备联网条件，且客运站本身没有更换站务管理系统意愿时，可通过接口方式实现票务联网。

应用系统根据用户对象及应用范围进行部署，客运站站务管理系统部署于客运站；小件快运系统服务端以集中部署建设为宜，客户端部署于客运站；道路客运联网售票业务管理系统、道路客运联网售票清分结算系统、道路客运信息监管与决策辅助系统、道路客运联网售票服务系统部署于各级相关运输管理部门或联网售票数据中心。

3.2　客运站站务管理系统

3.2.1　业务概述

客运站站务管理系统主要面向客运站的管理、财务、调度、售票、检票、结算、导乘、安全等业务，实现对客运站信息流、资金流的管理与监控，并有效加速信息流通，提升客运站信息化和自动化水平，规范客运站的业务运作和管理，以提高客运站的运行效率与经济效益，最终为乘客提供高效便捷的服务。

客运站站务管理系统业务应用领域主要包含客运站站务管理服务、客运站票务管理服务、客运车辆管理服务、客运联网售票服务、客运经营服务等功能。其中，客运经营服务是道路客运联网售票系统面向客运行业经营者提供服务的主要功能。

客运站站务管理系统主要提供基础数据管理、档案管理、车辆安检、票价管理、调度管理、售票管理、检票管理、问询处、票据管理、财务结算、综合查询、报表统计、系统管理等功能。

3.2.2　系统功能

客运站站务管理系统功能框架如图 3-2 所示。

客运站站务管理系统内部各功能模块间的逻辑关系如图 3-3 所示。

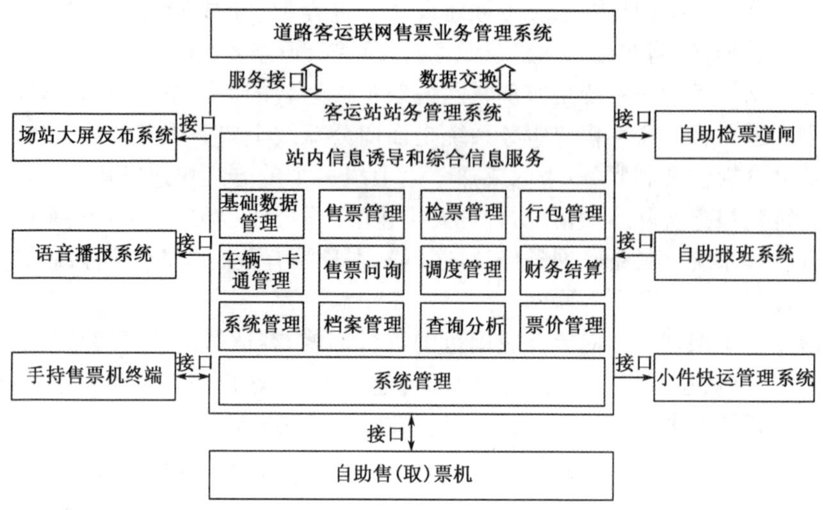

图 3-2　客运站站务管理系统功能框架图

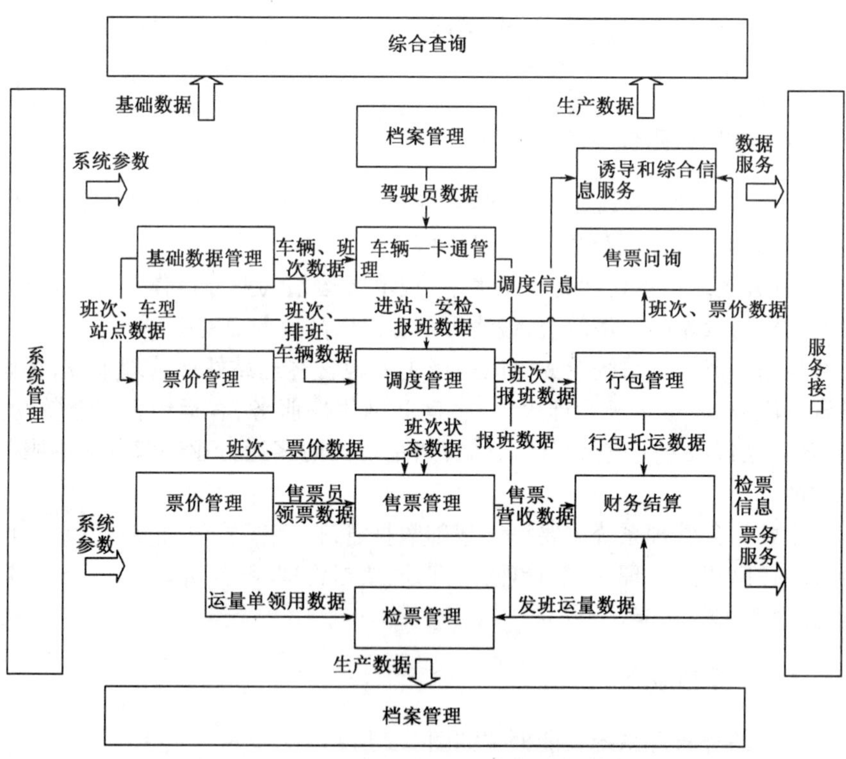

图 3-3　客运站站务管理系统功能逻辑关系图

1)基础数据管理

基础数据管理用于客运站基础数据资源的设置与管理,目的是为站务管理系统的各项业务的开展提供数据基础,作用范围为整个客运站站务管理系统。基础数据管理功能如图3-4所示。

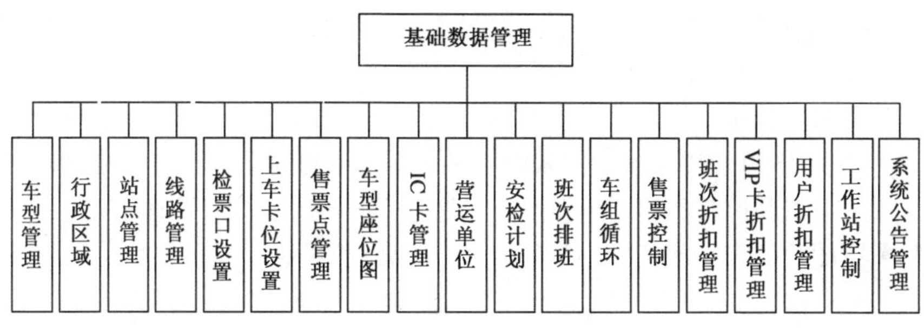

图3-4 基础数据管理功能图

其中,行政区域、站点、车型、线路、经营业户等信息,统一由道路客运联网售票业务管理系统进行统一维护,客运站仅能对此类信息进行查看和使用。

(1)车型管理

车型管理可提供车型信息查询功能,车型信息包括:类型、级别、车型编码、车型名称。

(2)行政区域

行政区域管理可提供行政区域信息查询功能,行政区域信息包括:行政区域编码、名称、操作码、全称、行政级别(国际、省/直辖市、市、区/县、镇/乡/街道办、村委会/居委会)、所属国家。

(3)站点管理

站点管理可提供站点信息查询功能,站点信息包括:所属区域、站点编码、名称、操作码、拼音简码、是否上车点、站点级别(一级站、二级站、三级站、四级站、五级站、简易站、招呼站)。

(4)线路管理

线路管理可提供线路以及线路停靠站点明细信息查询功能,线路信息包括:线路名称、线路编码、起点站、到达站、描述、公里数、操作码、公路级别、线路停靠点明细信息(包括序号、站点、距起点站公里数)等。

(5)检票口设置

检票口设置管理可提供车站检票口信息设置功能,也可以对检票口进行控制，比如只允许哪些检票口、只能检哪些班次等。

(6)上车卡位设置

上车卡位设置管理可提供车辆上车卡位信息设置功能，用于生成计划班次信息。客运站管理人员可以添加、修改、删除上车卡位信息。

(7)售票点管理

售票点是车站出售车票的地方，它包含站内售票点和站外售票点，一个客运站可以对应一个或多个售票点。

(8)车型座位图

车型座位图可以以平面的方式绘制某一车型的座位图信息。比如针对某一厂牌车型，设置其座位类型(如普通座、商务座、豪华座、上铺、下铺等)、车型空间类型、预览图片。车型座位图信息能准确、方便、直观地告知乘客要购买的座位类型。

(9)IC 卡管理

IC 卡管理可管理站务管理系统中的各种 IC 卡信息，包括车辆的报到卡、客户打折卡、员工卡等。系统应提供 IC 卡的添加、修改、写卡、读卡、作废、删除、导出、打印功能。

(10)营运单位

营运单位管理可提供营运单位(即经营业户)信息查询功能，包括：车属单位名称、编码、简称、银行账号、联系人、电话、单位类型(本公司、外公司)、所属区域等信息。

(11)安检计划

对客运车辆进行安检的计划安排，安排安检计划后，车辆安检的相关人员便可很方便地查询当天要安检的车辆信息，以便安排相应安检人员。系统提供车辆安检计划的添加、修改、删除、导出、打印功能。

(12)班次排班

该功能对客运站班次进行综合管理，包括班次的排班、停班、复班、固定预留、座位预留、配客预留等操作。系统可支持对班次进行复制操作。支持配客预留的共营班次的设置，可通过预分配的方式实现在网络不通的情况下不影响预分配座位的售票，并且还可以通过座位释放的方式出售其他座位，达到班次座位灵活充分利用，提高班次的实载率。系统除了可以安排固定时间的班次，还可以安排流水车次。

(13)车组循环

用户可以根据车站的班次计划排班以及车辆、驾驶员的实际调度情况，对班次进行合理的安排。系统可以安排某个班次某日期内的计划车辆、计划驾驶员、乘务员信息，也可以根据一定的规律进行轮班设置，比如隔天安排一次班次或者驾驶员，或者某一特定日期安排一次班次或者安排某一计划车辆等。系统可提供灵活的车辆、驾驶员、乘务员轮流排班的策略。

(14)售票控制

该功能是用来控制车站下属售票点的售票的权限，只能控制该站班次权限。系统管理用户可以配置客运站下属售票点、线路、班次、停靠点等。

(15)班次折扣管理

管理班次的折扣信息，在售票时若出售打折票则以此为标准进行计算，同时参考乘客若使用 VIP 打折卡或者该售票员的最大打折权限信息，系统根据以上打折的优先级别计算最终的折扣率。班次折扣率可以控制某个班次的折扣下限，并能控制一个班次不同日期最多能售几张打折票，一次性购买几张才能打折以及占总座位数的比率等信息。

(16)VIP 卡折扣管理

可以设置 VIP 卡购票时，能打折的线路、班次信息、VIP 卡等级以及对应的折扣率，其功能包含 VIP 卡折扣信息的添加、修改、删除，同时系统支持批量操作。

(17)用户折扣管理

可以设置系统不同角色不同用户的折扣率，可根据不同线路、班次、起始日期、终止日期、角色、用户、折扣率等信息进行设置。

(18)工作站控制

系统可以对相应的工作站进行售票控制管理、检票控制管理、发班控制管理、报班控制管理等设置。

(19)系统公告管理

可针对不同日期段，设置不同机构、角色、人员在登录系统后显示相同或者不同的公告信息，公告条信息在系统登录时显示在最上方。

2)档案管理

档案管理是对车站内的各种档案材料进行管理。档案管理功能如图 3-5 所示。

(1)员工档案

系统实现员工信息的添加、修改、删除、查询、打印、导出等操作。员工档案信息包括：员工姓名、性别、出生年月、照片、学历、工资、工作经历、家庭住址、家庭电话、移动电话、培训记录、奖励记录、处罚记录、个人简历等信息。

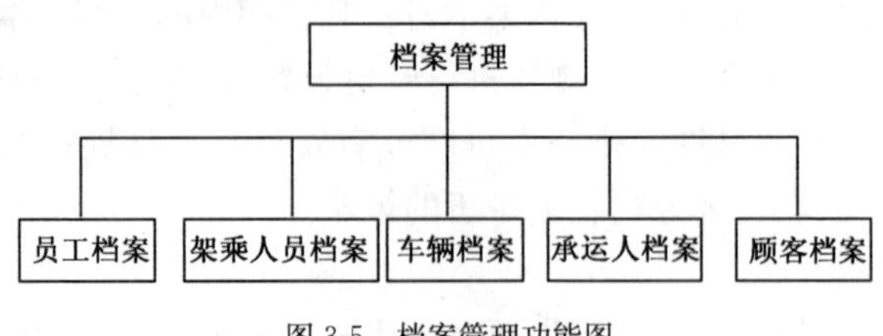

图 3-5　档案管理功能图

(2)驾乘人员档案

由道路客运联网售票业务管理系统进行统一维护，在该系统中仅提供查询功能，驾乘人员档案信息包括：姓名、工号、IC 卡号、性别(男/女)、出生日期、政治面貌、文化程度、籍贯、招考日期、职工类型(正式/临时)、档案号、驾驶员状态(在岗、停驾、辞退、退休)、隶属分队、建制车号、联系电话、家庭住址、初始里程、是否签责任书、身份证号、驾驶证号、驾驶员证初次领证日期、驾驶证有效期、从业资格证号、从业资格证有效期、从业资格证发证日期、从业资格证准驾车型、公司准驾证号、准驾证发证日期、准驾证有效日期、驾驶员相片、考驾驶证日期等信息。

(3)车辆档案

由道路客运联网售票业务管理系统进行统一维护，在该系统中仅提供查询功能，车辆档案信息包括：车辆的外观照片、品牌、型号、出厂日期、额定座位、行李仓载质量、最大容量、车属单位、座位类型(座席、卧铺)、卫生间直观示意图；以及该车辆的驾乘人员的姓名、性别、出生年月、照片、家庭住址、家庭电话、移动电话、从业经历等信息。该部分信息可取自驾驶员信息。

(4)承运人档案

由道路客运联网售票业务管理系统进行统一维护，在该系统中仅提供查询功能，承运人档案信息包括：承运人姓名、身份证号码、住址、电话号码、承运人车号、承运合同开始日期、承运合同结束日期、月承运金额等信息。

(5)乘客档案

乘客档案用于记录车站的乘客信息，并进行相应的统计和分析，为车站的营销决策提供数据支撑。乘客档案信息包括：乘客姓名、是否 VIP 乘客、VIP 等级、性别、出生年月、家庭住址、家庭电话、移动电话、爱好等信息。乘客档案信息可以在车站发行 VIP 卡时，系统自动记录，也可以在乘客档案管理中录入。

3)票据管理

票据管理是对车站所使用的各种票据进行统一管理，包括车票、结算单、路单等票据。其中,车票票据的入库统一由道路客运联网售票业务管理系统完成。票证管理功能如图 3-6 所示。

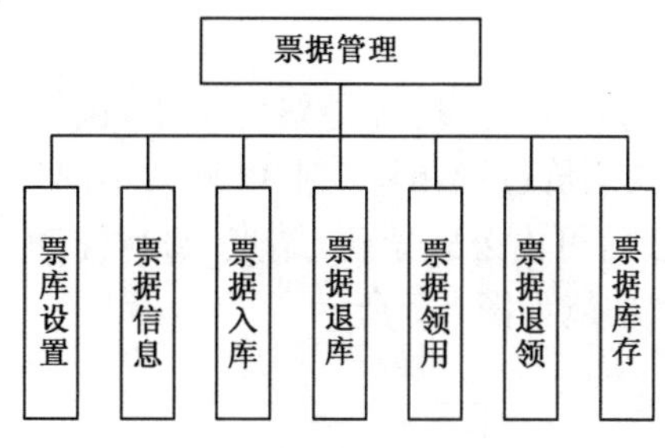

图 3-6　票证管理功能图

(1)票库设置

票库设置管理用于设置系统的票库。用户可设置车站、不同配客点或者售票点不同的票库,也可以设置为同一票库,以方便系统统计分析。票库信息包括:编码、票库名称、所属机构、负责人、描述。

(2)票据信息

票据信息由道路客运联网售票业务管理系统统一管理,本系统仅提供查询功能。票据信息包括:类型编码、票据名称、打印名称、每本张数、票号长度、描述等信息。

(3)票据入库

票据入库管理是对票据进行入库操作,并记录相应的入库信息;提供票证入库、入库查询等功能。入库的票证信息包括:票库名称、票据类型、起始号码、结束号码、票数、入库人、入库时间等。

(4)票据退库

用户可以选择已经入库但未被领用的票据进行退库操作,系统显示相关的票据信息包括:起号、止号、票数、退库人、退库时间,并记录退库的信息。

(5)票据领用

票据领用管理是票据使用人员到财务进行的票据领用的操作,系统记录领用信息以及可选择是否打印领用凭证。

(6)票据退领

票据退领管理是对已经领用的票据进行退领操作,退领的票据可以是未用的票据也可以是在用的票据,并且用户可以选择任意票段进行退领操作。

(7)票据库存

用户可以对票据的库存信息进行查询统计,系统显示已经入库的票据情况信息，并统计总票数以及使用情况，如票库名称、票据类型、剩余情况、起始票号、结束票号、当前票号、是否用完等。

4)票价管理

票价管理用于设置票价，并支持各种票价类型，包括：公式票价、站点票价、浮动票价、座位票价。在票价设置颗粒度上可分为不同班次、不同车型、不同到达站、不同座位类型，然后可由公式票价/站点票价/浮动票价/座位票价生成当前执行票价。票价管理功能如图 3-7 所示。

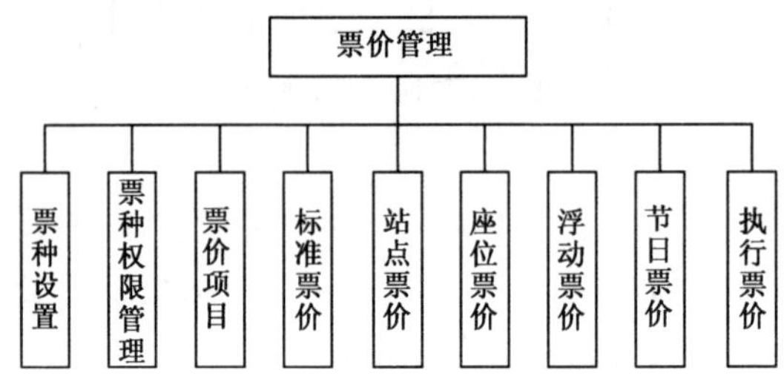

图 3-7　票价管理功能图

(1)票种设置

由道路客运联网售票业务管理系统统一管理，该系统仅提供查询功能。票种信息包括：票种名称、打印名称等。

(2)票种权限管理

票种权限管理能为该站中的不同售票点、角色或者售票员分配不同的可售车票种类权限，如果没有设置，则可以售所有启用的票种。

(3)票价项目

由道路客运联网售票业务管理系统统一管理，该系统仅提供查询功能。票价项目信息包括：票价项目(使用英文字母表示)、项目名称、是否票价明细项、计算值、是否允许调整。

(4)标准票价

标准票价即是客运车型运价，是指对不同车型、等级的客运车辆所制定的每位乘客每千米的运输价格，由运输成本、合理利润、税金等构成，并由相应公式计算所得。标准票价由道路客运联网售票业务管理系统统一管理，该系统仅提供查询功能。

(5)站点票价

票价管理除了提供标准票价的计算公式外，还可以根据站点制定票价，该站点票价可用于班次硬调票价的生成，也可用于生成班次的执行票价，该模块包括：添加、查询、删除、修改、打印、导出等功能。

(6)座位票价

由于车站某种车型的某些座位票价可能会有所不同，比如若按座席则分为普通座、商务座、豪华座，若按卧铺则分为靠窗、上下铺，因此出现同一班次到达同一站点拥有不同票价的情况，某些设置了座位票价的班次在生成执行票价时取座位票价进行生成，所以售票时显示座位票价，而座位票价只售全票、自定义票种票，如打折票按系统所设置的打折权限进行售票。该模块包括座位票价的添加、修改、删除、导出、打印等功能。

(7)浮动票价

根据班次车型起点站到站设置班次的平时浮动票价以及根据同一班次同一到站可以设置该班次不同座位的不同票价，系统根据平时票价生成执行票价进行售票，系统提供批量灵活的操作功能。调整票价时系统支持对票价的某一分项进行调整，比如：只调整微机费、站务费等。在班次调整时可支持对班次、线路、站点、车型进行调整操作，同线路某班次或者所有班次调整，同线路某班次某站点调整，同线路某班次某车型调整，同线路某班次某站点、车型调整，调整方式分为：浮动百分比(用负数表示下浮)、浮动(负数表示下调)、固定值(直接设置票价)。

(8)节日票价

根据车站的业务开展，用户可以设置班次的节日票价，用于节日时使用，而平时的浮动票价可以不用修改，过了节日时间，系统可自动启用平时的浮动票价信息，方便用户对票价信息的设置和管理。系统提供节日信息、节日票价的添加、查询、调整、修改、删除、生成、复制等操作。

(9)执行票价

执行票价即为售票当天的票价，可以根据标准票价、站点票价、平时票价、节日票价由系统按默认规则进行生成，用户可以制作并生成N天的票价信息。系统提供执行票价的生成、查看、复制、删除、修改等操作。对于过了发车日期的班次票价，不允许进行生成、复制、删除、修改等操作。

5)车辆一卡通管理

车辆一卡通管理主要通过信息化手段，采集车辆在站场内的业务节点信息，辅助调度系统实现对站内车辆的智能调度，合理规划车辆站内流程。车辆在站内需完成的标准业务流程主要包括：进站→入场→洗车→消毒→安全检查→报班→上位开检→出站。在此业务流程中,每个环节需要在车辆一卡通管理中按照规范记录执行人、执行时间、执行结果等过程信息。车辆一卡通管理功能如图3-8所示。

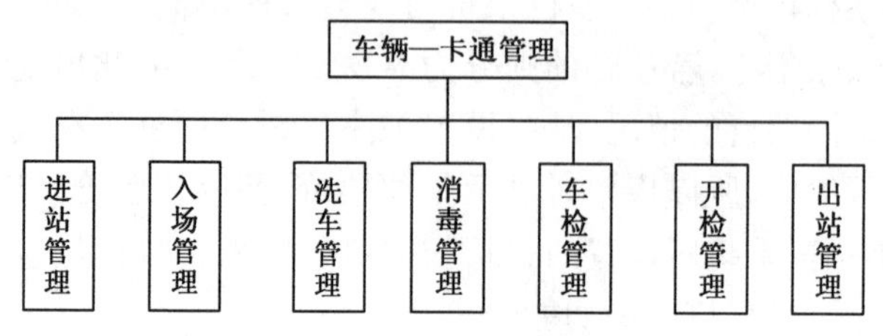

图3-8　车辆一卡通管理功能图

(1)进站管理

通过车辆智能识别技术来进行进站的识别,需要在进站口安装特定的射频或压感设备,并配备专用计算机和软件对其进行识别。若采用RFID远距离射频识别技术,本站注册客运车辆可以不停车进站,且无关车辆不能进站。通过RFID等智能识别技术的应用,能够实时、准确地检测到车辆的进站情况,减少时间开销。

进站管理实现的主要功能有:进站刷卡功能、读卡后自动识别客运车辆、道闸自动打开、电脑自动提取记录、车辆过后道闸自动放下,并将信息发给调度管理模块(安排车辆流程、发布调度指令),发给站内信息诱导和综合信息服务模块(LED显示屏通知接站人接站,广播发布到站信息),发给小件快运管理系统(通知工作人员搬运行李、短信通知托运人行李到达)。

(2)入场管理

入场管理实现的主要功能有:停车场刷卡功能,进入停车场时电脑自动提取记录,并将入场信息发给调度管理模块,调度管理模块安排后续操作流程,指定停车位置。

(3)洗车管理

洗车管理的流程主要有:车辆进入洗车房人工刷卡,计算机自动识别车型,客运车辆清洗后卫生合格刷卡通过,记录收费信息。

(4)消毒管理

消毒管理的流程主要有:车辆清洗后进行消毒,合格后刷卡,电脑自动提取记录。

(5)车检管理

车检管理的流程主要有:车辆进入安检房人工刷卡,电脑自动提取记录,并向系统返回一个确认数据，确认安检是否通过。车检管理能够对车辆及驾驶员资质实现自动识别；季度检验不合格的车辆，日检中自动警告提示。灭火器、车辆年检、二级维护、各类保险等涉及安全的项目自动提示到期时间。用显著颜色显示客车险到期或逾期。

(6)开检管理

开检管理的流程主要有：车辆进入发车站台刷卡开始检票，电脑自动提取记录，提取记录后连动更新检票显示屏信息，提示乘客该车已到停车卡位，可以检票上车，同时腾空备班车位。

(7)出站管理

出站管理的流程主要有：出站人工刷卡，读卡后道闸自动打开，电脑自动提取记录，车辆过后道闸自动放下。出站管理应实现出站车辆、乘客、行包等信息的汇总检验，出站检验员输入实载人数后，超载自动报警，不具备出站条件的车辆不允许出站；同时实现电子打单。在出站管理中显示驾驶员照片供发班确认。

6)调度管理

调度管理用于车辆综合调度和班次运行管理。具体包括综合调度、临时加班、并班处理、取消并班、营运计划调整、在途车辆监控、排位调度和车位引导。调度管理功能如图 3-9 所示。

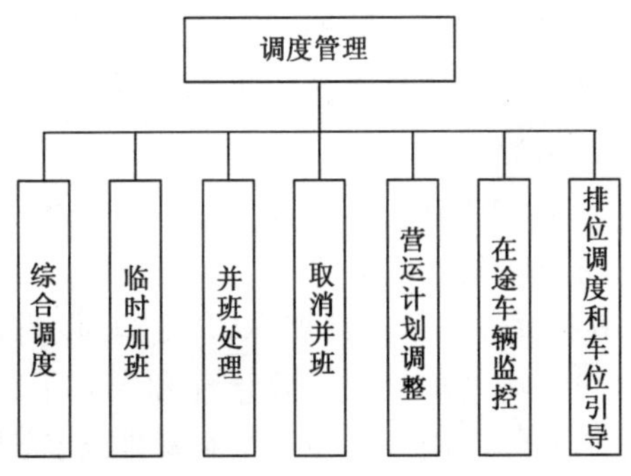

图 3-9　调度管理功能图

(1)综合调度

根据当天的排班情况以及实际的车辆到站情况，对班次进行班次报到/取消、班次报停/恢复、班次脱班/恢复、停售/发售、班次延时、班次放空/取消等操作，调度中对班次改变状态的操作应同时保存操作记录。系统可打印出每日报班或未报班班次情况报表并导出到 Excel。

(2)临时加班

因业务繁忙,客运站可临时增加一个班次,同时生成这个班次的计划信息。可以选择已经存在的班次模板信息进行修改或者用户手动输入班次信息。用户点击加班按钮,增加一个加班班次,添加班次同时生成班次的停靠点信息。临时加班信息主要包括:选择班次的所属车站、所属线路、班次操作码、班次编码(由系统自动生成)、运营类别、发车时间、运行小时、检票口、上车卡位、运行区域(国际、省际、市际、县际、县内)、营运方式(直达、普通)、班次类型、途经站点、站务费、是否本站专营、是否双程班次、备注等。

(3)并班处理

调度根据实际情况或者某种原因,可对较少人数的班次进行合并处理,亦可对合并后的班次进行恢复操作。

(4)取消并班

取消并班是对班次合并进行撤销操作。

(5)营运计划调整

根据实际情况或者某种原因,对班次的发车时间、车型、车属单位、可售座位、停靠点、检票口、票价、座位数进行调整以及班次留位/取消留位操作,且能进行批量处理。

(6)在途车辆监控

通过接入长途运营车辆的 GPS 数据,并进行分析处理,估计车辆预计到站时间,提供到站预报和晚点提示信息服务,同时实现车辆在途监控功能。

(7)排位调度和车位引导

实现车辆在车站停车车位的智能化调度管理,通过统一规划站场的车位使用和班次计划,合理安排车辆到相应的停车场停车位或发车站台。

调度系统通过在站内所有停车位部署 RFID 读写设备,实时掌握站内各停车位的占用状态,实现对站场内车位的有效管理和实时更新。调度系统依据设定的停靠规则,同时根据实际使用情况和事先的安排调度,当不同车辆进站或出站时,给车辆分配合理车位。

7)售票管理

售票管理支持多种方式售票,包括站内窗口售票、联网售票和站内自助售票等。售票管理详细功能如图 3-10 所示。

(1)站内窗口售票

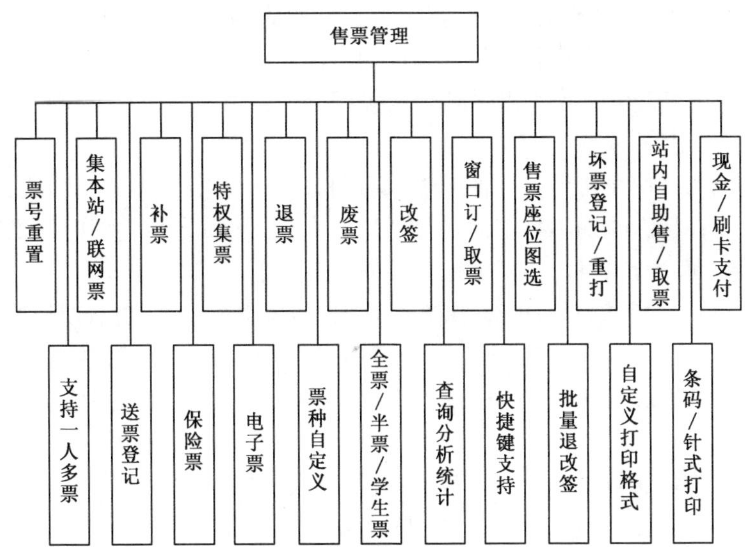

图 3-10　售票管理功能图

站内窗口售票具体功能包括：售票、退票、订票、订票处理、补票、废票、改签、送票登记、保险票、电子票、重打车票、票号重置、坏票登记等管理功能模块，系统默认包含售全票、半票、学生票、打折票以外，还可以自定义票种（如优惠票、免票、月票等票种）进行售票。售票时可进行座位选择，系统自动显示直观的班次车辆座位图信息，售票过程支持全键盘操作，并且正常只要使用小键盘即可完成售票操作。可批量售票、废票、改签和退票，并支持一人多票，即一人可同时购到达多个站点的车票。购票时可用现金或通过 POS 机用信用卡、储蓄卡等方式进行支付，有完善的根据票号来管理票据的功能，票据打印可通过条码打印机或针式打印机打印（票面信息、字体大小格式、位置可自定义），以及可实现查询分析统计功能。

（2）站内自助售票

在站内窗口设置自助售票机，允许乘客使用自助售票系统购票。主要功能有：

①可以选择线路查询、选择线路、选择班次、选择座位、付费购票。

②支持现金和刷卡两种方式。

③支持乘客输入相应的验证码后，打印乘客已经预定好的客票。

（3）联网售票

联网售票具体功能包括：售联网票、退联网票、废联网票功能。

售联网票时，支持全局检索和指定客运站检索，在使用全局检索时，需从所有联网客运站班次信息中检索符合条件的班次。

退联网票和废联网票时，需根据设置的联网售票规则对退、废票时间进行约束。

(4)实名制售、检票功能

通过读取二代身份证等证件或输入身份证件号码实现实名制购票、检票功能。系统可在特殊时期和特定需要时启用实名制，从而为相关部门提供准确的乘客乘车时间、地点、身份与居住地基本信息等。

实名制售、检票机制启用后，乘客在购票时，售票窗口、代售点或售票机将通过装设的身份证读卡器(可复用保险销售用身份证读卡器)获取乘客的姓名、身份证号等识别信息并在数据库中与售出客票相关联，同时将上述信息打印在客票票面上。

在乘客持票准备进站时，工作人员或检票闸机同时读取车票条码和乘客所持二代身份证信息，车票通过真实性验证与身份符合验证后，乘客方可持票登车。同时，车站工作人员将负责验证乘客所持证件是否为本人所有。

推广实名制售、检票，有助于打击犯罪、维护社会稳定秩序，可准确识别潜在危险人员，从而降低流窜作案与实施恐怖袭击的概率。出于维护国家安全和社会稳定的需要，实名制将成为联网售票工作的必然趋势。通过公路客票的实名制销售，及与公安机关的身份信息共享，可以有效对乘客身份进行识别和监控，从而从源头对犯罪嫌疑人及对社会稳定有潜在危害的人员加以控制，对于打击犯罪与恐怖主义、加强推进维稳工作行为有着重要的意义。

同时，实行客票销售实名制后，通过加装二代身份证识读设备的自动取票机、检票闸机，可实现通过手机、互联网等渠道购票乘客的自助取票与不取票刷身份证直接乘车，从而在售检票环节为乘客提供方便，并提高售检票效率与用户体验。

8)售票问询

售票问询用于向乘客提供车站业务咨询服务，比如班次开发情况、发班情况、座位信息以及票价信息等。售票问讯功能如图 3-11 所示。

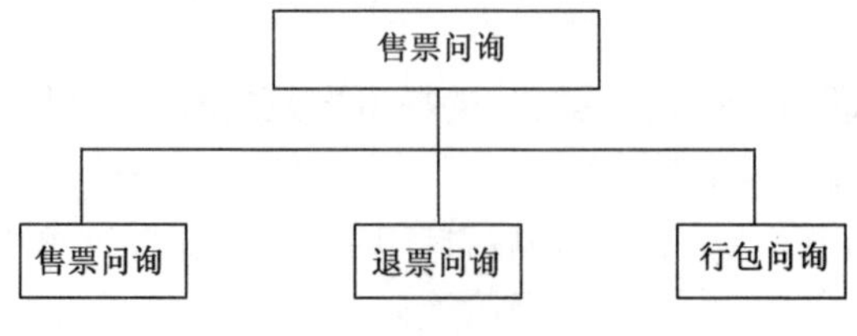

图 3-11　售票问讯功能图

(1)售票问询

通过售票问询,系统可以很直观明了地告知乘客某天的班次信息、票价信息以及线路营运信息。售票问询窗口可以供查询各个班次的情况,包括发车时间、票价、车型、余座等信息,该模块支持全键盘操作,同时支持联网查询。

(2)退票问询

通过退票问询,查询退票规则以及乘客进行退票操作要扣的手续费等信息。

(3)行包问询

通过行包问询,查询行包托运费用、托运时间等信息。

9)检票管理

检票管理可实现对纸质客票的检票工作,并预留电子客票的检票接口。主要有两种检票工作方式:人工检票作业和自动检票作业。检票管理功能如图3-12所示。

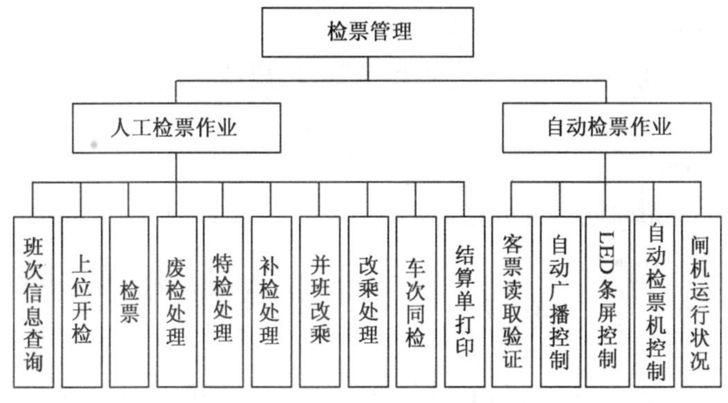

图3-12 检票管理功能图

(1)人工检票作业

人工检票作业具有查询、检票、废检、特检、并班、条码自动报班、自动广播控制、LED条屏控制、自动检票机控制、结算单打印、注销结算单等功能,极大地方便乘客上车和站方管理。同时,可设置必须在车辆报班后才可检票和发车时间到点时才可打单等功能。检票系统的应用可减少乘客漏乘、错乘等现象的发生。检票员在现场确定乘客都已经上车后,便可直接打单,该单据可以作为车主的结算凭证。系统的主要功能如下:

①班次信息查询。

输入班次号便可查询相应的信息,如线路、发车时间、状态等。

②上位开检。

上位开检分为自动上位开检和手动上位开检。自动上位开检：车辆进入发车位后，可通过 RFID 设备自动识别该车辆是否正确并且通知调度系统给予报班处理。手动上位开检：手动选择要报到的班次进行上位开检，系统支持 IC 卡刷卡上位开检或者通过选中所需上位开检车辆，然后点击上位开检，即对所选班次完成上位开检操作。上位开检后的班次则可以开始进行检票（注：未上位开检不能正常检票）。

③检票。

使用条码二维码技术快速检票，并支持条码、二维码自动扫描和手动输入票号。检票时可确定车票信息；给出是否有效票、是否当检车票、是否半票和是否已检票等判断和提示；同时也可使用自动检票机实现无人值守，由乘客自己检票上车。

④废检处理。

输入条形码即可将已经检入电脑的票作废检处理，使该票仍然有效。

⑤特检处理。

输入发车日期、班次或者单号等相关信息，确认无误后，将已经打印出来的结算单作废。

⑥补检处理。

超过正常检票时间后可补检。

⑦并班改乘。

并班改乘是车次并班后，系统对并班车次的处理。

⑧改乘处理。

由于乘客需要，而车站、车主同意的情况下，乘客可改乘另一车次。

⑨车次同检。

车次同检是同一检票口同时检两车次以上的车票。输入班次、条形码等，可对票据进行特检（即可以将票检入不同的班次）。

⑩结算单打印。

同一班次检完票后可以马上将结算单打印出来给车主或驾驶员等。结算单打印包含以下相关信息：结算单号、总人数、车牌号码、总金额、营运单位等。

（2）自动检票作业

自动检票作业主要由自动闸机完成检票过程。主要功能如下：

①纸质客票和电子客票的读取、识别。

②验证车票合法性。

③检票软件拥有在线调试功能，可以对每一台已经注册的闸机进行单独的

设备调试。

④可以对闸机运行状态实时监控，任何时刻都能通过软件看到闸机的运行状况。

⑤实时显示每台闸机的通行人数、总人数和实际的检票记录。

⑥可以实时控制每台闸机的各种运行模式（如自由通行模式、正常模式、常开模式等）。

10）行包管理

行包管理通过引入现代物流的先进管理理念，对托运人托运的行李包裹及零担货物实行计算机管理，其内容包括行包托运、行李寄存、查询统计、行包结算、客户管理和参数设置等功能。行包管理功能如图3-13所示。

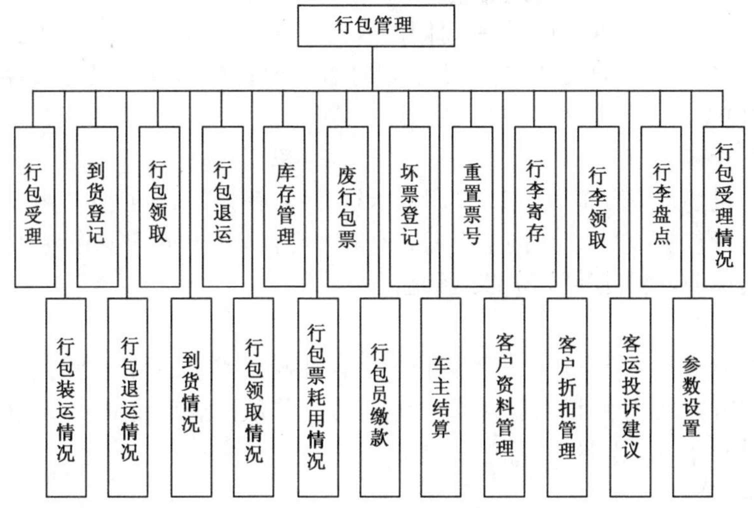

图3-13　行包管理功能图

（1）行包托运

①行包受理。

对乘客提供的各种货物在规定时限范围内进行受理，系统按目的地、货物质量、货物体积、件数等计算费用，并记录托运货物明细、包装材料、托运人、收件人、承运班次等相关信息，按要求打印行包票（发票）。

②到货登记。

当有托运行包到达该站时，根据提供的货物单据登记货物和客户等相关信息，并完成行包自动入库。工作人员在卸货时，需要确认货物单据上记录的行包件数、物品是否与实际的一致，当不一致时，需详细记录差异情况，以便事后查验。

③行包领取。

行包领取管理主要用于登记行包领取情况信息。在领取行包时，需根据收件人提供的身份证件进行领取确认，若身份信息不符合时，工作人员需要与托运人进行确认，在得到托运人的许可，系统中记录行包代领人信息。当行包领取的时间超过系统规定时限，且系统中已设置“收取保管费”，则需向收件人收取保管费，并打印提货发票。

④行包退运。

已受理托运的行包，由于客户原因，需取消托运，系统可以在退运时限范围内进行退运，并根据规定收取相应手续费。

⑤库存管理。

实现仓库货位和库存行包管理，可列出某一时间点上各个货位上摆放行包件数、票号等信息；能够打印某一时间内未出库的货物信息清单，便于交接班对货物进行清点，做到物证相符；能够设定对未领取行包超过一定时间后自动报警，并发出短信告知收件人前来提货。

⑥废行包票。

废行包票是指因车辆故障、打印机卡纸、托运错误或其他原因，需要对已受理行包的行包票作废，以达到未受理的效果。已装运的行包票要作废时，必须先作废装运单据，使其还原到未装运状态。

⑦坏票登记。

当行包服务人员发现领来的行包票中存在破损或印刷错误，致使该行包票无法使用时，需要使用该功能，将此行包票登记作废。登记完成后，系统当前票号自动跳到下一个票号。

⑧重置票号。

行包服务人员在进入行包受理功能时，系统自动提示行包服务人员核对当前行包票票号和系统中的票号是否一致，如果不一致则需要重置票号。

票号重置时，系统可根据参数配置“是否自动输入票号”或者“由人工手动输入”，来决定是否要求行包服务人员人工输入票号。在配置了由系统自动输入票号的情况下，若用户领用了两段票证，则弹出选择窗口让用户选择使用哪段票证，并且下次登录时不再提示，直到该票段用完。

行包票的管理和领用在票据管理系统中完成。

(2)行李寄存

①行李寄存。

登记乘客寄存的行李信息，包括乘客姓名、联系电话、身份证号、物品名称、数量、存放货架位置，并打印行李寄存单，交给乘客。

②行李领取。

当乘客领取行李时，通过扫描乘客行李寄存单号上的条码自动检索出乘客信息，由工作人员对乘客提供的证件信息进行核对。当行李的寄存时间超出范围时，可根据系统设定的收费额向乘客收取保管费，并打印发票。

③行李盘点。

行李盘点是统计未领取的行李清单，便于交接班时对行李的清点，做到物证相符；能设定对未领取行李超过一定时间后自动报警，并发出短信告知乘客前来领取。

(3)查询统计

①行包受理情况。

查询某段时间内的行包受理情况明细，并汇总受理件数、收费总金额。

②行包装运情况。

查询某段时间内的行包装运情况明细，并汇总装运件数、总重量。

③行包退运情况。

查询某段时间内的行包退运情况明细，并汇总退运件数、手续费总金额。

④到货情况。

查询某段时间内的行包到货情况明细，并汇总到货件数、总重量。

⑤行包领取情况。

查询某段时间内的行包领取情况明细，并汇总领取件数、保管费总金额。

⑥行包票耗用情况。

汇总某段时间内的行包票耗用情况，包括退票数、坏票数、废票数、剩余数。

(4)行包结算

行包结算管理提供行包服务人员缴款登记和与车主的结算功能，该功能属于财务结算系统。

①行包员缴款。

按行包服务员统计行包托运费用、行包保管费、行李寄存保管费，登记行包服务人员缴款情况，自动计算出长短款差额，并打印缴款单。

②车主结算。

根据车主提供的业务凭证，计算出车主应该获得的结算金额，并将多个结算凭证的金额汇总到一个结算报表(结算单)。

该模块提供车主收费统计功能，对不同线路按车方与站方的分成比例进行费用统计。同时,可以打印各种统计报表(可按不同时间段、线路、托运方式、收费员、付款方式等进行统计)。

(5)客户管理

①客户资料管理。

客户资料管理记录客户的名称、客户类别、身份证、联系电话、地址、邮编、客户的行业对托运需求的特点、相关重大事件(备注)等信息。提供对客户历史行包托运情况进行查询。

②客户折扣管理。

为了更好地为客户提供服务,根据运费总额度指标,设定不同级别客户能享受的折扣优惠。

③客运投诉建议。

对客户投诉建议进行管理,提供对客户投诉建议的发生、处理过程和处理结果的记录和查询。

在记录之后,客服人员将投诉建议转至相应的处理部门,在得到处理结果后由记录人员及时将处理结果反馈给客户,并对客户支持车站的工作表示感谢。

(6)参数设置

参数设置管理提供完善的参数设置功能,包括费率设置、货物类型设置、包装物类型设置、发车前 N 小时停止受理、发车前 N 小时停止装运、预托运天数设置、行李保管时限设置、行包票打印票版设置等。

通过“费率设置”功能来调节各项费率,可根据自己的标准来制定各项费率或者设定费率公式,改变收费标准,增减收费项目。

11)财务结算

财务结算系统主要用于财务与售票员之间的票款结算,实现客运站与营运单位(车辆、营运单位、结算单位)之间的费用结算,实现客运班线的行包按比例结算。系统功能包括站内业务人员营收缴款、车辆缴款、扣费项设置、结算公式设置、结算单结算等功能。

(1)业务人员营收缴款

业务人员营收缴款管理可实现售票员、行包服务人员、消洗服务人员等所收票款的缴款操作,并打印缴款单,缴款可支持当日缴、多日一起缴的功能。

(2)业务人员应缴款查询

售票员、行包服务人员、消洗服务人员等可以对自己应缴的票款进行查询。

(3)业务人员已缴款查询

售票员、行包服务人员、消洗服务人员等可以对自己已经缴纳的票款进行查询,查询内容包括已缴款明细。

(4)常乘客卡缴款

由于常乘客卡的发行是由专门人员或授权人员进行操作,所以在系统中有单独的常乘客卡缴款功能,缴款的总金额包含发行常乘客卡时的工本费以及充值金额,常乘客卡缴款功能包括缴款、查询、打印缴款单、导出操作。

(5)车辆缴款

车辆预缴款是为了防止结算单结算时由于结算金额较少出现不够扣费现象,因此对系统中参与结算的车辆提前交费用结合结算单一起进行结算。主要包括缴款信息的查询、添加、删除、打印、导出操作。

(6)班次保底数设置

根据班次、车牌设置保底人数。该模块的数据在结算单结算时用到,若某班次当天的结算单人数少于保底数,则按保底数进行结算。

(7)客运代理费设置

客运代理费设置管理设置客运代理费种类、组成项和计算公式。

(8)结算单扣费项目设置

用户可以添加扣费项目,每个扣费项目下可以添加任意个子项目,属于同一个扣费项目的不同子项目不能同时应用到同一个结算对象(适用于日期段不交叉情况)。

(9)结算公式扣费设置

将客运代理费公式、扣款公式应用到结算单位上。

(10)审核结算公式及扣费

审核结算公式及扣费管理提供对结算公式及扣费项进行查询及审核的功能。

(11)结算单结算

系统应用扣费项和结算公式,按结算单向车主进行结算。结算时可对某一车辆的结算单进行结算,也可以对营运单位的所有车辆的结算单进行结算。同时,系统提供结算单查询、根据用户设置的扣费规则生成结算单扣费数据查询等功能。

12)站内信息诱导和综合信息服务系统

站内信息诱导和综合信息服务系统实现客运站内部面向乘客的信息服务,为乘客提供周到的信息指引。该系统主要包括语音广播、LED显示屏、咨询台等。站内信息指引和综合信息服务功能如图 3-14 所示。

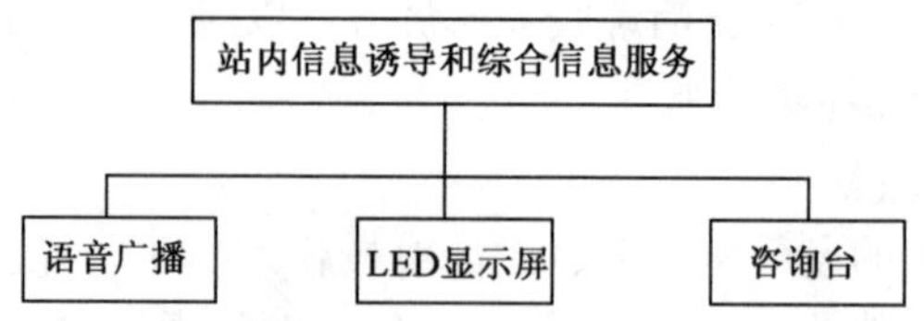

图 3-14　站内信息指引和综合信息服务功能图

(1)语音广播

班次检票时,广播根据系统提供的发车信息自动向乘客报播发车信息,包括车次、目的地、检票口、发车时间;班次接近发车时间,再次提醒乘客尽快检票上车;客车启动后,播报班车发车信息,并停止检票。系统可以将有关数字和文字转换为声音通过扩音设备向乘客播放。

(2)LED 显示屏

LED 显示屏支持将即将发车的班次以滚动的形式按序显示到大屏幕上,包括中文和英文两种语言,提示乘客提前做好上车的准备;可以插播广告,显示宣传标语。

(3)咨询台

将班线信息、政策法规、宣传材料、娱乐节目、广告节目输入触摸屏问讯系统,向乘客开放自助式问讯服务。票务咨询功能主要实现咨询需要的各类信息的及时查询,客运站应设置专门窗口提供票务咨询服务。

13)综合查询分析

综合查询分析主要包括综合查询和统计分析两个功能。综合查询分析功能如图 3-15 所示。

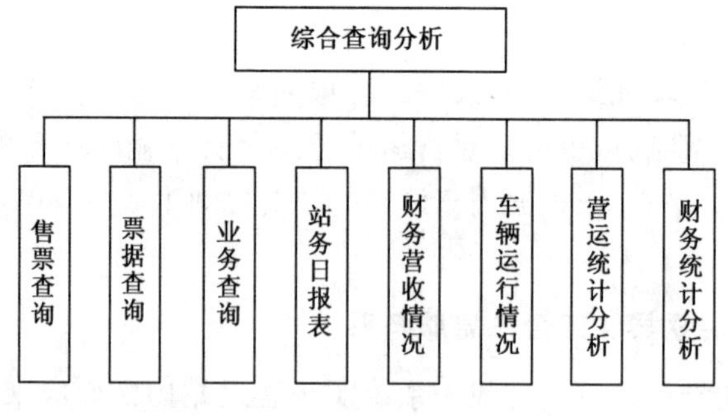

图 3-15　综合查询分析功能图

(1)综合查询

综合查询子系统主要实现对系统基础数据以及业务生产数据的查询,包括售票查询、票据查询、业务查询、站务日报表、财务营收情况、车辆运行情况。

①售票查询。

售票查询主要包括:售票简报,退票简报,补票简报,售票互联售票简报,代理售票简报,代理点售票、废票、退票的日报、月报、年报,售票员的个人缴款日报、月报、年报及缴款差额统计。

②票据查询。

票据查询主要包括:票据的入库查询,领票查询,回收查询,退库查询,售票员用票查询,票据管理月报。

③业务查询。

业务查询主要包括:发车时刻表,班次运行报表,客运生产日报,车辆运行情况,检票情况,班次票价情况。

④站务日报表。

站务日报表包括:行车记录表,站点日报表,加班日报表、线路收入日报表。

⑤财务营收情况。

财务营运情况包括:车站售票营收日报,车站售票营收旬、月报,车站互联售票统计报表,车站互联单位售票简报,互联单位互售统计报表。

⑥车辆运行情况。

综合查询功能可以查看到车辆每天的运行情况,如每天的检票时间,是否正常发班等,以及统计录入对方回程的车辆情况数据。

(2)统计分析

统计分析子系统主要实现对客运站生产数据的统计分析,具体包括营运数据的统计分析、财务数据的统计分析。

①营运统计分析。

营运统计分析包括:统计场站班次运行情况、客流量、车辆报班、漏乘、班次售票情况、班次检票情况、班次发班情况等。

②财务统计分析。

财务统计分析包括:统计场站班次售票情况、售票缴款情况、票据使用情况、结算单结算情况、联网结算情况、行包结算情况等。

14)系统管理

系统管理主要提供系统用户信息以及系统配置信息等方面的维护功能。系统管理功能如图 3-16 所示。

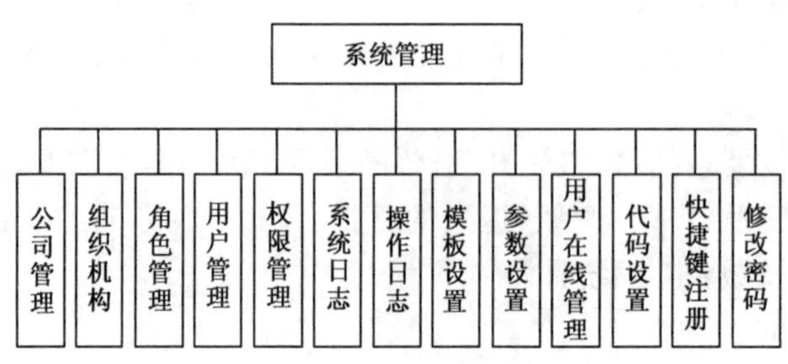

图 3-16 系统管理功能图

(1)公司管理

公司管理是对系统客运站所属公司进行管理,系统提供添加、修改、删除、查询等功能。

(2)组织机构管理

可对系统的组织结构进行管理,包括车站的组织部门等信息的管理。

(3)角色管理

角色管理可以根据公司的不同机构设置系统的角色信息。

(4)用户管理

用户管理是注册该系统的用户,并对用户信息进行相应的操作,可设置其所属公司、机构、部门以及所属角色,并可以设置该用户的全特卡。

(5)权限管理

对用户使用该系统的权限进行控制,可控制用户使用某模块功能的权限,也可控制用户使用某菜单的权限,用户可以拥有某机构的权限也可以拥有多机构的权限。

(6)系统日志

可查询系统自动生成的日志信息,比如系统数据备份信息、系统提示日志、系统出错日志等。

(7)操作日志

系统管理可查询由系统用户操作生成的日志信息,包括操作日志明细信息,主要用于用户对系统的业务操作进行跟踪查看。

(8)模板设置

系统可设置不同票据的打印模板信息,支持用户手动设置模板打印项位置,通过数值设置或者直接鼠标拖动方式设置。

(9)参数设置

设置系统的各种参数信息,可以根据公司、机构设置系统的参数,具体分为业务、调度、售票、检票、行包、票据、结算等类型。

(10)用户在线管理

管理所有已经登录的在线用户信息,可以修改用户在线信息可实现用户下线操作以及不允许该用户登录,也可以强制使该用户下线。

(11)代码设置

设置系统所使用的代码键值,管理数据库数据字典。

(12)快捷键注册

可针对具体的功能模块以及角色设置统一的快捷键操作方式,可提高系统的操作速度。

(13)修改密码

用户登录系统后可修改自己的密码。

3.2.3　流程设计

1)售票流程

售票流程如 3-17 所示。乘客在售票窗口进行售票咨询,并告知售票员出行日期、时间、起始站点以及到达目的地信息,售票员判断是否还有可售票,如果没有满足乘客需求的车票可以出售,则告知乘客并询问是否继续购票;如果有满足乘客需求的车票出售,则在确认购票数后要求乘客付款,打印车票;如果打印车票正常,则乘客取票离开,否则需要重新打印车票并对出错的车票信息进行销票处理;乘客因特殊原因需要进行退票或换乘班次的,则可到售票窗口进行退票或签票处理,来满足乘客的需求;如果乘客在购票的时候班次的售票时间已过,则需进行补票处理。

图 3-18～图 3-20 显示了系统售本站票(图 3-18)、售联网票(图 3-19)以及实名制售票(图 3-20)的流程。

2)检票流程

检票流程如图 3-21 所示。主要包括检票、开客凭和注销客凭三个主要的子业务流程。检票包括对车票真伪进行校验,核对班次上车实际人数,并对统计上车实际人数进行开具客凭。

售票总体流程
乘客
售票员
售票管理员
售票
购票咨询
出行日期、时间、
起始站、终点站
判断班次
停止售票
是
距发车时间
大于指定值
(如3min)
特权补票
否
反馈查询结果
查询班次
补票
决定购票
是
付款
出票
否
打印车票
流程结束
否
取票
打印出错
是
是
重打车票
重新出票
重打
车票
正确与否
否
处理办法
销票
旧车票处理
其他乘客购买
指定时间内
(如20min)
流程终止
是
否
出票时间
超出指定时间
(如20min)
出票人是
当前售票员
否
特权销票
是
销票
流程结束
退票
退票申请
是
需要
审批
指定人员审批
否
手续费减免
否
退票
是
领款
签退
退款
流程结束

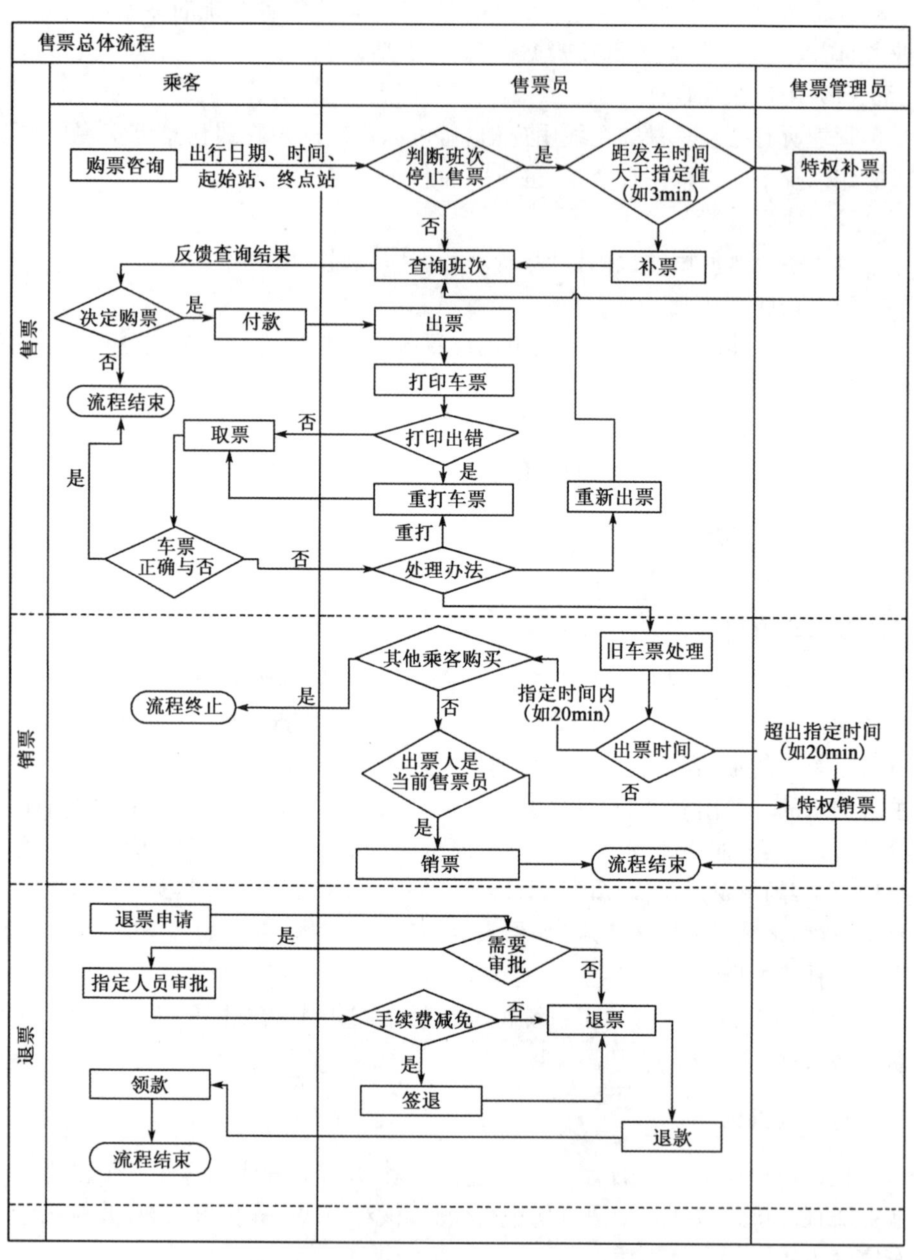

图 3-17　售票流程图

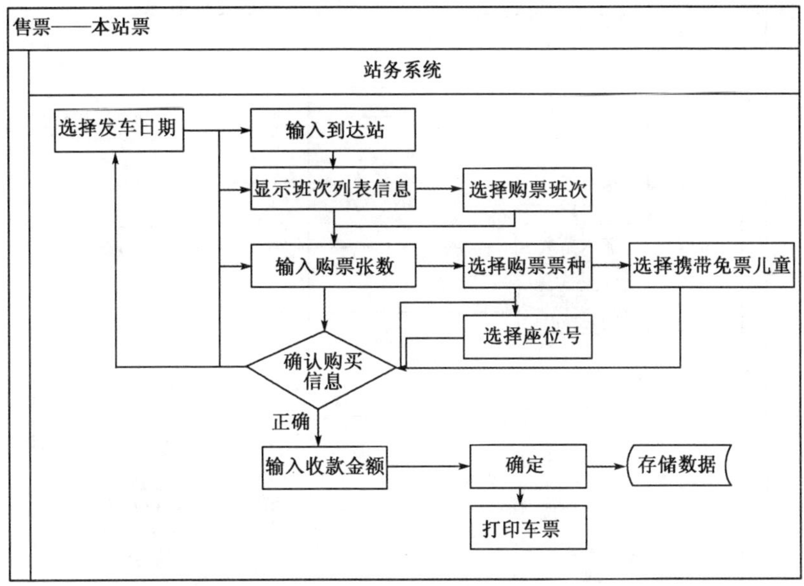

图 3-18　售本站票流程图

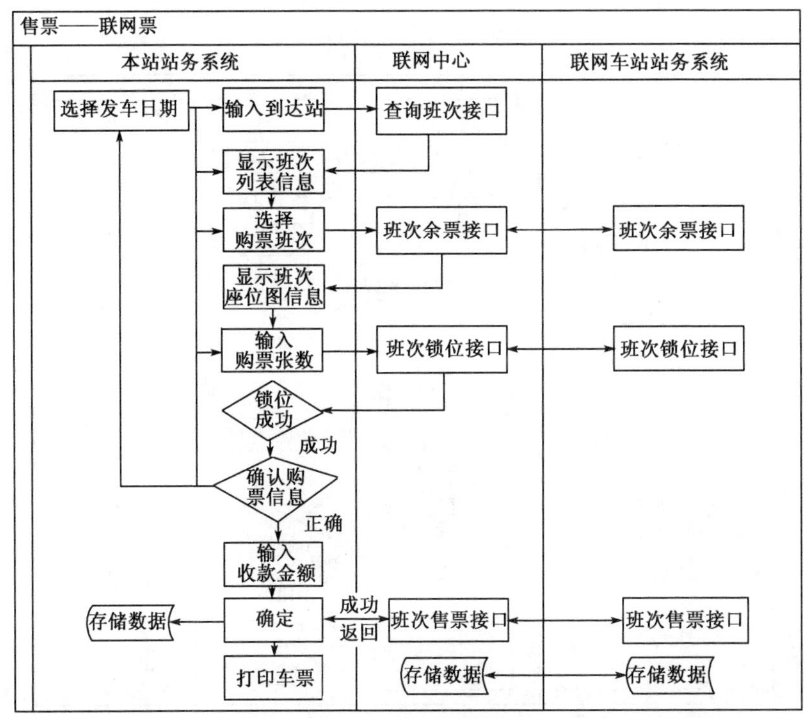

图 3-19　售联网票流程图

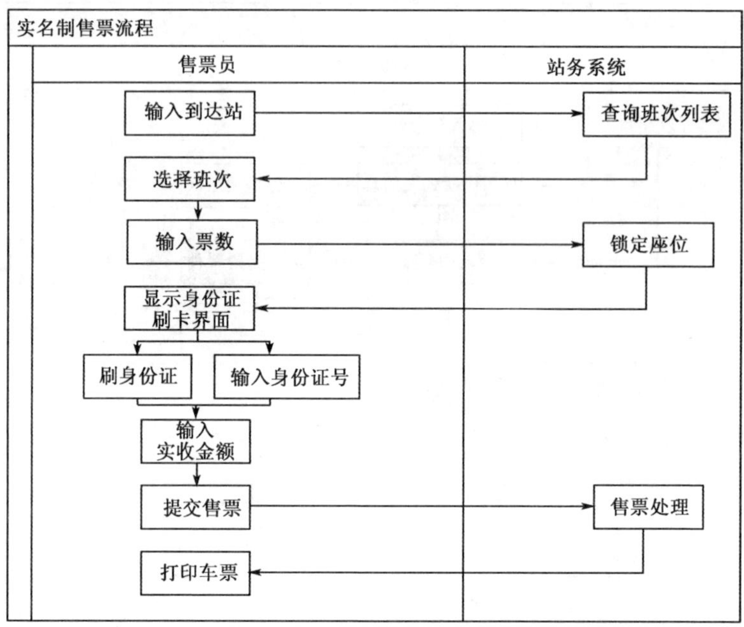

图 3-20　实名制售票流程图

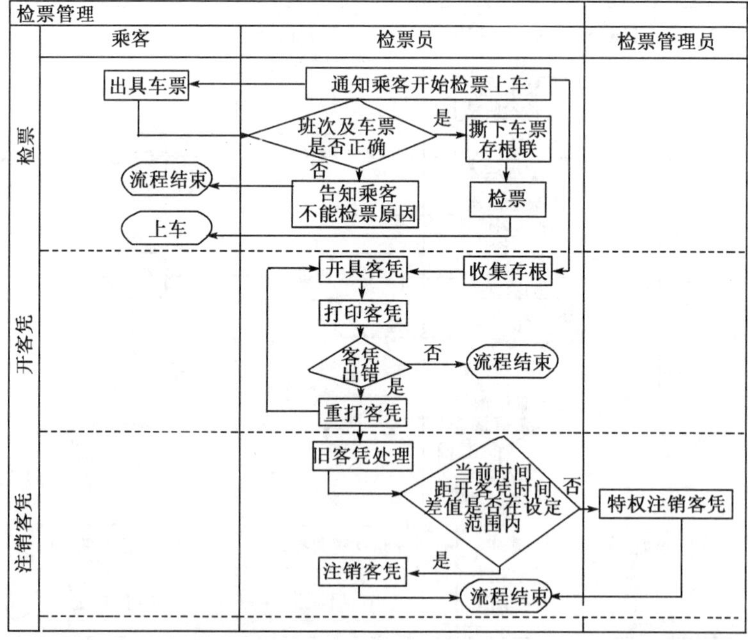

图 3-21　检票流程图

3)票证管理流程

票证管理流程如图 3-22 所示。票证管理员必须先维护票证类型、保险公司、票库等非发票的票证，如果需要维护发票的票证须先维护发票信息。票证使用人员可以在票证有库存的领取下领取，票证管理员可以管理票证使用人员的票证信息，票证使用人员自己也可以管理。

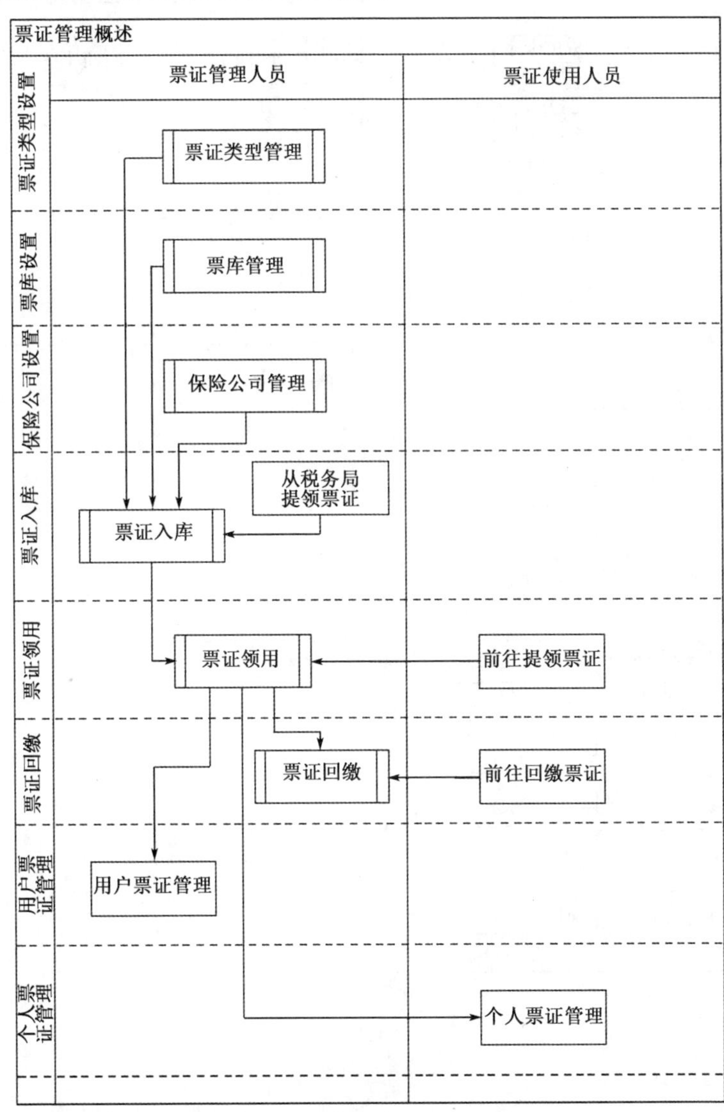

图 3-22　票证管理流程图

4)IC 卡管理流程

IC 卡管理流程如图 3-23 所示。

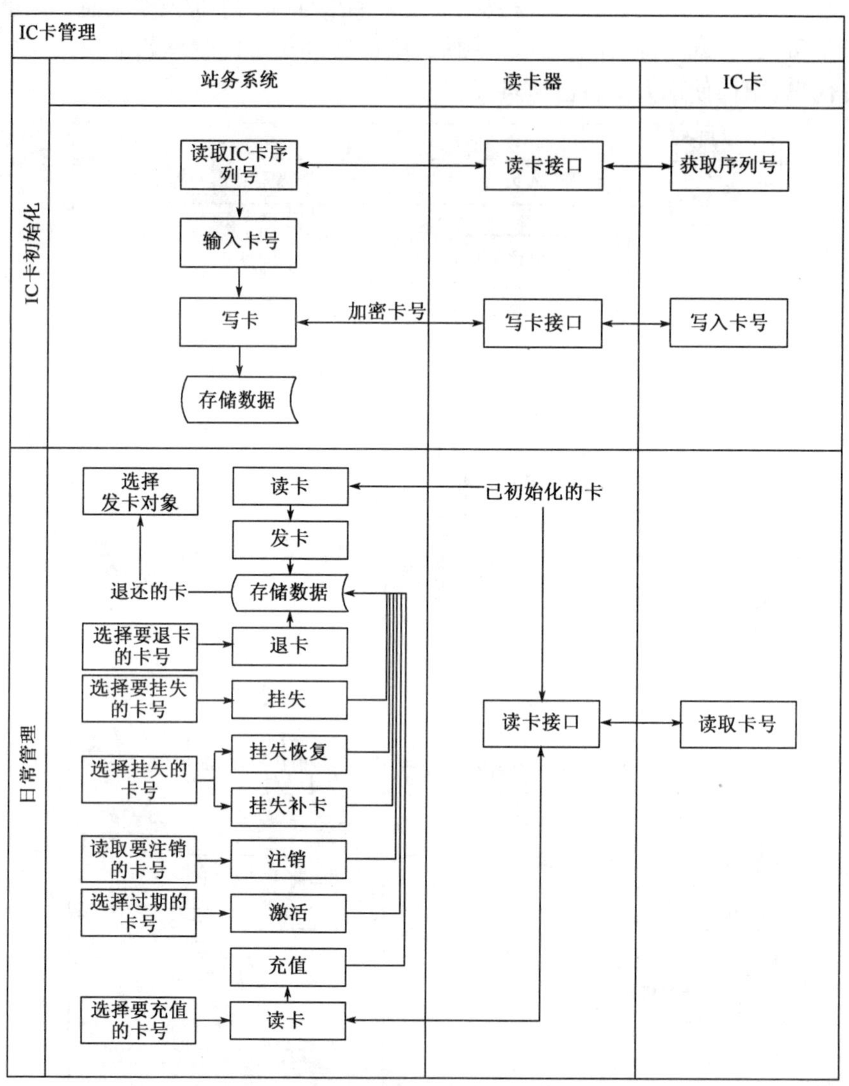

图 3-23　IC 卡管理流程图

5)调度流程

调度流程如图 3-24 所示。

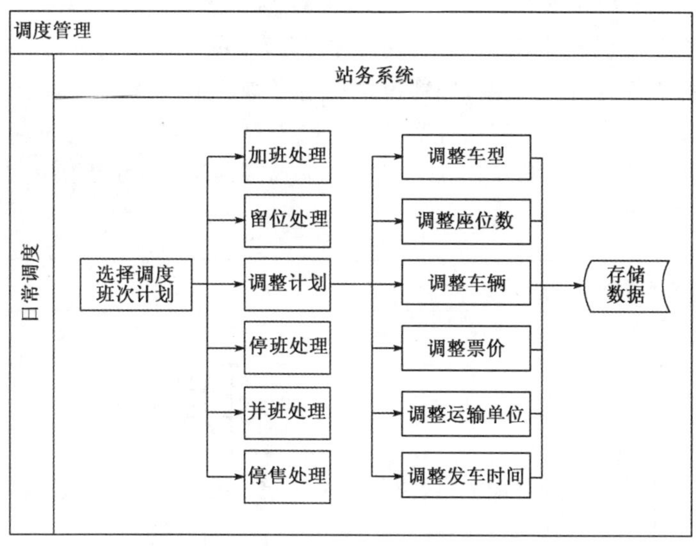

图 3-24　调度流程图

6)行包寄存业务流程

行包寄存业务流程如图 3-25 所示。乘客到车站行包寄存处寄存行包，行包受理员受理行包并发放 IC 卡或寄存凭单给客户，提领行包时，乘客持 IC 卡或凭单到车站行包寄存处提领行包。

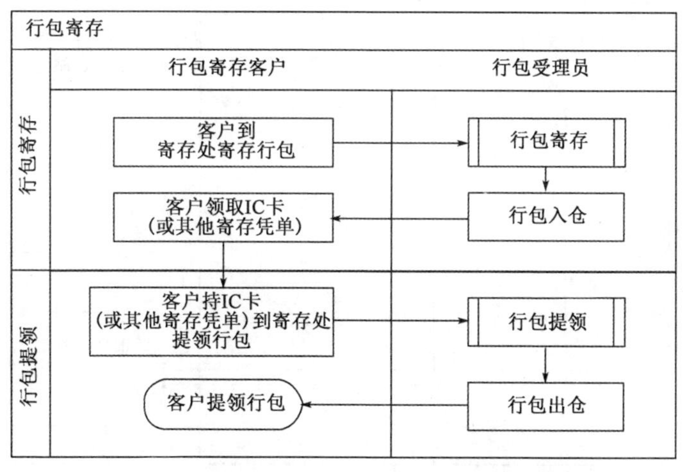

图 3-25　行包寄存业务流程图

7)售票缴款业务流程

售票缴款业务流程如图 3-26 所示。内部售票员必须每天下班后,算清当天售票的金额,然后去财务缴款;外部售票员也必须算清每天的售票金额,但是可以一段时间后再去财务缴款。售票员前去财务缴款时,财务通过企业服务系统查看该售票员当天的应缴款金额。如果该应缴款金额不等于售票员计算的售票金额的话,必须做相应的处理。

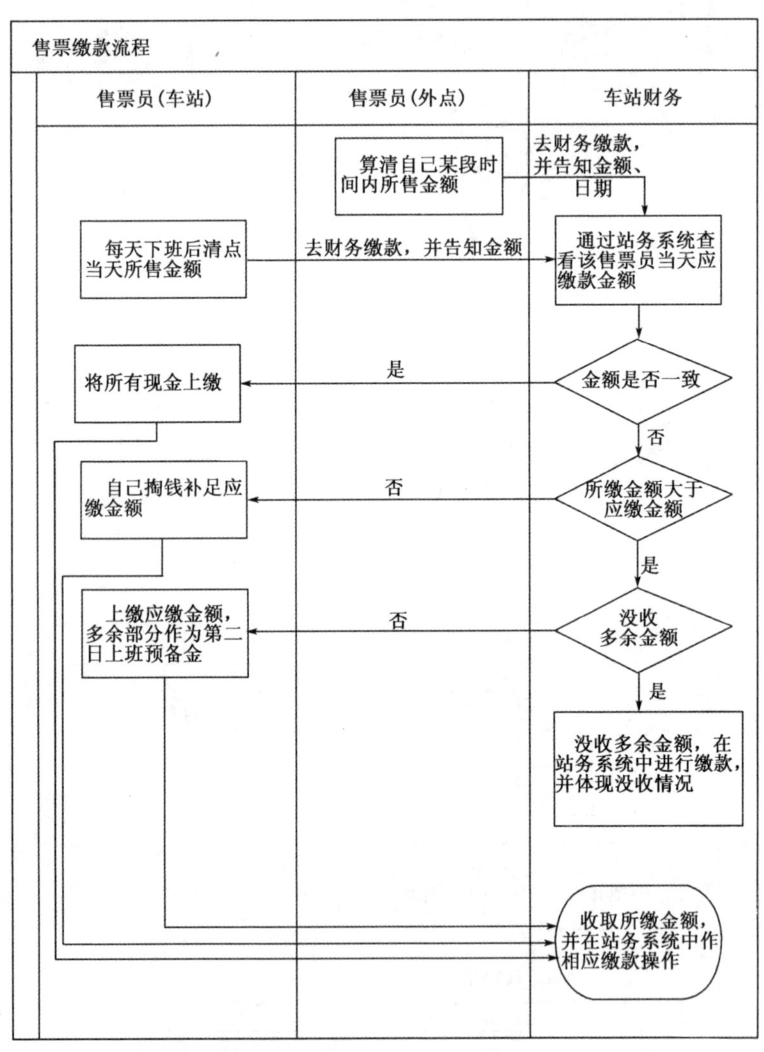

图 3-26　售票缴款业务流程图

8)行包寄存缴款业务流程

行包寄存缴款业务流程如图 3-27 所示。行包寄存人员算清每天自己受理的金额,然后前去财务缴某段时间内的款,财务通过企业服务系统查看该行包寄存人员该段时间的应缴款金额。如果该应缴款金额不等于行包寄存人员自己计算的售票金额的话,必须做相应处理。

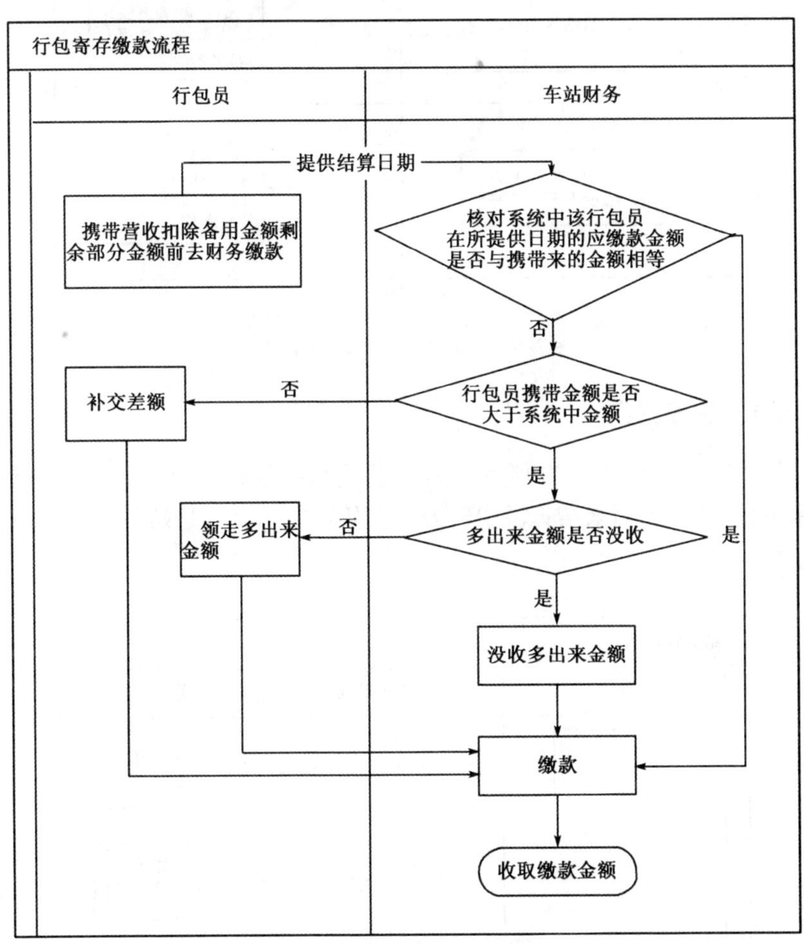

图 3-27　行包寄存缴款业务流程图

9)车辆停放费缴款业务流程

车辆停放费缴款业务流程如图 3-28 所示。车主前去车站财务缴当月的车辆停放费,车站财务出示当月该车的停放费明细。车主确认无误后缴款,车站财务收取费用后在站务系统中进行缴款操作。

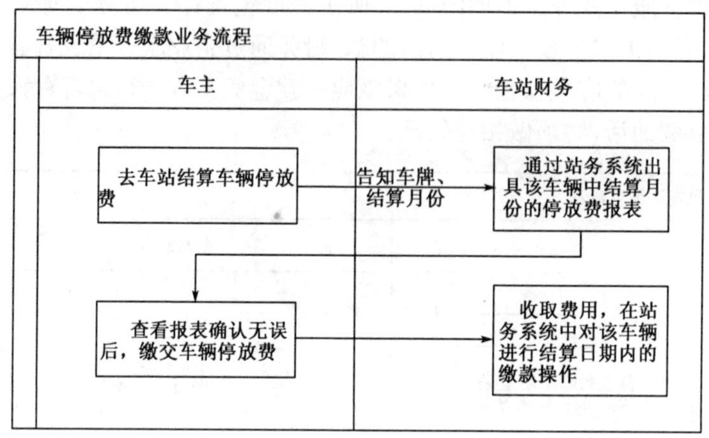

图 3-28　车辆停放费缴款业务流程图

10)结算管理流程

结算管理流程如图 3-29 所示。客运凭单和行包凭单的结算必须都是运务公司来审核，站务公司来结算。中转方收费凭单的结算则是站务公司审核，站务公司结算。

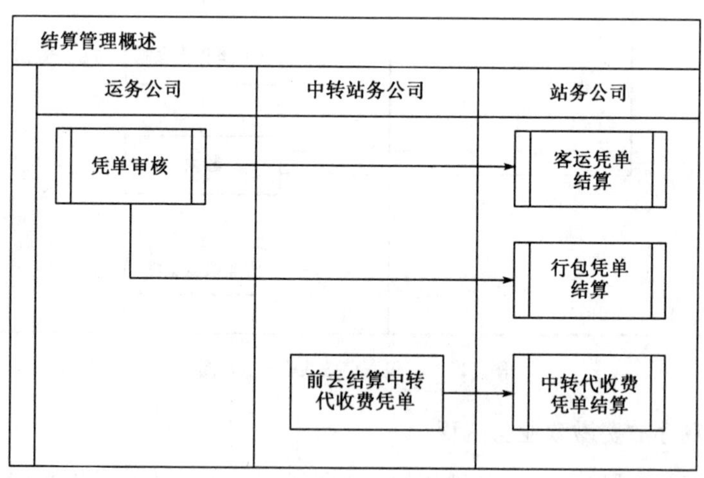

图 3-29　结算管理流程图

3.3　道路客运联网售票业务管理系统

3.3.1　业务概述

道路客运联网售票业务管理系统服务于联网售票运营机构，主要用于管理、控制和协调各类联网售票机构，对外提供统一、可管理的联网售票服务，为道路客运联网售票服务系统提供支撑。

该系统主要实现：

(1)站点、车型、车辆、票种等基础数据的统一管理。

(2)车票票据的入库、领用、发放和回收的全过程管理。

(3)联网售票网点、代售机构等售票渠道的统一控制。

(4)对各类联网售票服务的运行情况的监测管理。

(5)对联网售票、取票、退票和废票等规则的管理。

3.3.2　系统功能

道路客运联网售票业务管理系统功能结构图如 3-30 所示。

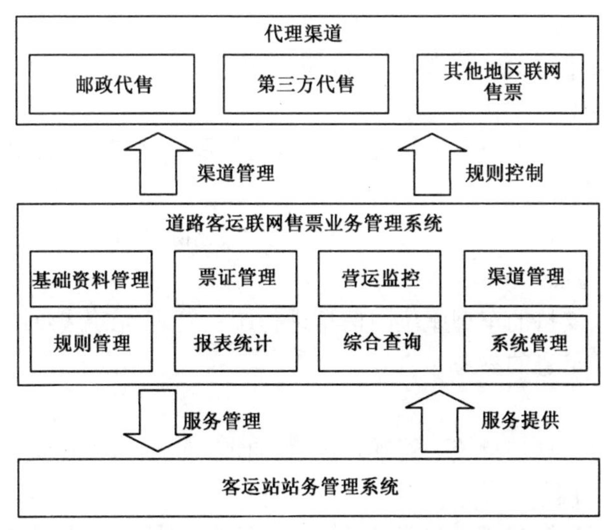

图 3-30　道路客运联网售票业务管理系统功能结构图

1)基础资料管理

实现联网售票的前提是统一基础资料，该功能主要用于对联网售票需要的各类基础数据进行统一管理。

基础数据资料管理功能如图 3-31 所示。

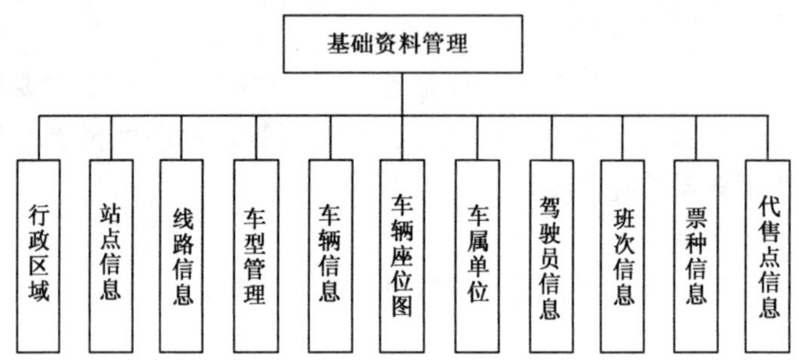

图 3-31　基础数据资料管理功能图

(1)行政区域

对于各联网客运站的行政区划信息进行统一管理，提供添加、修改、删除和查询等功能。

(2)站点信息

对站点信息进行统一管理，提供添加、修改、删除和查询等功能。

(3)线路信息

对线路信息进行统一管理，提供添加、修改、删除和查询等功能。

(4)车型管理

按行业标准对车型信息进行统一管理，提供添加、修改、删除和查询等功能。

(5)车辆信息

对车辆信息进行统一管理，提供添加、修改、删除和查询等功能。

(6)车辆座位图

对联网售票支持的车型座位图信息进行统一管理，在售票时作为售票员告诉乘客车辆座位信息的参考。

(7)车属单位

对车属单位信息进行统一管理，提供添加、修改、删除和查询等功能。

(8)驾驶员信息

对驾驶员信息进行统一管理，提供添加、修改、删除和查询等功能。

(9)班次信息

对联网班次信息、途经站点信息进行统一管理，系统提供联网班次的审核和发布功能，已发布的联网班次可由各联网客运站共享。

(10)票种信息

对票种信息进行统一管理，提供添加、修改、删除和查询等功能。

(11)代售点信息

管理代售点信息，提供查询、添加、修改和删除等功能。

2)票证管理

票证管理主要实现对车票票据的入库、领用、核销管理；可以实时查看各客运企业、客运站的用票情况，及时对客运企业、客运站持有票据以及票据的结存情况进行查询。票证管理功能图如3-32所示。

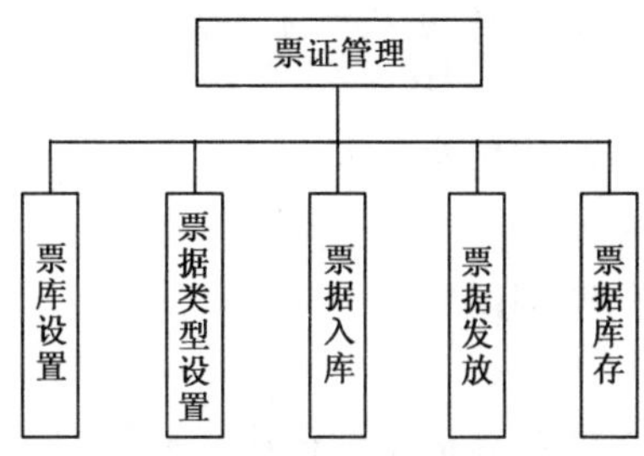

图3-32 票证管理功能图

(1)票库设置

票库即存放票证的仓库，这里的票库为逻辑上的票库，用于记录不同票证的存放位置，以方便系统统计分析。系统提供票库的创建、修改、查询和删除功能。

(2)票据类型设置

票证管理可设置不同的票据类型以及相应的票据信息。票据类型编码由系统实施时确定。

(3)票据入库

对票据进行入库操作，并记录相应的入库信息，由中心统一对票据进行入库操作，然后各个客运企业或者车站从中心领取票据。车票的票号由中心统一编码并保证该系统内票号唯一。

(4)票据发放

各客运站到联网售票中心领用票据，由中心统一发放票据，系统记录发放信息。

(5)票据库存

票证管理可显示已经入库的票据情况信息,并统计总票数以及各个领用单位的使用情况、剩余情况。

3)综合查询

道路客运联网售票业务管理系统主要实现对班次排班、票价、票据使用等信息的综合查询。综合查询功能如图 3-33 所示。

(1)班次排班情况

查询未来、当天、历史的各客运站的班次排班情况,还包括班次的运营情况。

(2)班次票价情况

查询未来、当天、历史的联网售票班次票价情况。

(3)票据使用情况

查询未来、当天、历史的各联网网点的票据使用情况。

(4)联网售票情况

查询各联网客运站的联网售票情况。

(5)联网退票情况

查询各联网客运站的联网退票情况。

(6)班次发班情况

查询未来、当天、历史的各客运站的班次发班情况。

4)规则管理

规则管理可实现对购/订票等规则的管理。规则管理功能如图 3-34 所示。

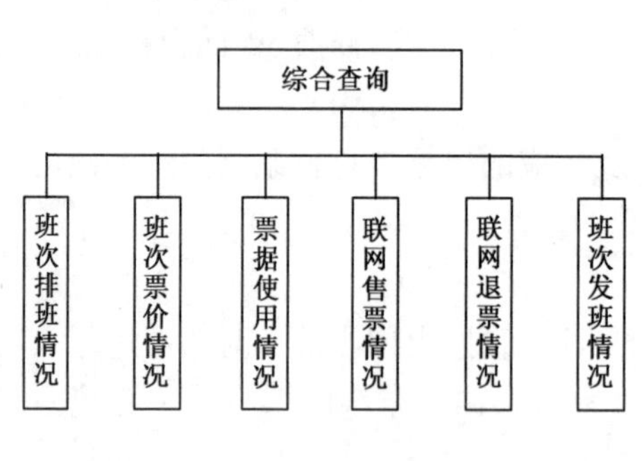

图 3-33 综合查询功能图

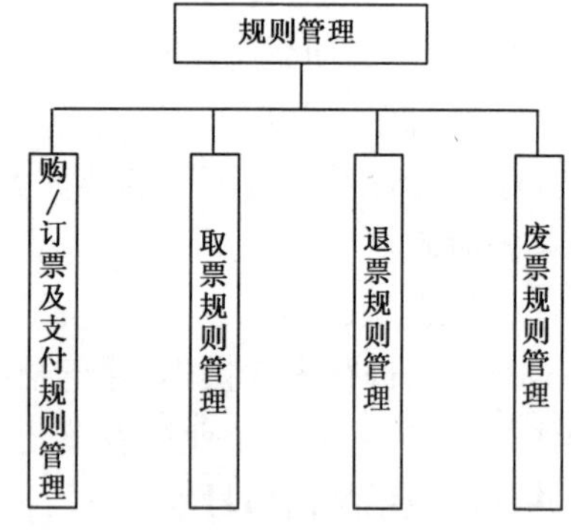

图 3-34 规则管理功能图

(1)购/订票及支付规则管理

购/订票数量规则管理:系统对乘客每天能够购/订票的数量进行规定,例如,网上购票时,同一注册用户,每日限购 5 张车票,每张车票对应一个有效证件号；每一个有效证件号码每日限购 3 张车票等。

购/订票时间规则管理：系统对乘客选票、支付的时间进行规定，例如，网上购票时，乘客从选择第一张票起，需在规定时间内完成选票，在规定时间内完成支付操作，不得逾时支付。选票时间、支付时间在网页上有倒计时提示。

(2)取票规则管理

乘客通过网上购票、手机购票等方式购票后，对取票的时间、地点、方式进行规定。

取票时间规定管理：例如，网上购票、手机购票等方式已经完成支付的情况下，允许乘客于检票口关闭前任意时间进行取票。

取票地点规定管理：例如，乘客必须到始发站进行取票；或者允许乘客到就近客运站、代售点取票。

取票方式规定管理：主要对本人取票或代替他人办理时，所需要的取票凭证进行规定。例如，本人取票必须凭借有效身份证或手机二维码；代替他人办理时，需要凭借代办人身份证、购票人身份证或购票人身份证复印件等。

(3)退票规则管理

退票方式规则管理：针对不同购票方式的退票方式进行规定。例如，网上购票、手机购票时，若乘客尚未获取纸质客票，可以采用网站或电话方式自行退票；若已经取得纸质客票，需要到乘车客运站办理退票手续。乘客到客运站办理退票手续时，需先取纸质客票再办理退票手续。

退票时间规则管理：针对不同购票方式允许退票的时间进行规定。例如，网上购票、手机购票时，若乘客尚未获取纸质客票，采用网站或电话方式自行退票，需在发车前 2 小时进行办理；若乘客在各客运站、代售点购买的其他车站始发的车票，选择在购票站/代售点退票，需在发车前 2 小时进行办理；若乘客选择在乘车客运站退票，可在发车前进行办理；发车后不退票。

退票地点规则管理：针对不同购票方式允许退票的地点进行规定。例如，无论采用何种购票方式(含网上购票、手机购票、客运站购票、代售点购票等)购买的车票，均可以在乘车站退票；在各客运站、代售点购买的其他车站始发的车票，可以在购票站/代售点退票，但必须在发车前 2 小时进行办理。

退票手续费规则管理：对退票的手续费进行规定。例如，距发班时间 2 小时以外(不含)，扣除票面额的 10%；距发班时间 2 小时以内(含)，扣除票面额的 20%；发车后不退票。

退票票款及退票凭证规则管理：对各种退票方式所退票款的到账时间、发票等进行规定。例如，乘客办理网上退票、手机退票手续后 7 日内，系统将所退票款转账至您购票所使用的银行账户或手机账户内；如在网上退票又需退票单据作为报销凭证时，乘客在该票的退票状态为“退款成功”后 7 日内，可到发车站售换票窗口办理。

(4)废票规则管理

当客运站、代售点打印车票时，可能出现打印问题、误操作等情况，因此需要允许废票操作。废票规则管理主要是对出现打印错误后，能够在多长时间内进行废票处理进行设置。

5)渠道管理

渠道管理用于控制各类接入到联网售票中心，参与联网售票和客票代售的邮政、ISP、第三方代售机构等，其可/不可售的班次，以及可售数量，并实行保证金控制。

渠道管理功能如图 3-35 所示。

可售控制功能如图 3-36 所示。

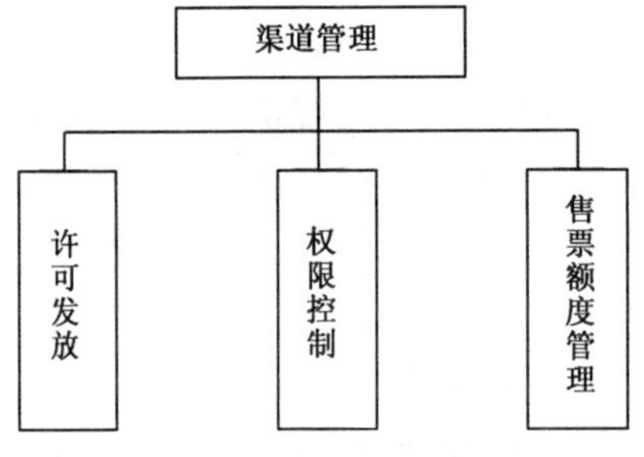

图 3-35　渠道管理功能图

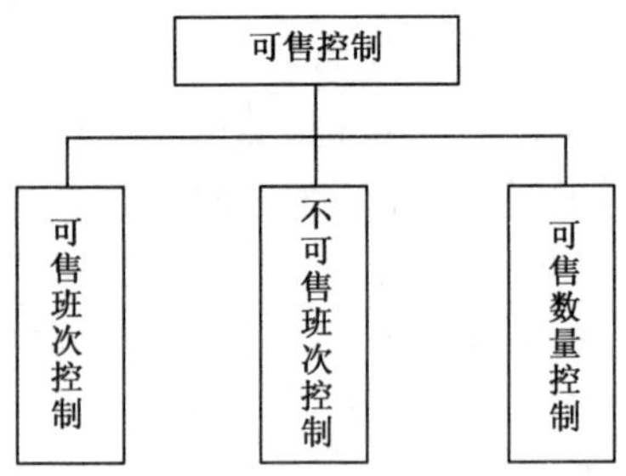

图 3-36　可售控制功能图

(1)可售班次控制

可售班次控制是指控制某机构可售各客运站的班次，以及该班次的售票张数、预售天数、可售票种等。

(2)不可售班次控制

不可售班次控制是指控制某机构不能售的各客运站的班次。

(3)可售数量控制

可售数量控制指控制某机构可售各客运站的售票额度，当在一段时间内的售票款超出指定额度后，系统停止该机构售票，并要求对额度进行恢复操作。

6)营运监控

营运监控是对各类联网售票服务以及客运站的缓存服务进行实时监控，为系统稳定运行提供保障。其主要包括售票异常情况监控、出票监控、班次上传报警、缓存服务监控等。

营运监控功能如图 3-37 所示。

(1)售票异常监控

监控联网售票的异常情况,针对出现的异常情况进行记录和纠正。

(2)出票监控

监控各个联网客运站的联网出票信息。

(3)班次上传报警

监控各个联网客运站的缓存的班次上传信息,并显示上传异常的原因。

(4)缓存服务监控

监控各客运站的缓存服务运行情况,并对异常情况进行及时报警。

7)报表统计

报表统计是指统计各联网客运站的业务情况、生产经营等情况。报表统计条件可由用户自行定义,报表统计模板可由用户自行设计生成。

报表统计功能如图 3-38 所示。

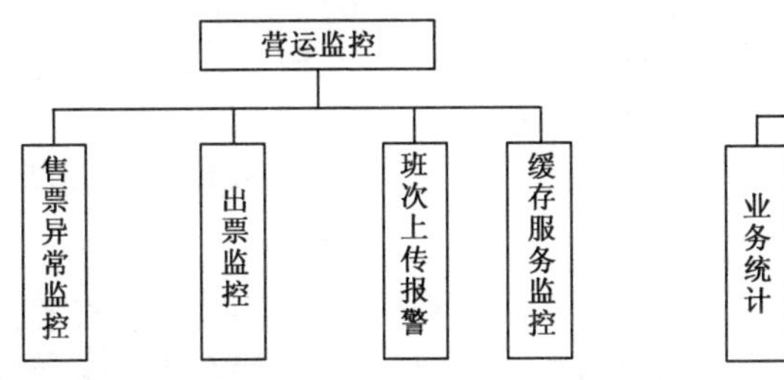

图 3-37 营运监控功能图

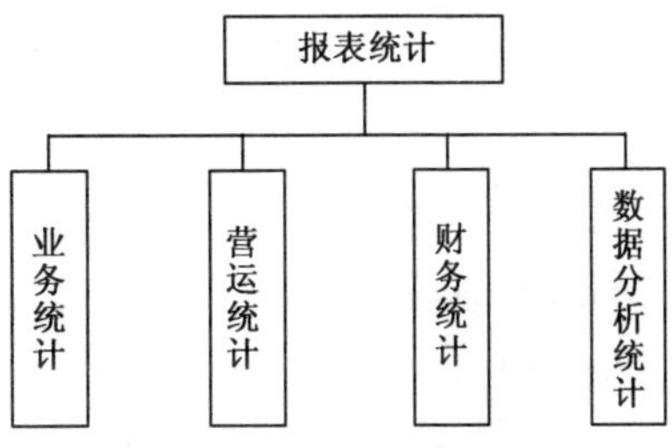

图 3-38 报表统计功能图

(1)业务统计

统计各联网客运站以及联网售票中心的经营线路情况、班次信息、站点信息等。

(2)营运统计

统计各联网客运站以及联网售票中心的班次运行情况、客流量、车辆报班、班次售票情况、班次检票情况、班次发班情况等。

(3)财务统计

统计各联网客运站以及联网售票中心的班次售票情况、售票缴款情况、票据使用情况、联网结算情况、联网售票情况等。

(4)数据分析统计

根据用户选择的项目对客运联网数据进行分析统计,并生成曲线图、柱状图、饼状图等。

8)综合协作平台

综合协作平台建设的目的是为了实现个人办公、公文管理、事务处理、资源管理、公共信息、系统管理等功能,定位于基于联网售票系统的OA管理系统。

综合协作平台功能如图3-39所示。

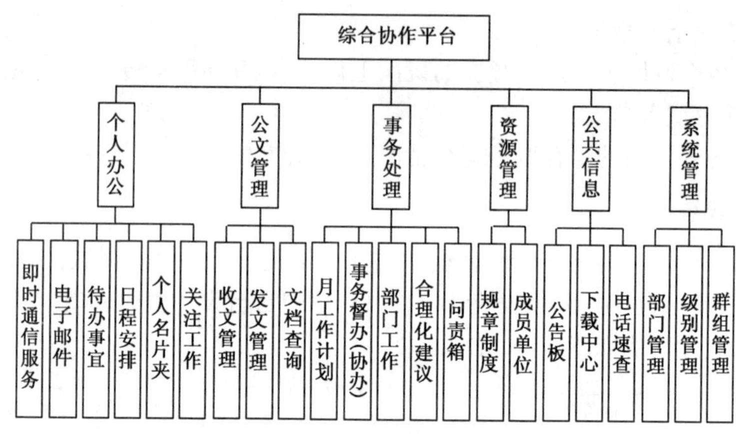

图3-39 综合协作平台功能图

(1)个人办公

①即时通信服务。

即时通信服务可以保证各用户之间进行实时消息传递,使沟通更为直接、方便。通过即时通信服务,用户可以直接在屏幕上看见相关人员的在线情况,并可随时发起和接受呼叫。即时通信服务也为文件交换、在线技术支持、在线问题解答提供了一个基础平台。

②电子邮件。

电子邮件是办公系统中最基本的功能,通过电子邮件系统可以方便地起草、发送邮件,浏览接收到的邮件并归类存档,可以实现各类信息(如信件、文档、报表、多媒体等多种格式文件)快速、高效地传递。此外还可以连接其他常用的电子邮件系统以实现内外部电子邮件的全球化通信。

③待办事宜。

把用户每天需要处理或查阅的各种文件、批示、通知、公告等信息发送到待办事宜,并即时推送给用户,使用户可以通过一个单一的入口集中访问与处理各种事务。同时,待办事宜还提供浏览器方式下的即时监控功能。通过监控窗口,用户在办公过程中,如果有新的文件或信息到达,可以马上弹出窗口进行提示,并伴有声音提示。每个用户都可以对自己的待办事宜进行个性化的配置。

④日程安排。

系统提供直观的日程安排工具，方便用户管理各种事务，并具备消息提醒功能。对个人的日程进行安排或进行周期性的日程安排，并可根据访问级别向外公布日程安排。用户可以制定和修改工作计划。工作管理中也具有日程安排的功能，但考虑到用户的需要，将此功能提取出来，作为一个方便的使用工具，用户可单独使用。

⑤个人名片夹。

以名片簿的形式记录公共和个人的通讯录，包括一张名片中的基本信息：姓名、职位、电话、传真、E-mail、单位名称、单位地址、邮政编码等。可以按照各种方式查询名片簿中的信息。

用户可以建立、编辑、删除自己的私人名片并对私人名片进行分类，也可以将私人名片与他人共享，并指定共享范围。

⑥关注工作。

在综合办公的时候，有些工作是当前用户最为关心的，如一个文件的办理流转全过程用户可能都需要关注，那么可以在该工作文件的详细页面上将其标志为关注工作，这个工作文件就会在关注工作模块中显示，并在首页一直显示，直到用户自己将其取消关注。该功能更加个性化的让用户时刻关注其最重要的工作任务。

(2)公文管理

①收文管理。

收文管理实现对来文的登记、拟办、批办、批示、传阅、反馈办理结果、整理和归档等操作，功能上覆盖了实际办公过程中的所有环节。收文管理提供了许多细致的功能，如：自动编顺序号、逾期自动催办、跟踪文件处理全过程、文件的自动归档、收文的检索和查询、收文记录的修改、收文记录汇总与报表统计及打印等。

②发文管理。

发文管理用来处理和管理来文转发和内部制发的公文；可记录发文审批过程中的所有审批情况和意见；可记录所有进入系统的用户所做的操作；可实现公文修改的痕迹保留；可灵活定义发文处理流程；可处理顺序审批及会签；可自动催办等。发文处理的全过程包括拟稿、核稿、会签、流转、签发、分发、归档等操作，实际流程可以依据用户的需求通过可视化定制工具进行灵活定义。发文管理员在流程处理过程中，对流程具有监控、管理的功能。

③文档查询。

针对所有的公文文档的查询功能，主要可以方便用户查询所想要的公文文件，通过拟稿部门、拟稿人、拟稿时间、关键字、文件类型等搜索条件，快速定位查询出用户所需要立即查看的所存在的文件。

(3)事务处理

①月工作计划。

月工作计划用于个人定制每个月的工作计划，可以实现计划的增删改查，帮助个人完成工作目标。

②事务督办(协办)。

用户创建一个新的事物督办后，可以选择承办人和参与人，填写工作内容后提交，该事务督办就会流转到承办人和参与人处，并进行协作办理，督办人、承办人和参与人三方可以随时查看他人办理情况或自己填写办理情况。

③部门工作。

部门工作管理用于个人填写部门工作情况，并可以选择一定人员后提交，让其他人可以看到该部门的工作。

④合理化建议。

合理化建议模块为内部用户提供了一个发表意见、针砭时弊的场所，在个人与单位、员工与领导之间建立了一个沟通的桥梁和纽带。用户可以采用署名或匿名的方式提出个人意见或合理化建议，并提交给相关人员处理，相关人员可以进行答复。

⑤问责箱。

用户如果与公司部门或其他人员之间有什么不同的意见，可以通过问责箱提出，填写好问责表后提交，公司部分负责人或其他人员可以及时看到该信息，可以及时作出相应处理。

(4)资源管理

①规章制度。

规章制度模块提供对国家各种政策法规以及部门内部规章制度的录入、查询功能，可以按分类树的方式来管理和浏览。具有相应权限的用户负责信息的录入及维护，所有员工均可随时浏览政策法规上已发布的信息。未发布的信息只有录入人自己能看到。超过有效期的信息系统将自动删除。

②成员单位。

成员单位管理用于管理企业成员单位的相关基础资料，方便企业迅速的查找成员单位。

(5)公共信息

①公告板。

公告板模块用于本单位或各部门发布相关财务、业务、经营、人事、管理和统计等各种信息或通知公告。公告具体内容可以通过附件的形式上载各种格式的文件。发布对象可以是全体用户,指定的具体人员,指定的某个部门,也可以是某些群组对象。公告板还可以与短信息集成在一起,将最新的公告信息以短消息的方式及时发送到被通知人的手机中。

②下载中心。

下载中心模块可以录入和上载办公中用到的常用软件,提供给办公系统中的用户进行查询和下载,方便用户的日常办公。

③电话速查。

该模块通过姓名、办公室房间号等查询条件,迅速查找企业内部人员的办公电话或移动电话。

(6)系统管理

①部门管理。

部门管理用于管理企业的组织架构、部门设定和部门的相关基础信息。提供可以无限扩展下属部门的方式以适应任意组织结构的企业,企业组织结构的变化可以很容易地在系统中变化,并且多人多部门、多人多级别、多人多秘书等问题在系统中都得到了很好的解决,企业无须担心自己的组织架构复杂而无法管理。

②级别管理。

级别管理用于管理企业人员的级别,自己根据情况设定不同人员为不同级别。

③群组管理。

群组管理支持系统群组、用户群组、个人自定义群组和伙伴工作组,实现企业多元化的群组。

9)系统管理

系统管理可实现系统的组织机构、角色和权限、用户、系统日志和操作日志管理。系统管理功能如图3-40所示。

(1)组织机构

对参与联网售票的所有机构(包括客运站、第三方代售机构等)的基本信息和服务地址进行管理。

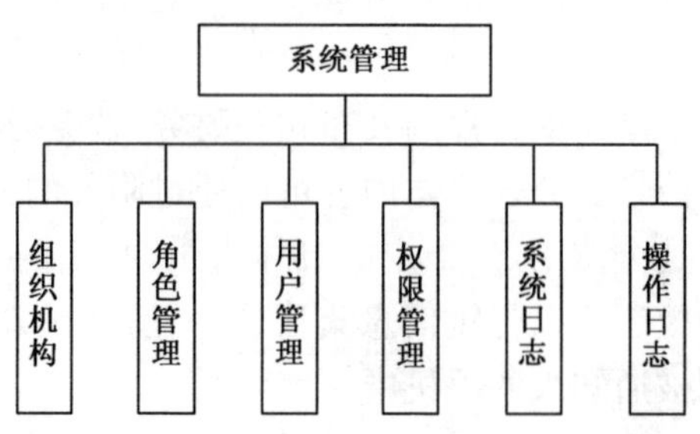

图 3-40 系统管理功能图

(2)角色管理

管理系统的用户角色信息。

(3)用户管理

管理系统的用户,提供新增、修改、锁定等功能。另外,可设置其所属机构以及所属角色。

(4)权限管理

按角色设置本系统各项功能的使用权限(包括菜单权限和功能权限)和机构权限(主要是数据权限)。同一用户可以拥有一个或者多个机构的权限。

(5)系统日志

查询系统自动生成的日志信息,如系统出错日志等。

(6)操作日志

可查询由用户操作生成的日志信息,包括操作内容、对象、操作时间等明细信息,主要用于对用户的行为进行审计。

3.3.3 流程设计

1)基础资料管理流程

基础资料管理流程如图 3-41 所示。

2)票证管理流程

票证管理流程如图 3-42 所示。

3)票源接入流程

票源接入流程如图 3-43 所示。业务人员维护票源的基本信息,在基本信息的基础上维护可售车站的信息。

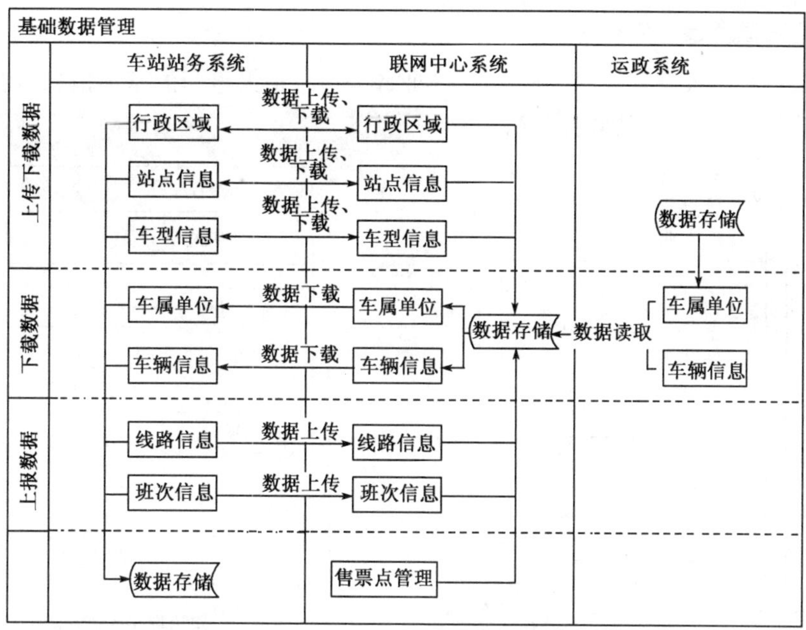

图 3-41　基础资料管理流程图

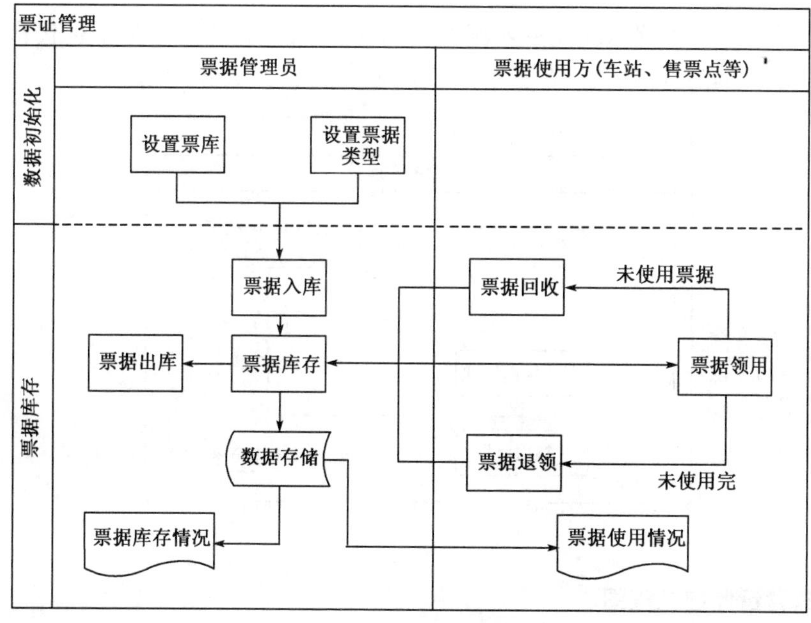

图 3-42　票证管理流程图

4)渠道商接入流程

渠道商接入流程如图 3-44 所示。业务人员维护渠道商的基本信息,在基本信息的基础上进行规则的配置。

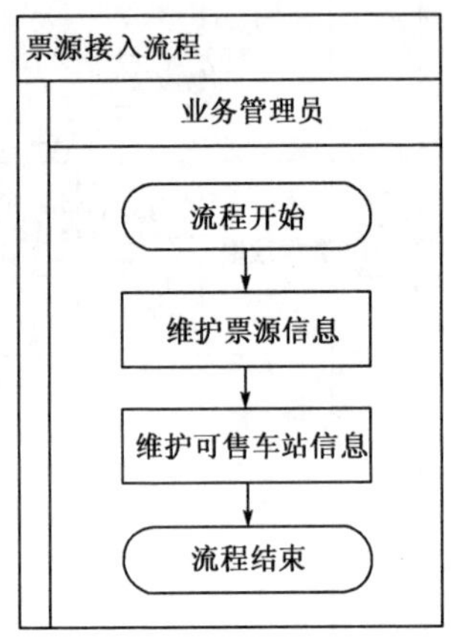

图 3-43　票源接入流程图

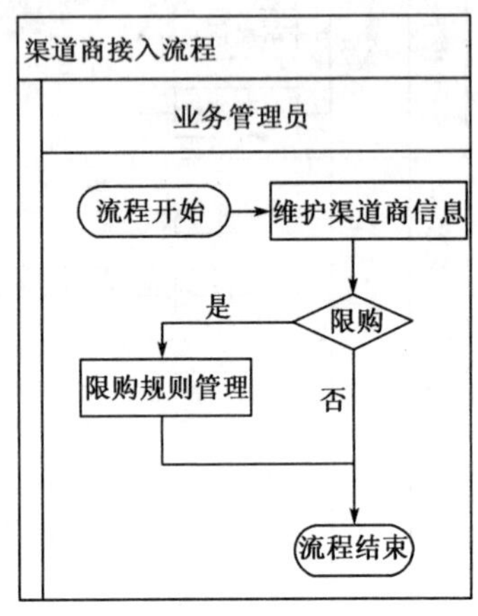

图 3-44　渠道商接入流程图

5)代售点及自助售票终端接入流程

代售点及自助售票终端接入流程如图 3-45 所示。业务人员维护代售点或自助售票终端的基本信息,在基本信息的基础上进行规则的配置。

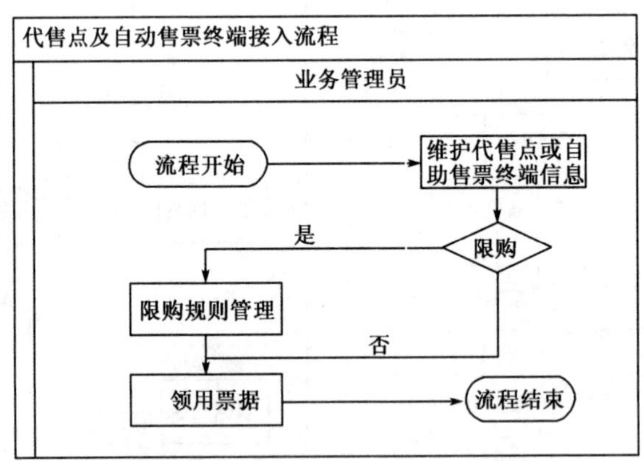

图 3-45　代售点及自助售票终端接入流程图

6)营运监控流程图

营运监控流程如图 3-46 所示。

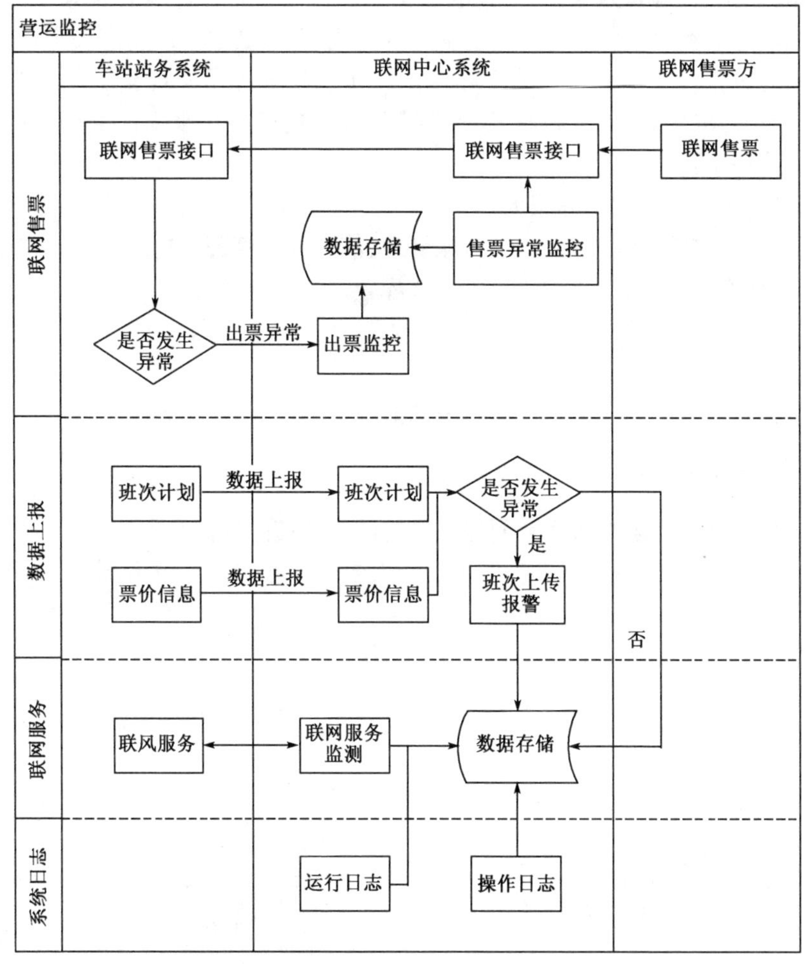

图 3-46　营运监控流程图

3.4　道路客运联网售票清分结算系统

3.4.1　业务概述

道路客运联网售票清分结算系统可提供清分结算服务，统一为客运站、客运企业、代售点等各参与单位提供联网售票票款的清分结算功能，涵盖客运企业、客运站、业户、代理售票点、第三方电子支付运营商、网银、保险公司等实体间的多点结算；支持多级联网结算方式；支持结算周期、资费水平的动态设定；支持结算结果通过银行直接汇入相关实体账户。通过系统应用实现自动化的票务结算，达到结算的实时性、准确性，为各类实体之间的经营往来提供直接的技术支撑。具体如下：

(1)提供 T+N 的结算服务。

(2)提供结算主体管理、自动对账管理、清分规则管理等功能。

(3)预留各级清分结算接口，可灵活配置。

3.4.2 系统功能

道路客运联网售票清分结算系统功能结构如图 3-47 所示。

1)结算数据预处理

结算数据预处理将客运联网售票系统的售票信息根据客运站、班线、班次等信息进行处理后按照一定的时间规则生成结算预处理数据，为结算管理功能提供数据来源。

结算数据预处理功能结构如图 3-48 所示。

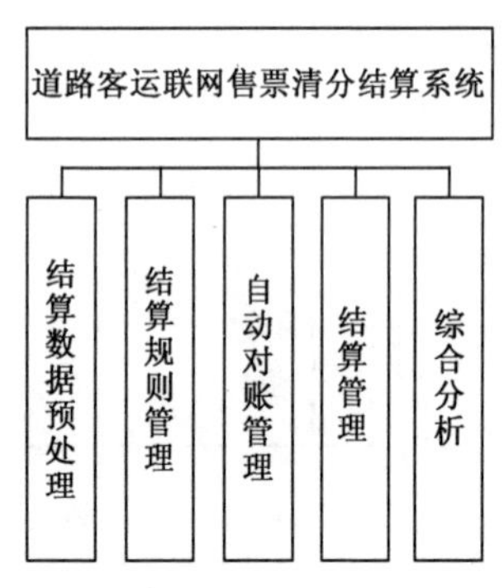

图 3-47 清分结算子系统功能结构图

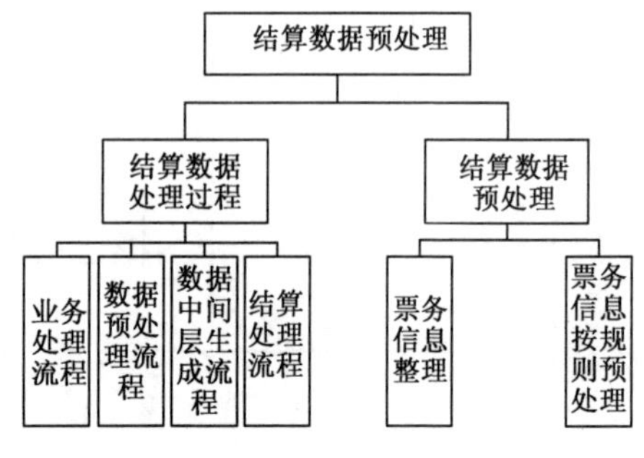

图 3-48 结算数据预处理功能结构图

(1)结算数据处理过程

结算数据处理是联网售票系统最核心的处理功能之一，是对联网售票原始数据结合结算体系规划进行预处理、结算、出账、账单加载、数据中间层生成的处理过程。结算数据处理可以是自动实时处理的过程。

①业务处理流程。

结算数据处理流程描述了结算数据处理总体过程，包括预处理、结算、入库、出账、账单加载到数据中间层生成等处理过程，以及确保这些过程正确处理的辅助过程。数据处理的输入数据为文件流和事件流，输出数据为计费事件、账单、数据中间层等。

②数据预处理流程。

联网售票系统处理来自各级票务系统的售票交易，交易完成后，将售票交易数据提交到清分结算系统。预处理是清分结算系统数据接收后对原始售票交易数据进行处理的第一个阶段，实现原始事件到结算事件转变的处理过程，具体包括：原始事件格式标准化、原始事件记录校验转换、分拣过滤、重复结算事件检查、定制输出结算事件等正常过程及异常回收处理过程，处理过程引用各种预处理规则，包括格式转换规则、记录检验规则、分析过滤规则、输出格式规则等。预处理不查找结算事件所属的结算规则和结算费率资料，这一步骤由实时结算处理过程完成。

③数据中间层生成流程。

数据中间层是结算系统在客户资料数据、结算事件数据、客户账单数据、支付账户数据、结算清单数据等基础数据的基础上，为了满足统计需求及联网系统和经营分析系统需求，并保证数据提供速度和提高数据提供方便性的要求，对上述基础数据进行抽取、转换、审核、加载等过程生成多层次的介于基础数据和统计报表之间相对独立的各种数据。

④结算处理流程。

结算处理是清分结算系统的处理流程的核心阶段，是对预处理后的结算事件结合客户资料、结算费率和优惠策略以及累计资源进行结算计算，并将结算处理后的结算事件和结算结果及其他累计数据入库的过程。

(2)结算数据预处理

结算数据预处理包括票务信息整理、票务信息按规则预处理等功能。

①票务信息整理。

票务信息分为不发生结算关系的票务信息及具有结算关系的票务信息，具有结算关系的票务信息还分为预订票、窗口售票、互联网售票及电话售票等不同情况。票务信息整理将具有结算关系、已支付的明细票务信息按实体、按时间进行抽取。

②票务信息按规则预处理。

将票务信息整理模块抽取的明细票务信息按实体、按时间周期、按班次信息、按购票方式等规则进行汇总，形成结算数据。

结算数据的内容包括实体编号、实体名称、班次、车牌号、发车时间、应收票款、保险金额、购票方式等信息。

2)结算规则管理

结算规则管理主要负责客运企业、客运站、业户、代理售票点、第三方电子支付运营商、网银、保险公司等实体的总体结算规则设置。结算规则管理包括结算公式管理、结算制度管理、结算周期管理及结算费率标准管理等功能。

结算规则管理功能见图3-49。

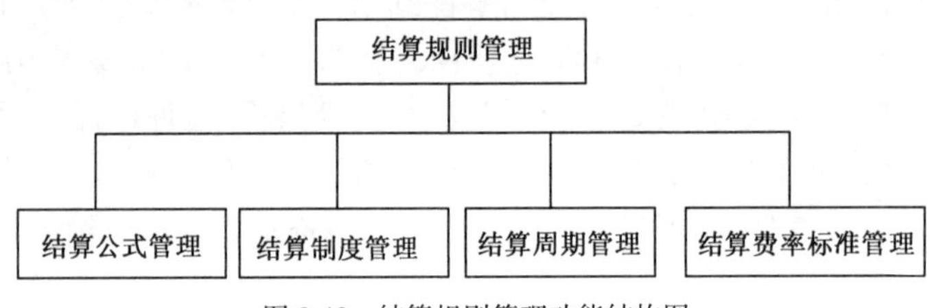

图3-49 结算规则管理功能结构图

(1)结算公式管理

通过结算公式管理将不同实体的结算费率按照票价管理中的票价结构形成结算公式,为结算管理中的结算单生成提供公式规则。

结算公式管理包括结算主体关系选择、结算公式类型选择、结算公式参数选择(包括结算费率选择、代售费率选择、保险费率选择等)、结算公式设置等功能。

(2)结算制度管理

结算制度是指导和确立联网售票系统有效推进、长期发展的制度基础,在结算制度原则的指导下,充分考虑联网售票各会员单位的实际情况而进行管理。

结算制度规定了联网售票清分结算系统与各方的关系、联网售票清分结算系统的职权和责任、各单位的职权和责任。

结算制度制定的原则:公正、公平、共赢,责任与权力共担。

(3)结算周期管理

结算周期管理对结算周期进行多实体、多周期的动态配置。支持客运企业、客运站、业户、代理售票点、第三方电子支付运营商、网银、保险公司等不同实体的周期设置,支持日结、月结、季结等多种周期设置。

结算周期管理包括结算主体选择、周期类型选择、结算主体与周期对应关系设置等功能。

结算主体选择包括主体类型、主体名称的选择。

周期类型选择包括结算周期选择、对账周期选择。

结算主体与周期对应关系设置将以上两个选择的结果进行对应关系设置,

形成结算主体的结算周期或对账周期。对账周期包括第三方电子支付运营商与系统的对账周期，网银与系统的对账周期，保险公司与系统的总账对账周期。

(4)结算费率标准管理

结算费率标准管理包括业户应缴费用管理、代售资费结算规则设置等，为结算公式管理提供参数支持。

结算费率管理包括主体类型选择、费率类型选择、主体类型与费率类型关系设置、费率参数设置等功能。

首先选择客运企业、客运站等主体类型，结算费率、代售资费费率等费率类型，设置主体类型与费率类型之间的对应关系，并设置费率类型对应的费率值。

3)自动对账管理

自动对账管理先进行总账对账，如果总账不平，再采取明细账对账方式进行逐笔勾兑。针对明细账对账出现的问题可以进行对账结果调整，使系统总账、明细账最终与第三方电子支付运营商、网银、保险公司保持账务平衡。

自动对账管理功能如图 3-50 所示。

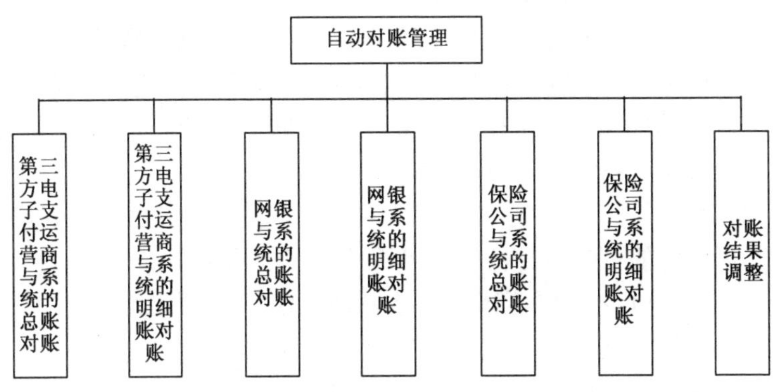

图 3-50　自动对账管理功能图

自动对账管理的功能包括第三方电子支付运营商与系统的总账对账及明细账对账、网银与系统的总账对账及明细账对账、保险公司与系统的总账对账及明细账对账。对账成功后，进行不同实体之间的结算管理。

(1)第三方电子支付运营商与系统的总账对账

根据结算周期管理中设置的对账周期定时对账，该功能数据来源为两个，一是结算数据预处理中汇总的、该时间周期内的、支付方式为第三方支付的、状态为支付成功的汇总数据，二是第三方电子支付运营平台接口提供的汇总付款信息。总账对账指对比以上数据是否相等。

(2)第三方电子支付运营商与系统的明细账对账

如果第三方电子支付运营商与系统的总账对账结果不平,需要将结算数据预处理中该时间周期内的、支付方式为第三方支付的、状态为支付成功的明细数据逐条与第三方电子支付运营平台接口提供的明细付款信息进行对比。生成对账结果,显示账目是否平衡。

(3)网银与系统的总账对账

根据结算周期管理中设置的对账周期定时对账,该功能数据来源为两个,一是结算数据预处理中汇总的、该时间周期内的、支付方式为网银支付的、状态为支付成功的汇总数据,二是网银接口提供的汇总付款信息。总账对账指对比以上数据是否相等。

(4)网银与系统的明细账对账

如果网银与系统的总账对账结果不平,需要将结算数据预处理中该时间周期内的、支付方式为网银支付的、状态为支付成功的明细数据逐条与网银接口提供的明细付款信息进行对比。生成对账结果,显示账目是否平衡。

(5)保险公司与系统的总账对账

根据结算周期管理中设置的对账周期定时对账,该功能数据来源为两个,一是结算数据预处理中汇总的、该时间周期内的、保险购买信息汇总数据,二是保险公司系统接口提供的汇总应付款信息。总账对账指对比以上数据是否相等。

(6)保险公司与系统的明细账对账

如果保险公司与系统的总账对账结果不平,需要将结算数据预处理中汇总的、该时间周期内的、保险购买信息的明细数据逐条与保险公司系统接口提供的明细应付款信息进行对比。生成对账结果,显示账目是否平衡。

(7)对账结果调整

针对明细账对账出现的问题可以进行对账结果调整。使系统总账、明细账最终与第三方电子支付运营商、网银、保险公司等保持账务平衡。

对于对账结果调整,系统支持单独调账和批量调账方式,单独调账是针对具体的某个明细进行调账,批量调账是针对某一批符合调账条件的明细记录进行调账。

4)结算管理

系统生成结算预处理数据后,将结算预处理数据根据结算主体管理中的主体类别进行分类,分类后的数据按照结算规则管理中的结算公式、结算周期、结算主体管理中的不同主体规则设置进行计算,计算结果形成结算单。结算管理功能结构见图 3-51。

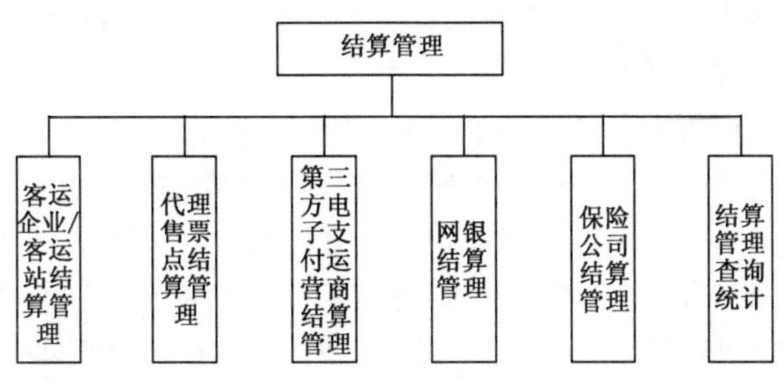

图 3-51 结算管理功能结构图

(1)客运企业/客运站结算管理

客运企业/客运站结算管理包括结算单生成、结算结果查询等功能。

通过结算规则拆分管理中维护的客运经营企业与其他实体间的结算公式、结算周期、结算费率计算,将结算预处理数据汇总为客运经营企业针对不同实体的多张结算单。将结算单信息传输到银行接口,银行接口以结算单为依据进行转账,并将结算结果返回,在结算结果查询中获取客运企业/客运站结算结果信息。

(2)代理售票点结算管理

代理售票点结算管理包括结算单生成、结算结果查询等功能。

通过结算规则拆分管理中维护的代理售票点与其他实体间的结算公式、结算周期、结算费率计算,将结算预处理数据汇总为代理售票点针对不同实体的多张结算单。将结算单信息传输到银行接口,银行接口以结算单为依据进行转账,并将结算结果返回,在结算结果查询中获取代理售票点结算结果信息。

(3)第三方电子支付运营商结算管理

第三方电子支付运营商结算管理包括结算单生成、结算结果查询等功能。

通过结算规则拆分管理中维护的第三方电子支付运营商与其他实体间的结算公式、结算周期、结算费率计算,将结算预处理数据汇总为第三方电子支付运营商针对不同实体的多张结算单。查询对账结果,如果对账成功,将结算单信息传输到银行接口,银行接口以结算单为依据进行转账,并将结算结果返回,在结算结果查询中获取第三方电子支付运营商结算结果信息。

(4)网银结算管理

网银结算管理包括结算单生成、对账结果查询、结算结果查询等功能。

通过结算规则拆分管理中维护的网银与其他实体间的结算公式、结算周期、结算费率计算,将结算预处理数据汇总为网银针对不同实体的多张结算单。查询对账结果,如果对账成功,将结算单信息传输到银行接口,银行接口以结算单为依据进行转账，并将结算结果返回，在结算结果查询中获取网银结算结果信息。

(5)保险公司结算管理

保险公司结算管理包括结算单生成、结算结果查询等功能。

通过结算规则拆分管理中维护的保险公司与其他实体间的结算公式、结算周期、结算费率计算，将结算预处理数据汇总为保险公司针对不同实体的多张结算单。查询对账结果，如果对账成功，将结算单信息传输到银行接口，银行接口以结算单为依据进行转账，并将结算结果返回，在结算结果查询中获取保险公司结算结果信息。

(6)结算管理查询统计

结算管理查询统计根据客运企业、客运站、代理售票点、第三方电子支付运营商、网银、保险公司之间的结算账单，对结算数据进行查询统计。结算管理查询统计包括基本信息查询、全貌信息查询、自定义查询以及报表统计功能。

①基本信息查询：系统提供结算数据相关的各类基本信息的查询功能。用户根据需要查询的基本信息情况，选择系统提供的相应查询功能，通过输入单个或多个查询条件，得到查询结果列表。基本信息查询支持查询结果集的二次查询。

②全貌信息查询：全貌信息查询将结算数据关联的全部基本指标数据按照预先设定的样式要求，全部进行展示。针对每一类基本指标数据，又可以提供基本信息查询。全貌信息查询支持查询结果集的二次查询。

③自定义查询：用户可以指定多个查询条件，设定查询条件的约束规则以及查询条件之间的逻辑关系，通过设定时限要求、结果数据量、结果显示列、查询数据源等内容，最终得到结算数据相关的查询结果列表。自定义查询支持查询结果集的二次查询。

④报表统计：报表统计包括固定报表统计和自定义报表统计功能。固定报表统计是系统按固定报表样式，定期自动对结算数据相关的目标数据源进行统计，生成特定报表，用户可根据权限对相应固定报表进行查看，包括日报、月报、年报等；自定义报表统计提供用户自定义报表的功能，主要包括报表样式定义、报表展现、报表分析、报表查询和报表打印等。

5)综合分析

综合分析是按照联网票务结算管理的特点和日常分析的主题要求，设立主题分析的项目，建立分析思路，选择分析工具和指标，计算指标的统计情况、执行情况、分布情况，并根据指标和统计计算结果，设定阈值，用指标和阈值的对比结果，发现指标异常并提取异常记录。综合分析包括结算主体综合分析，结算周期综合分析以及结算渠道综合分析等功能。综合分析功能结构见图 3-52。

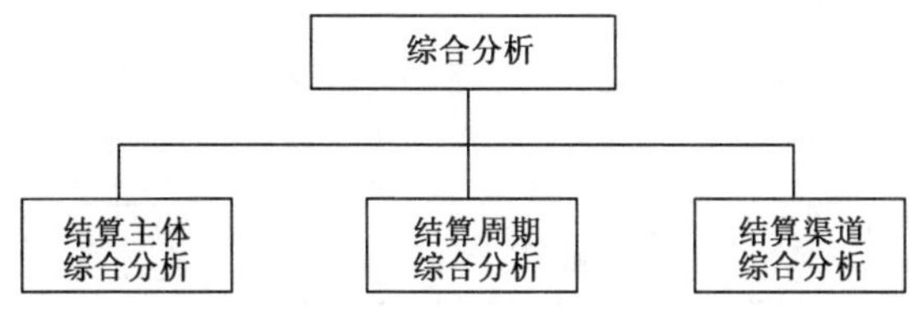

图 3-52　综合分析功能结构图

(1)结算主体综合分析

结算主体综合分析是对客运企业、客运站、业户、代理售票点、第三方电子支付运营商、网银、保险公司等不同实体的结算管理数据进行综合分析，获取不同主体间的结算关系统计数据。

(2)结算周期综合分析

结算周期综合分析是按照日、周、旬、月、季、年等不同周期对结算管理数据进行综合分析，获取不同周期的结算关系统计数据。

(3)结算渠道综合分析

结算渠道综合分析是按照窗口售票、代理售票点售票、互联网售票等多种售票渠道对结算管理数据进行综合分析，获取不同渠道的结算关系统计数据。

3.4.3　流程设计

1)结算数据处理流程

结算数据处理流程图如图 3-53 所示。

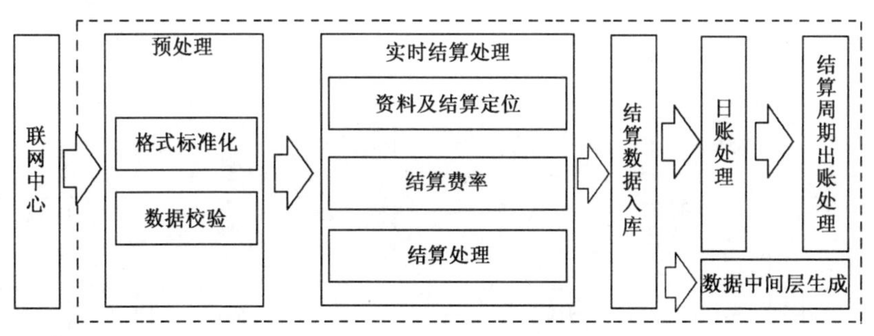

图 3-53　结算数据处理流程图

2)结算数据预处理流程

结算数据预处理流程如图 3-54 所示。

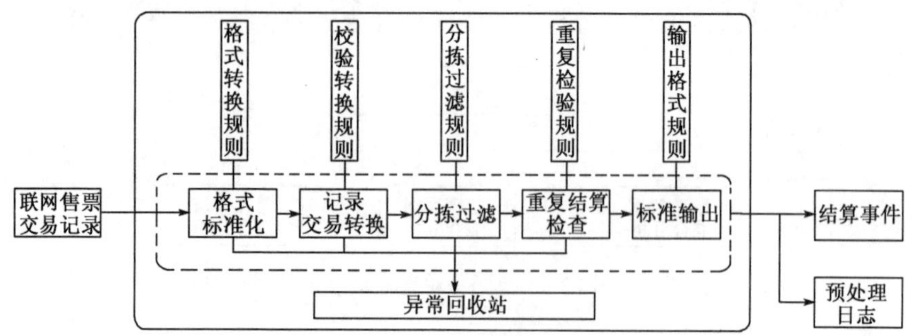

图 3-54　结算数据预处理流程图

3)数据中间层生成流程

数据中间层生成流程如图 3-55 所示。

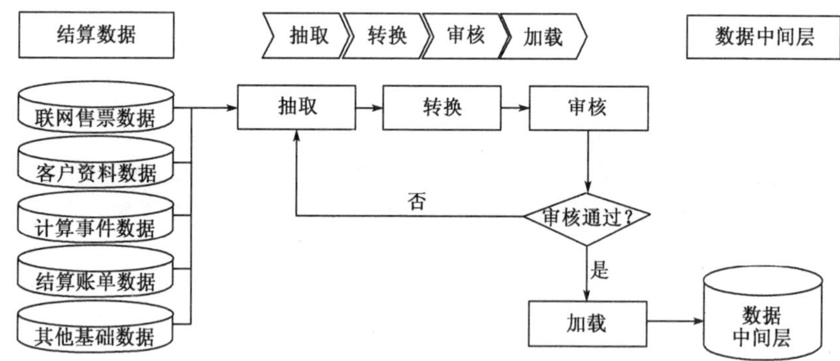

图 3-55　数据中间层生成流程图

4)结算处理流程

结算处理流程如图 3-56 所示。

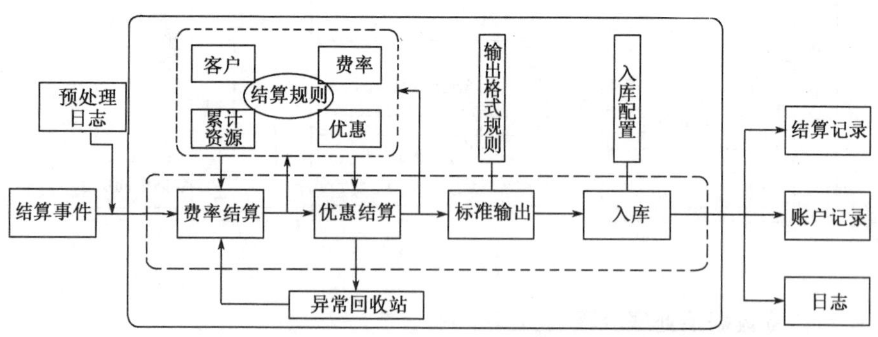

图 3-56　结算处理流程图

5)结算管理流程图

结算管理流程如图 3-57 所示。

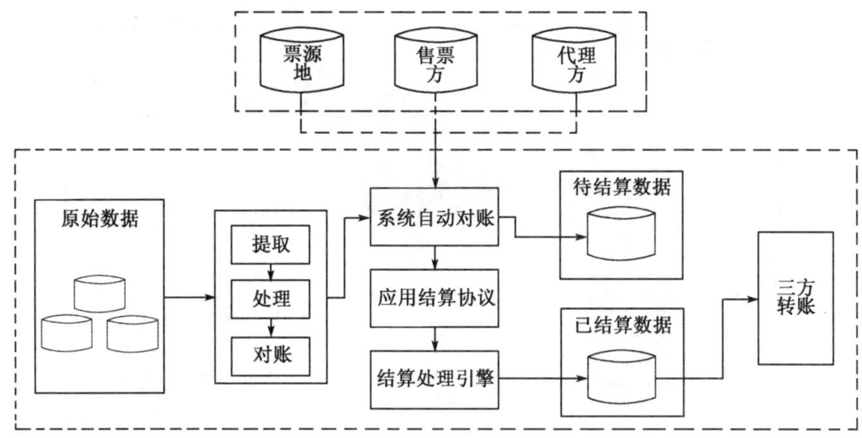

图 3-57　结算管理流程图

6)结算主体管理流程

结算主体管理流程如图 3-58 所示。业务人员维护结算主体的基本信息,在基本信息的基础上维护结算主体的账户信息以及本平台与结算主体之间的关系。

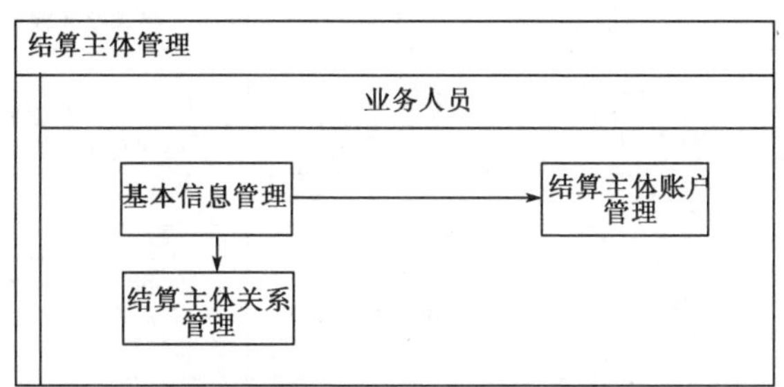

图 3-58　结算主体管理流程图

7)清分规则管理流程

清分规则管理流程如图 3-59 所示。根据售票、退票业务对清分规则进行配置管理,如果为售票业务,则需按线路、费率、区域数据、车票类型、票款等配置规则。

8)自动对账流程

自动对账流程如图 3-60 所示。系统根据"道路客运联网售票数据中心"的售票数据为对账数据源形生成自动对账信息，系统调用结算主体对应的总账接口完成自动对账，如果对账不通过，调用结算主体对应的明细账接口，并保存数据，供财务人员核对。财务人员核对明细账，如果对账通过，则调整对账结果，完成对账。

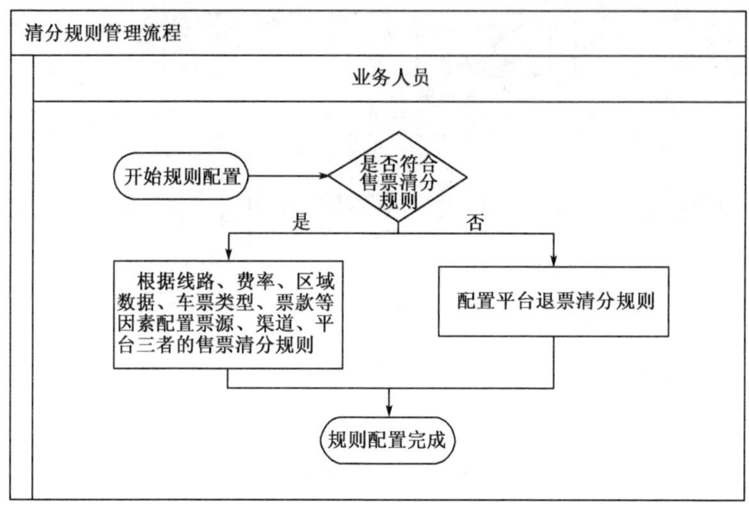

图 3-59　清分规则管理流程图

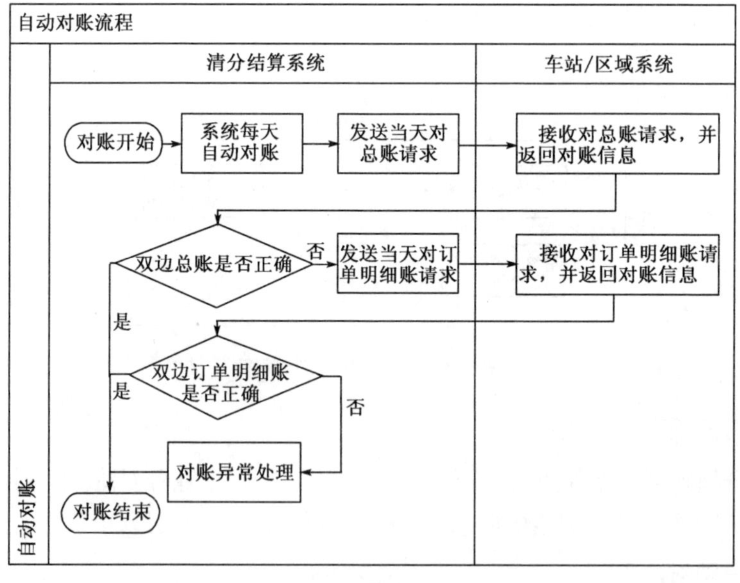

图 3-60　自动对账流程图

9)结算流程

结算流程如图 3-61 所示。自动结算在基于自动对账完成的基础上开展。

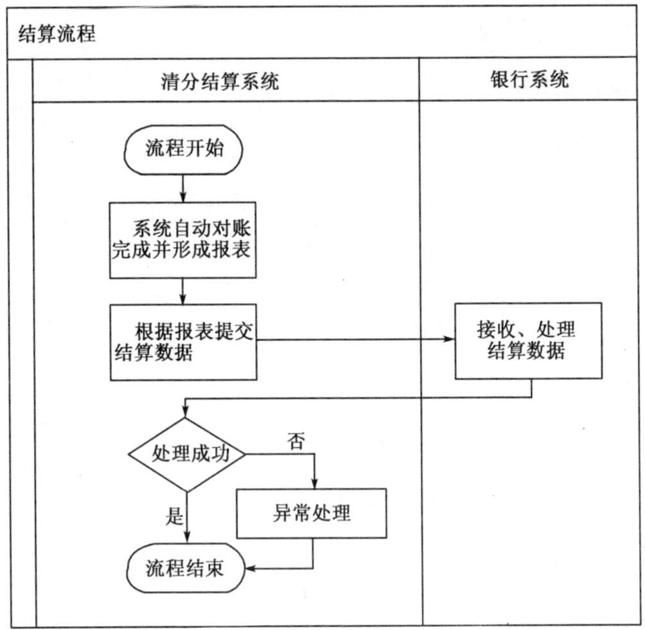

图 3-61　结算流程图

3.5　道路客运联网售票服务系统

3.5.1　业务概述

道路客运联网售票服务系统作为统一的对外信息服务窗口，通过互联网、手机、微信公众号、自助售票机等方式，为社会公众提供道路客运信息查询及购票服务。与传统窗口购票相比，乘客可以通过道路客运联网售票服务系统自主获取全面、翔实的道路客运服务信息，足不出户、便捷地完成购票。对于车站来讲，可以减少售票员的工作量、缓解高峰时期站场的售票压力、扩展车票的销售渠道。同时，对于道路客运行业来讲，有利于提升行业的服务能力和水平。

该系统主要实现：

(1)基于互联网的会员服务、班次查询、购票、订单管理等服务。

(2)基于智能手机 APP 的会员服务、班次查询、购票、订单管理等服务。

(3)基于自助售票机的班次查询、售票和电子票取票等服务。

(4)提供客运站资料管理、折扣管理、客票款管理、系统参数、售票控制、查询统计等系统后台管理功能。

(5)提供旅游出行等增值服务。

3.5.2 系统功能

道路客运联网售票服务系统功能结构如图3-62所示。

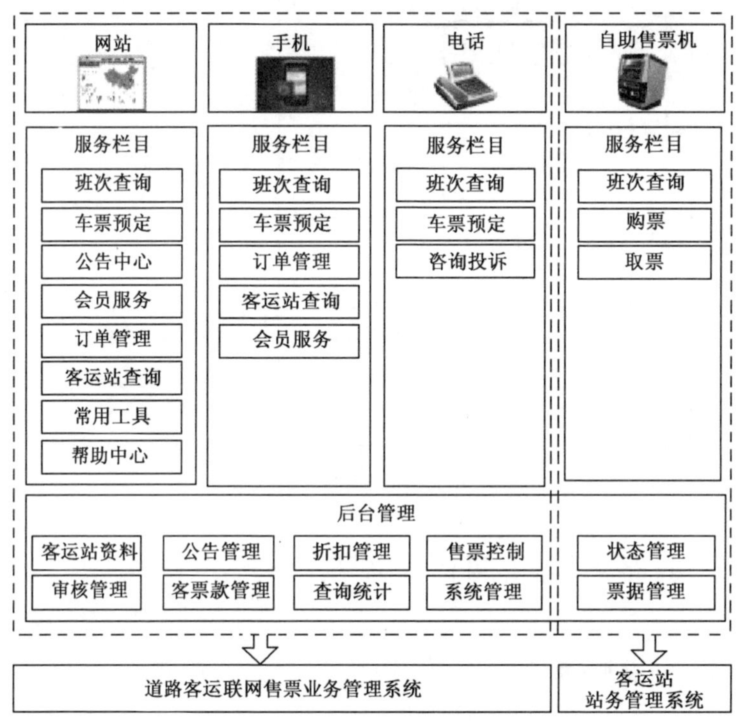

图3-62 道路客运联网售票服务系统功能结构图

1)网上售票系统

通过网上售票系统,用户无须到车站或代售点购票,在网上就可直接查询和购票。通过网上售票系统,用户足不出户,利用互联网、手机购票方式就可以及时、迅速、准确地购买到车票。从车站的角度来讲,可以减少售票员的工作量、缓解高峰时期站场的售票压力、扩展车站的销售渠道。

为实现网上售票系统在突发高负载和高增长的情况下,能承载巨大访问量,需综合使用负载均衡、缓存和分布式计算等技术,以构建健壮、可动态扩展、高效响应的系统。

网上售票系统总体结构如图 3-63 所示。

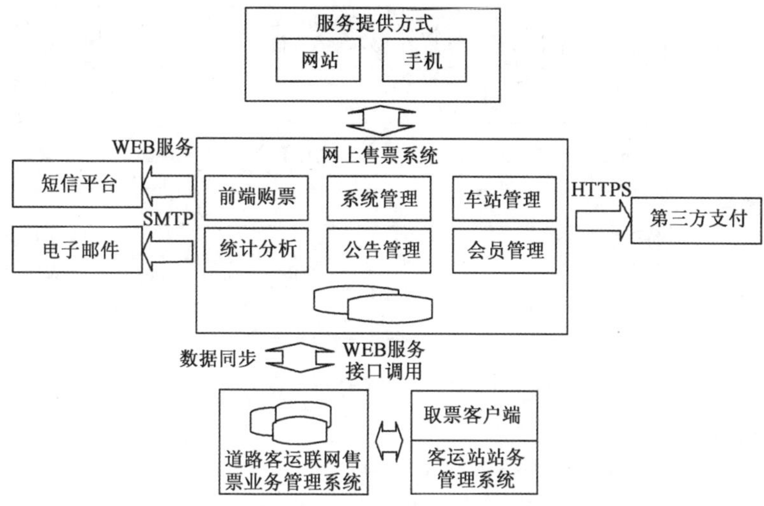

图 3-63　网上售票系统总体结构图

网上售票系统体系架构如图 3-64 所示。

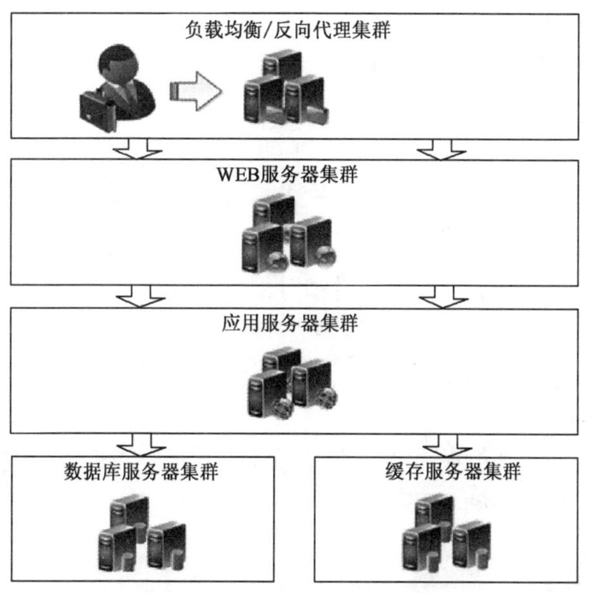

图 3-64　网上售票系统体系架构图

(1)网上购票流程

用户在互联网上的购票流程如图 3-65 所示。

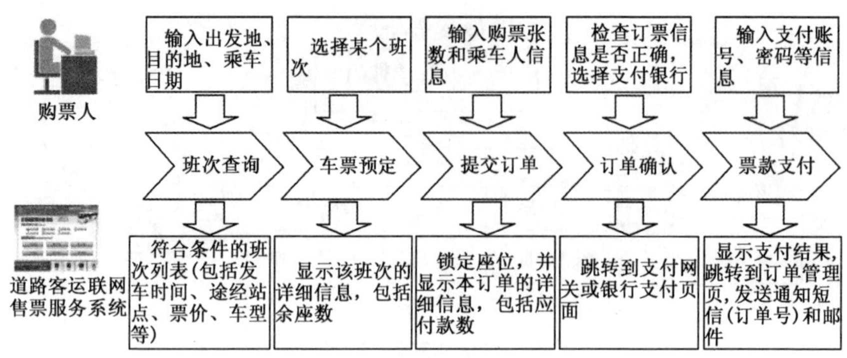

图 3-65 互联网购票流程图

(2)购票支付方式

网上售票系统支持的支付方式主要包括：

①网银支付、无卡(储值卡/信用卡)支付、充值卡支付、快捷支付、快钱账户支付。

②第三方支付平台：快钱、易宝、银联在线、支付宝等。

(3)系统功能设计

网上售票系统的功能结构见图 3-66。

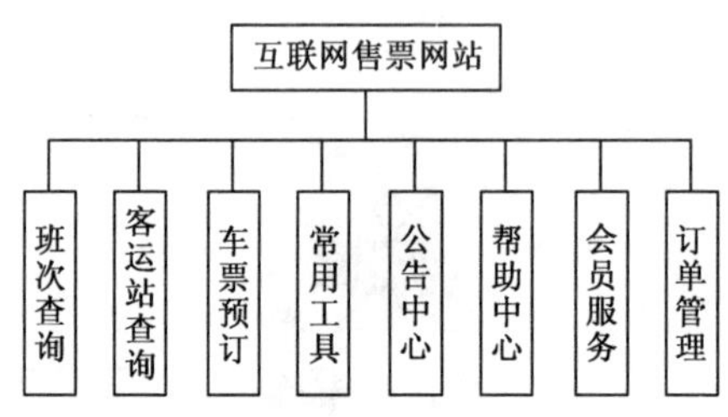

图 3-66 网上售票系统功能结构图

①班次查询。

互联网售票网站提供班次及票价信息查询功能。查询条件包括：出发地、目的地、乘车日期等。结果信息包括：乘车站、班次号、车型、里程、时长、票价以及余票信息。

②客运站查询。

互联网售票网站提供各客运站信息的查询，客运站信息包括客运站的简介、地理位置、周边交通、服务电话等。

③车票预订。

互联网售票网站提供在线车票预订和在线支付功能。车票预订时，要求用户输入身份信息、联系方式，分别用于取票或检票上车时验证身份、接收订单完成通知信息和电子客票二维码。

用户一次可以购买多张车票，当班次余座数无法满足其购票数量时，在用户同意的情况下，订单可以部分提交。

提交成功的订单，用户应在规定的时间内完成支付，否则订单将自动失效。订单成功支付后，系统发送通知信息以及电子客票，告知用户完成购票操作。

④常用工具。

a. 火车查询。

利用12306网站提供的余票查询功能，提供实时的列车班次、票价、余票信息查询，信息内容包括：车次、出发地、目的地、发车时间、到达时间、行程距离、耗时等。

b. 航班查询。

利用中国航信提供的航班信息查询接口，提供实时的航班、票价和余票信息查询，信息内容包括：航空公司、航班号、出发地、目的地、起飞时间、到达时间、飞行周期、飞机班次、飞行里程、所属航空公司等。

c. 公交查询。

提供城市公交线路以及站点信息的查询服务，信息内容包括：公交路线、站点、始末班时间等。

⑤公告中心。

公告中心主要包括网站公告和客运站公告两类，用于向用户发布网站维护信息、购票优惠信息、通知通告、客运站相关公告等信息。

⑥帮助中心。

帮助中心向用户提供注册指南、购票指南、退票指南、常见问题等帮助信息服务，使用户了解网站各项功能、购票流程等。

⑦会员服务。

会员服务提供对会员注册、会员信息管理、常用联系人管理等功能。

⑧订单管理。

订单管理为注册用户提供订单查询和管理功能，对于未完成支付的订单用户可以选择继续支付或取消订单。

对于已完成订单，可进行退票操作。

2)手机购票系统

依托网上售票系统能够提供的服务，手机客户端支持主流的手机平台，如iOS、Android、Windows Phone 等。通过 GPRS/3G/4G 网络，为智能手机提供手机购票服务。主要功能见图 3-67。

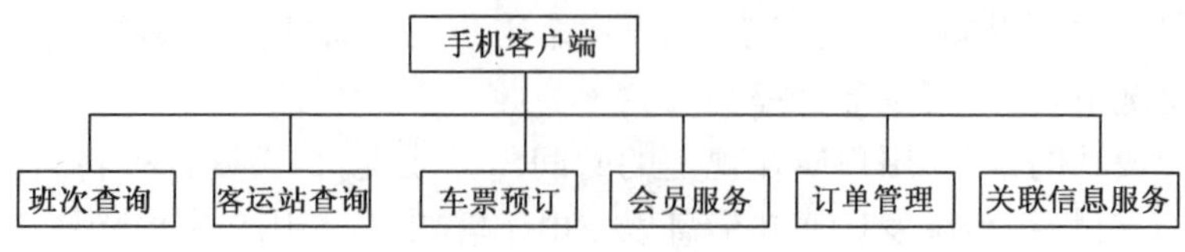

图 3-67　手机客户端功能结构图

(1)班次查询

手机购票系统提供班次及票价信息查询功能。查询条件包括:出发地、目的地、乘车日期等。结果信息包括:乘车站、班次号、车型、里程、时长、票价以及余票信息。

(2)客运站查询

手机购票系统提供各客运站信息的查询，客运站信息包括客运站的简介、地理位置、周边交通、服务电话等。

(3)车票预订

手机购票系统提供在线车票预订和在线支付功能。车票预订时，要求用户输入身份信息、联系方式，分别用于取票或检票上车时验证身份、接收订单完成通知信息和电子客票二维码。

用户一次可以购买多张车票，当班次余座数无法满足其购票数量时，在用户同意的情况下，订单可以部分提交。

提交成功的订单，用户应在规定的时间内完成支付，否则订单将自动失效。订单成功支付后，系统发送通知信息以及电子客票，告知用户完成购票操作。

(4)订单管理

用户通过手机购票后，可查询订单的时间、订单号、状态、内容等详细信息。在需要修改车票的使用者时，可修改车票对应的身份证号。

①当订单类型为订票时，可取消订单放出座位。

②当订单类型为购票时，允许用户进行退票操作，放出座位。

③当订单类型为购票时，允许用户进行改签操作，查询到其他合适的座位后，可通过改签功能放出原有座位、改签其他时间客票。

④当因为网络问题导致用户没有收到电子车票凭证或被用户误删除了时，允许用户利用电子车票凭证重发功能重新获取一次凭证。

(5)会员服务

手机购票系统提供对会员注册、会员信息管理、常用联系人管理等功能。

(6)关联信息服务

当用户通过手机终端完成购票操作后，围绕着始发地和目的地为用户提供密切相关的一条龙式关联信息服务，比如天气信息、市内交通线路、客运站周边商圈、酒店餐饮、旅游景点、土特产介绍等。在为用户出行提供丰富的信息服务的同时，也开拓出新的服务模式。

3)微信公众号

微信公众号借助运行在 iOS、Android、Windows Phone 等主流手机平台上的腾讯微信程序所提供的微信公众号信息交互平台服务，通过 GPRS/3G/4G 网络，为所有可安装微信程序的智能手机提供手机购票服务。微信公众号功能见图 3-68。

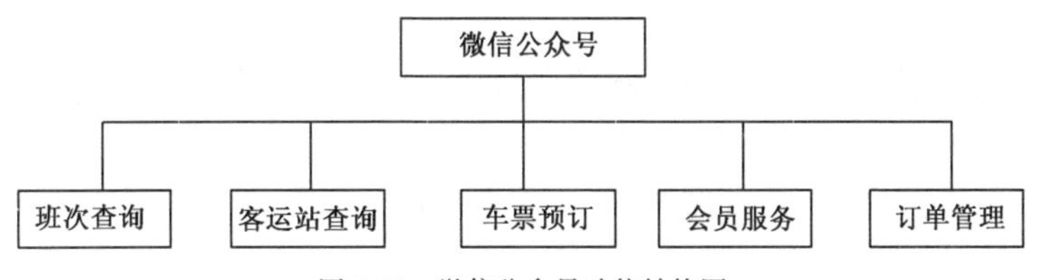

图 3-68　微信公众号功能结构图

用户将自身微信账号与联网售票系统用户账号绑定后，可实现以下主要功能：

(1)班次查询

微信公众号提供班次及票价信息查询功能。查询条件包括：出发地、目的地、乘车日期等。结果信息包括：乘车站、班次号、车型、里程、时长、票价以及余票信息。

(2)客运站查询

微信公众号提供各客运站信息的查询，客运站信息包括客运站的简介、地理位置、周边交通、服务电话等。

(3)车票预订

微信公众号提供在线车票预订和在线支付(通过腾讯财付通支付平台)功能。车票预订时，要求用户输入身份信息、联系方式，分别用于取票或检票上车时验证身份、接收订单完成通知信息和电子客票二维码。

用户一次可以购买多张车票，当班次余座数无法满足其购票数量时，在用户同意的情况下，订单可以部分提交。

提交成功的订单，用户应在规定的时间内完成支付，否则订单将自动失效。订单成功支付后，系统发送通知信息以及电子客票，告知用户完成购票操作。

（4）会员服务

微信公众号提供对会员注册、会员信息管理、常用联系人管理等功能。

（5）订单管理

为注册用户提供订单查询和管理功能，对于未完成支付的订单，用户可以选择继续支付或取消订单。

对于已完成订单，可进行退票操作。

4）电话购票系统

建立统一的呼叫中心，通过统一的客服号码，为公众提供电话购票服务。呼叫中心以热线电话为主要服务方式，兼顾其他个性化定制服务，满足公众电话查询车次和订票服务。系统支持多类型自助服务，以规范系统服务流程，并减少人工座席成本。电话购票功能见图 3-69。

电话购票系统的主要功能有：

（1）班次查询

通过电话查询各类班次的时间和票价信息。

（2）电话购票

直接通过电话购买某班次的车票，并使用银行支付、现场取票支付等多种支付方式。

（3）统计分析

针对电话购票进行统计分析，结合用户群体对出行习惯、出行周期、出行要求等进行分析。根据分析报告为企业提供决策，提高服务质量和用户满意度。

5）自助售票系统

设置自助售票机，利用客运联网中心服务系统提供的票务服务接口，允许乘客使用自助售票系统购票。自助售票机主要功能见图 3-70。

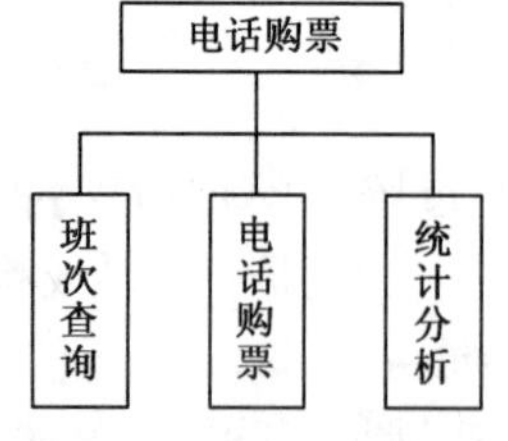

图 3-69　电话购票功能结构图

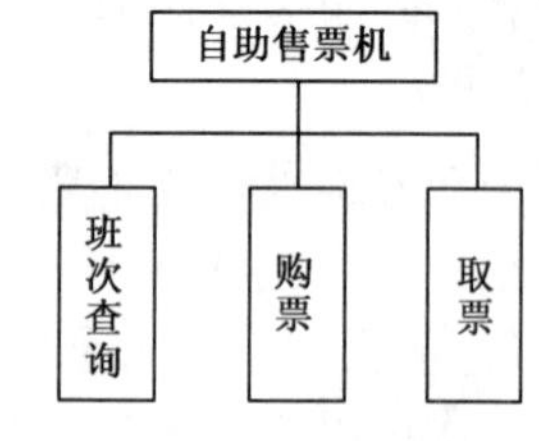

图 3-70　自助售票机功能结构图

(1)班次查询

自助售票机提供班次及票价信息查询功能。查询条件包括:出发地、目的地、乘车日期等。结果信息包括:乘车站、班次号、车型、里程、时长、票价以及余票信息。

(2)购票

通过自助售票机可购买车票并完成支付。乘客一次可购买多张车票,并通过投递纸币、硬币或直接刷银联卡完成支付。支付成功后,自助售票机打印纸质车票。

(3)取票

自助售票机提供电子客票取票功能。乘客在网站或手机上购买车票后,通过刷身份证或输入取票密码等方式,在自助售票机上取纸质车票。

6)旅游出行服务系统

(1)业务概述

道路客运联网售票系统将与旅游产品服务一体化营销业务整合,前期将依据乘客购买客票时的出行目的地等信息或乘客自己选择的意向旅游目的地信息,向乘客有针对性地推介相关酒店、门票、接送、旅游套餐等服务;未来还将与客运企业合作,推广车票+门票+住宿的自由行打包旅游产品。

(2)系统功能

道路客运联网售票系统将与旅行社或在线旅游门户网站链接,智能搜索匹配乘客的出行目的地,从而向乘客展示推广相关旅游展品,实现道路客运与旅游服务的无缝对接。系统将主要实现以下功能:

①酒店推介与预定。

网站将根据用户购买公路客票时选择的目的地等信息或乘客自己选择的意向旅游目的地信息,向乘客推荐相关区域的宾馆、酒店、度假村等住宿服务,同时可实现住宿场所的简介、照片、点评、星级等信息的查询浏览。最后,用户确定住宿场所的选择后,可以直接在网站上进行预订,或通过第三方支付平台进行预付款担保预定。

②门票及其他观光服务。

网站将根据用户购买公路客票时选择的目的地等信息或乘客自己选择的意向旅游目的地信息,向乘客提供相关区域的门票、演出及其他观光服务,同时可实现景点、店铺或演出的简介、照片、点评、星级等信息的查询浏览。最后,用户确定购买门票或服务后,可以直接在网站上进行预订,或通过第三方支付平台预付票款。

③旅游套餐销售。

道路客运联网售票系统网站还可以通过与公路客运企业的直接合作，推出车票＋门票＋住宿的自由行打包旅游产品，用户可以在网站上选择自己的意向目的地，并预定或直接通过第三方支付平台购买上述打包旅游产品。之后，用户可凭电子订单与有效身份证件直接到客运站及酒店、景点处兑换纸质票证并使用。

7)后台管理

道路客运联网售票服务系统为网站、手机客户端、自助机提供统一的后台管理功能。后台管理功能见图3-71。

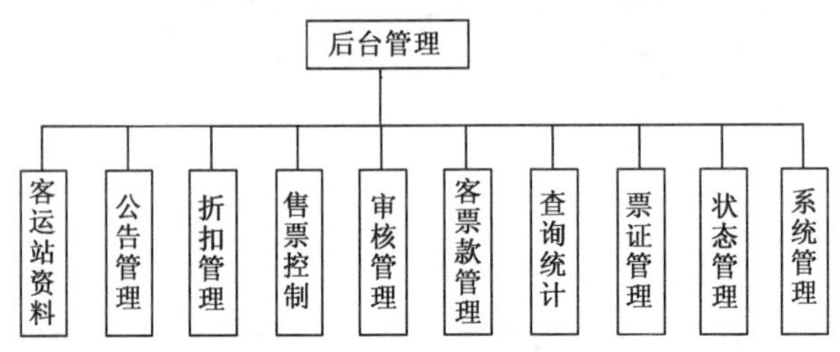

图3-71　后台管理功能结构图

主要功能包括：

(1)客运站资料

管理接入公众信息服务系统的客运站信息，用于在网站和手机客户端上为旅客提供客运站查询信息。

(2)公告管理

面向网站管理员和客运站管理人员，提供各类公告信息的编辑、发布等功能。主要提供弹出窗口、专题列表、滚动显示等展示方式。

(3)折扣管理

折扣管理分客运站、线路和班次三类，设置不同时段的车票折扣，主要提供按票款比例打折。

(4)售票控制

提供班次不可售站点管理和线路不可售站点管理功能，实现在特定的日期段内，如客运高峰期，限制网站的不可售站点功能。

(5)审核管理

审核管理主要包括会员锁定与激活和退票审核功能，其中会员锁定与激活功能用于限制非法和恶意用户账号的使用；退票审核功能用于当旅客已在网站购票成功，但因各种原因不能按照发车日期乘车，则需要在网站申请退票的网站后台核定。

(6)客票款管理

道路客运联网售票服务系统提供票款费用计算公式管理、应收款管理、应结客票款管理、应结保票款管理等功能，实现与客运站、保险公司的票款结算。

(7)查询统计

道路客运联网售票服务系统提供订单查询、订单明细查询、短信发送记录查询、邮件发送记录查询、数据上传情况查询、余票数查询、应收和应结票款汇总统计等功能。

(8)票据管理

票据管理主要用于管理各联网自助售票机打印车票票号的录入，以及监控票据的使用情况。

(9)状态管理

状态管理主要用于监控各联网自助售票机的在线状态、售票张数、取票张数等。

(10)系统管理

道路客运联网售票服务系统提供基础数据、操作员、角色、权限和参数的管理功能，并提供操作日志查询、网站错误日志查询等功能。

3.5.3　流程设计

1)在线购票流程图

在线购票流程图如图 3-72 所示。网上售票系统向公众提供票务信息查询，网上购票采用会员制，需注册成为会员方可购票。用户根据查询的票务信息自主选择班次订票，填写订单并请求服务单生成订单，系统返回预览。用户确认订单后，网上支付订单。支付完成后，系统判断订单是否交易完成。

2)网上购票异常处理流程

网上购票异常处理流程如图 3-73 所示。异常申诉仅用户可用，用户在遇到任何问题都可以进行反馈。系统管理员通过查看用户的问题反馈的信息描述作出相应的处理。用户反馈分为两种：退款申诉和其他。如为其他，系统管理员直接回复用户反馈。如为退款申诉，系统管理员根据用户反馈的订单号查看订单详细信息，当系统管理员订单确认为异常，系统管理员通过一定的程序对此次订单进行退款，退款成功后设置订单状态为已退款并回复用户反馈，当系统管理员确认订单无异常，将直接回复用户反馈。

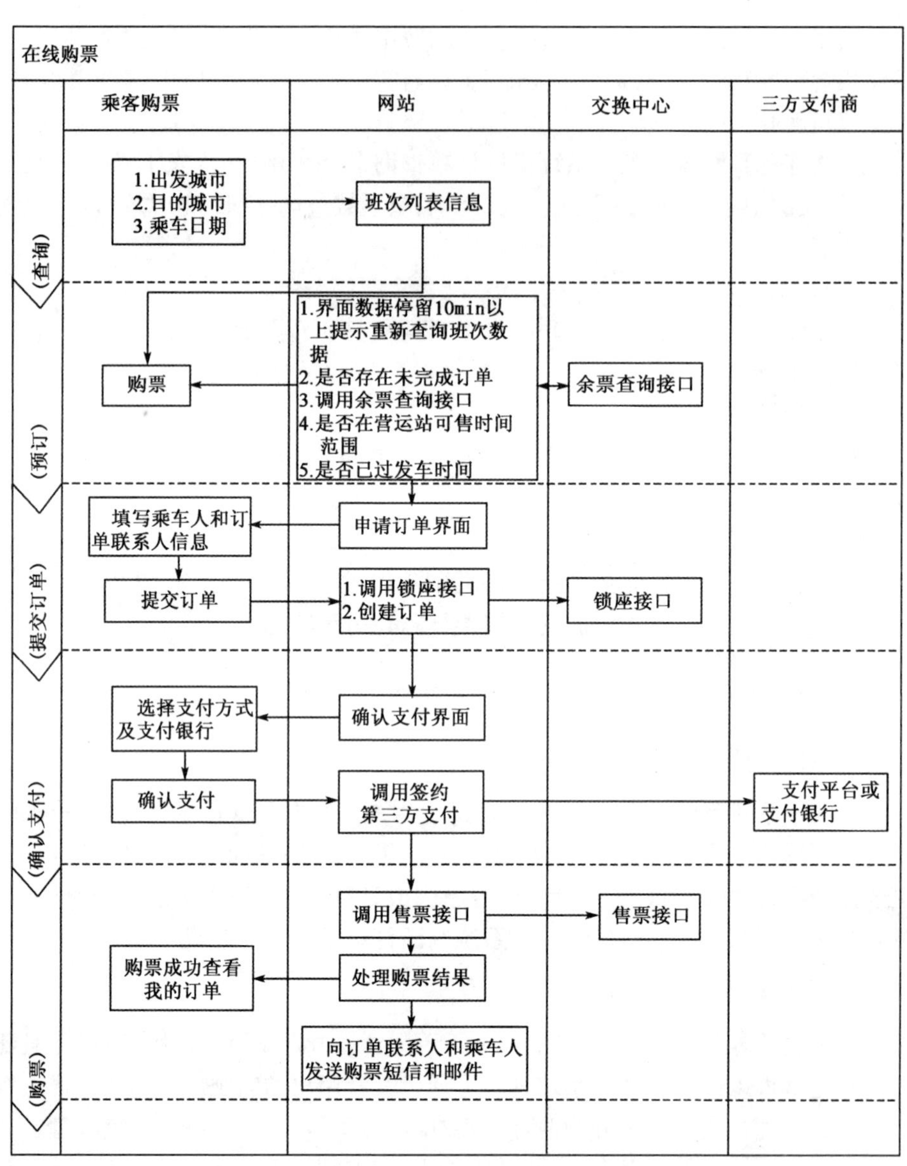

图 3-72　在线购票流程图

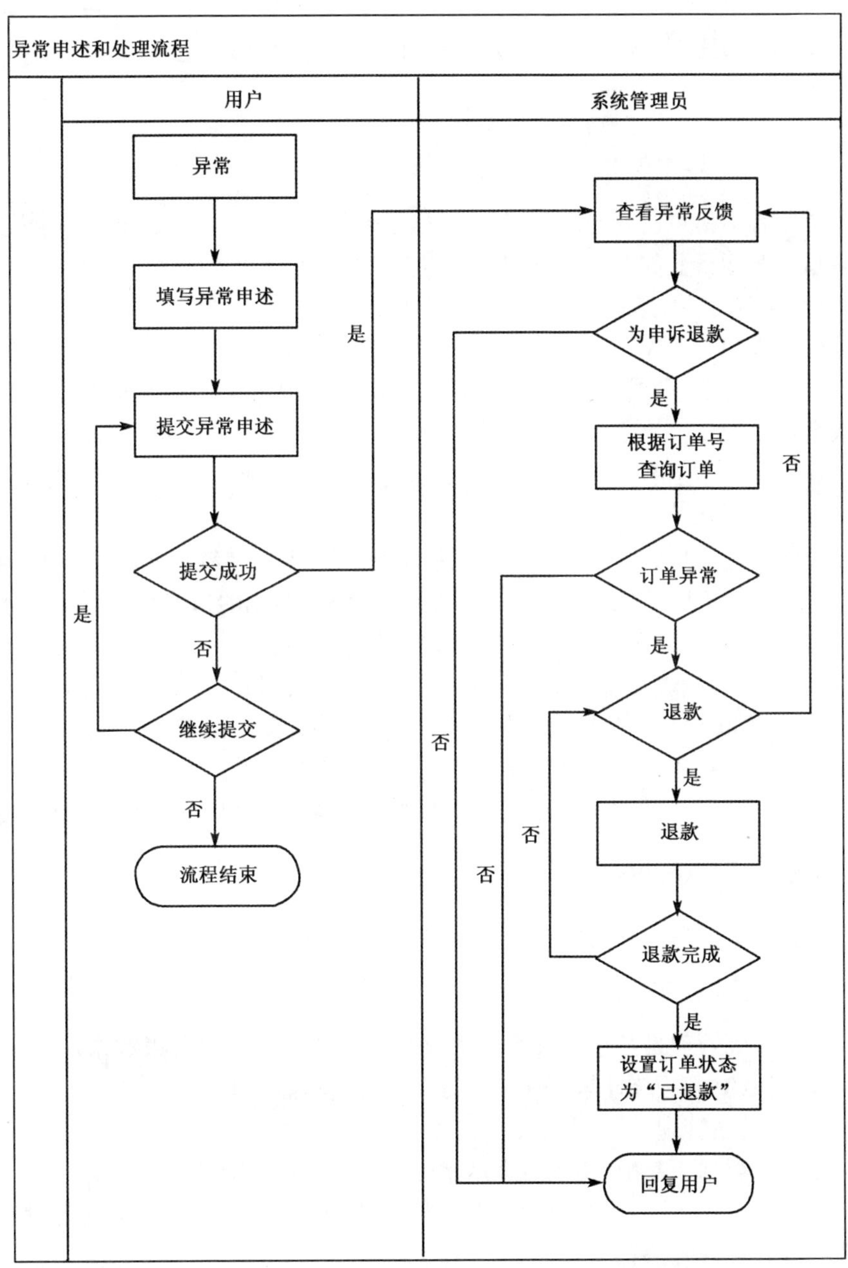

图 3-73　网上购票异常处理流程图

3.6 道路客运信息监管与决策辅助系统

3.6.1 业务概述

道路客运信息监管与决策辅助系统主要服务各级行业管理部门,用于真实反映道路客运行业的服务质量和效率,加强对客运行业发展情况以及发展趋势的掌握,实现对班线、车辆、驾驶员、经营业户以及客运站等的有效监管,为各级行业管理部门科学决策提供支持。

道路客运信息监管与决策辅助系统以道路客运数据中心数据资源为基础,以大数据挖掘技术为手段,通过对道路客运动态和静态数据进行统计、分析和对比,以图表、多维主题和消息提示等形式,为各交通行业管理部门领导提供决策支持和行业预警。

道路客运信息监管与决策辅助系统提供综合查询和统计分析、监测预警等功能。可通过不同角色分配不同的权限,实现不同范围的道路客运信息监测。

(1)提供综合查询和统计分析、监测预警等功能。

(2)提供客运班线监测,为客运班线审批提供数据支撑。

(3)结合历史统计数据,为客流高峰等情况进行预警提示。

(4)坚持"一数一源"原则,实现对道路客运相关数据的全方位采集。

(5)实现对监管数据的全面分析,为交通运输部门科学决策提供数据支撑。

3.6.2 系统功能

道路客运信息监管与决策辅助系统的总体结构如图 3-74 所示。

1)客运资源管理

客运资源管理是基于运政管理系统的行政许可数据和台账数据,实现对客运行业资源的查询、统计与管理。客运资源管理功能见图 3-75。

(1)客运站管理

以运政数据为基础,实现对客运站资料的查询、稽核和统计,包括:

①基本资料:查询各客运站基本情况资料,包括占地面积、建筑面积、现平均发送乘客人次数等信息。

②站级核定资料:查询各客运站站级核定表,包括负责人、单位地址、主管部门、客运站级别等信息。

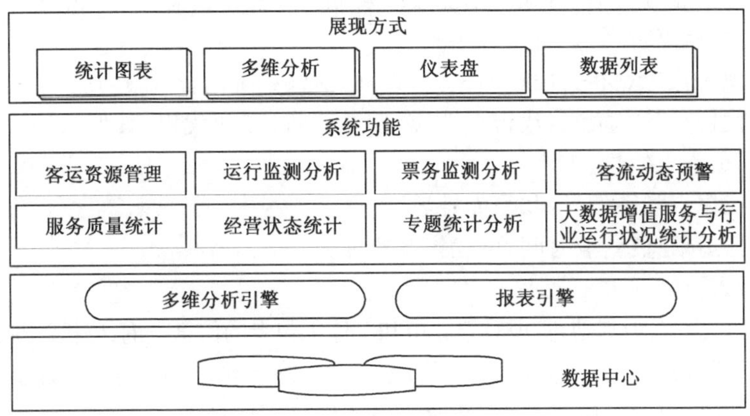

图 3-74　道路客运信息监管与决策辅助系统总体结构图

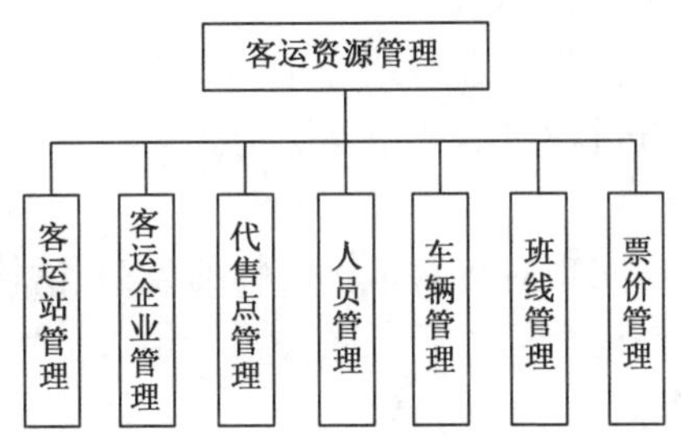

图 3-75　客运资源管理功能图

③改建扩建情况：查询各客运站改扩建的历史记录，包括起止年月、建设内容、建筑面积、投资金额等信息。

④职工基本资料：查询各客运站职工的基本统计资料，包括姓名、性别、出生日期、岗位类别等信息。

(2)客运企业管理

以运政数据为基础，实现对客运企业和承运人资料的查询、稽核和统计，包括：

①基本资料：查询各客运企业基本情况资料，包括企业名称、所在地、公司性质、员工总数等信息。

②运营基本情况：下辖车辆类型、数量及营运状态。

③职工基本资料：查询各客运企业驾驶员、乘务员的基本资料，包括姓名、性别、出生日期、岗位类别等信息。

④异常经营业户信息：将各客运站登记的承运人信息与运政系统中登记的

经营业户信息进行对比，找出未登记经营业户和登记信息不匹配的业户信息。

(3)代售点管理

实现对代售点相关信息的许可、查询、稽核和统计管理，包括：

①代售点基本资料：代售点性质(普通代售、专业代售、其他)、地理位置、许可信息、负责人信息。

②代售点联系信息：联系人姓名、电话。

③营运信息：营业时间，可代售客票种类。

(4)人员管理

以运政数据为基础，实现对驾驶员和个体承包者的信息查询、稽核和统计，包括：

①驾驶员信息：个体性质(单位职工或个体承包)、所属公司/挂靠公司、姓名、性别、出生日期、岗位类别、从业资格证件号等信息。

②乘务员信息：个体性质(单位职工或个体承包)、所属公司/挂靠公司、姓名、性别、出生日期、岗位类别等信息。

③异常从业人员信息：将各客运站登记的驾驶员和乘务员信息与运政系统中登记的从业人员信息进行对比，找出未登记人员和登记信息不匹配人员信息。

(5)车辆管理

以运政数据为基础，实现对运营车辆资料的查询、稽核、统计和展示，包括：

①车辆基础信息：查询营运车辆所属公司/个人、车牌号、车型、核载人数、道路运输证、购买年限、车辆状态等信息。

②报停车辆情况：根据车牌号、报停日期等信息查询车辆报停记录。

③可利用社会车辆信息：对可利用社会车辆信息资源的管理和资料维护。

④异常车辆信息：将各客运站运营车辆信息与运政系统中登记的车辆信息进行对比，找出未登记车辆和登记信息不匹配的车辆信息。

(6)班线管理

以运政数据为基础，实现对运营线路资料的查询、稽核、统计和展示，包括：

①客运线路资料：查询/统计所有线路主要信息列表，包括线路编码、名称、经由站点等信息。

②客运线路资料的检索：根据线路编码等信息查询客运站线路的详细资料。

③异常线路信息：将各客运站运营线路信息与运政系统中审批的线路信息进行对比，找出未审批线路和线路途经点不匹配数据。

(7)票价管理

以物价部门的票价审批数据和运价计算规则为基础，对各班线的票价进行查询、稽核、统计和展示，包括：

①执行票价查询:查询各客运站各线路的执行票价信息,包括全票价、半票价、学生票价等。

②基准票价偏差:将各客运站的执行票价与按运价计算规则生成的基准票价进行对比,按班线反应票价差异和差异幅度。

2)运行监测分析

运行监测分析可实现客运站班次监测、检票情况监测、客流监测、客运站运力组织监测、客运站综合统计、运输线路监测等功能。运行监测分析功能结构见图3-76。

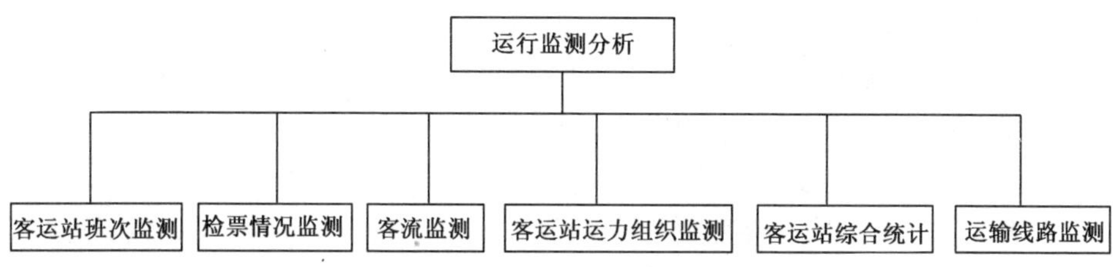

图3-76 运行监测分析功能结构图

(1)客运站班次监测

运行监测分析提供单个客运站和多个客运站的班次运行情况监测,包括:

①根据客运站查询各客运站发班、待发班情况的实时统计汇总。

②根据城市方向、线路查询当前的发班情况。

③根据客运站、日期、时段查询乘客发送量情况。

④根据发车类别、始发站、日期等信息查询客运站当前营运班次情况。

⑤根据发车类别、始发站、终到站、日期等信息查询客运站历史班次记录。

⑥根据客运站、日期范围、车属单位等信息查询客运站车辆班次请假脱班情况。

⑦根据客运站、日期范围统计班次结算情况,包括车票张数、金额、站务费、附加费等信息。

⑧根据客运站、日期范围查询各班次的车票的售检情况,包括到站、车票张数、金额等信息。

(2)检票情况监测

①已检车票情况:根据客运站、日期、到站等信息查询已检车票情况。

②退检车票情况:根据客运站、日期、到站等信息查询退检车票情况。

③漏检车票情况:根据客运站、日期、到站等信息查询漏检车票情况。

④检票分类统计:按类型(已检、退检、漏检)对检票情况进行统计。

(3)客流监测

运行监测分析提供单个客运站和多个客运站的旅客发送情况监测,包括:

①分客运站、时间段查询各客运站乘客发送总量。

②分城市方向查询当前旅客发送量。

③分线路查询实时旅客发送量。

④旅客积压情况,根据售票、检票、到站统计等信息,实时监测旅客滞站数量。

(4)客运站运力组织监测

运行监测分析提供单个客运站和多个客运站的运力组织情况监测,包括:

①分客运站对实时运力(车辆数)进行查询和汇总。

②分客运站对备援车辆组织计划进行查询。

(5)客运站综合统计

按年度查询统计每个客运站场的级别、设计能力、开车班次、发送量、发送量占比、日均发送量、周转量及趋势分析。

①按年度、线路类型查询统计每个客运站的班线、班次、发送量。

②按年度查询统计每个客运站的级别、能力、日均发送量、适应度。

(6)运输线路监测

①运输状况监测。

查看分时间段、分地区、分公司的客运车辆发班总数、班次脱班、班次正点率等。

②线路收入统计。

根据输入日期对线路收入进行统计,包括售票张数、票款、班次数、客流量等信息。

③经营情况分析。

按年度、客运站、线路类型分别查询各条线路的线路里程、始发站座位利用率、线路实载率、日发班次、平均客位数、平均日发送客运量,并根据需要对上述指标进行排序,并能输出报表。

④车辆客位利用率分析。

通过对各车辆的车牌号、核定载客位、班次、发送量等数据的监测,掌握运输车辆的核定客位数、营运班线上实际开行的班次数及运输车辆经由客运站发送的总人数,进而分析出车辆的客位利用率,动态掌握班线客运车辆的运输效率,满足行业管理部门运力投放需要。

⑤线路客位利用率分析。

通过对线路起点名称、线路终点名称、线路里程、投入运力、发送量等数据的监测，能掌握分线路的起点、终点、该班线投入的总客位数及该班线经客运站发送的总人数，进而分析出各线路的客位利用率，满足行业管理部门线路审批需要。

⑥里程客位利用率分析。

区分短途、中途、长途或设置里程限值，分析分线路里程的客位利用率（分线路里程的旅客发送量/分线路里程投入的客位总数），为行管部门线路审批和运力投放许可提供依据。

⑦分时间客位利用率分析。

区分淡季、旺季、高峰时段、普通时段或设置时间限值，分析区分时间区间的客位利用率（分时间的乘客发送量/分时间投入的客位总数），为行管部门线路审批和运力投放许可提供依据。

⑧分车型的燃油消耗分析。

通过客位利用率数据，结合相关的定量模型，可推算出分车型车辆的百吨公里油耗，满足交通运输行业管理部门宏观调控和节能管理需要。

3）票务监测分析

票务监测分析可实现实时客票销售、历史客票销售等监测分析功能。票务监测分析功能见图3-77。

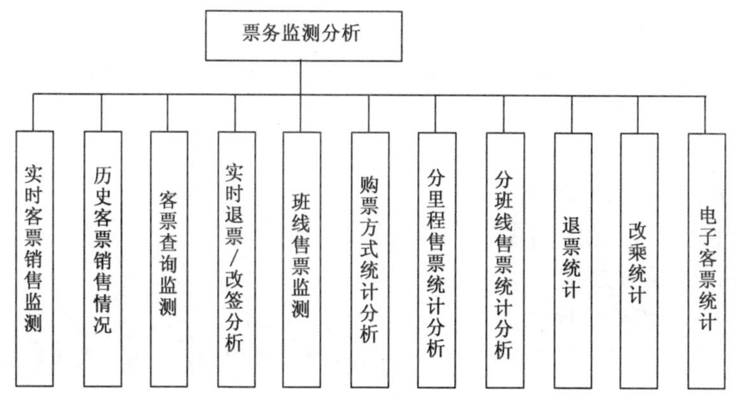

图3-77 票务监测分析功能结构图

（1）实时客票销售监测

①实现售票情况的实时统计和查询，包括当前不同渠道（站内售票、自助机

售票、代售点售票、网上售票、手机应用售票)的售票情况。

②根据客运站、日期、到站等信息查询当前售票情况。

③能够实时显示售票随时间变化的情况。

(2)历史客票销售情况

①设定时间范围内的售票情况的统计和查询,包括不同渠道(站内售票、自助机售票、代售点售票、网上售票、手机应用售票)的售票统计。

②根据客运站、日期、到站等信息查询历史售票情况。

③设定时间和年份,显示售票变化情况。

(3)客票查询监测

客票查询情况的实时统计,包括不同渠道的查询量(网上售票、电话咨询、手机应用查询),能够分时间段、分方式展示查询量的变化。

(4)实时退票/改签分析

①根据客运站、退票时间、班次日期等信息查询,实现对客票退票、改签等情况进行汇总统计。

②对超过限值的班线班次进行重点关注,防止客运企业和承运人的恶意竞争行为。

(5)班线售票监测

对分线路、分班次的客票销售情况进行跟踪监测,多维展示一段时期内的客票销售趋势和分时间段的客票销售趋势,便于客运企业和行业管理部门及时掌握乘客动态。

(6)购票方式统计分析

对一段时期内不同购票方式的占比进行分析,包括站内购票、自助机购票、代售点购票、网站购票、手机应用购票等不同方式的售票量、退改签的占比和变化趋势。

(7)分里程售票统计分析

区分长、中、短途的不同售票方式的占比和变化趋势分析,对于售票资源的投放决策提供数据支持。

(8)分班线售票统计分析

对分方向、分线路的不同售票方式的占比和变化趋势分析,为售票资源的投放决策提供数据支持。

(9)退票统计

①实现不同售票方式的退票、购票未取票、购票未乘车等情况的统计分析。

②根据客运站、退票时间、班次日期等信息查询客票退票记录。

(10)改乘统计

根据客运站、改乘时间、班次日期等信息对客票改乘情况进行统计分析。

(11)电子客票统计

根据出行距离、售票方式、出行时间等分类，对旅客持电子客票乘车未取纸质客票的情况进行统计。

4)经营状态统计

经营状态统计可实现对道路客运站营收统计、线路营收统计功能。经营状态统计功能见图3-78。

(1)统计各客运站在某时期内的营收、客流、发班数，并对不同日期、不同地区和不同客运站间的数据进行对比，反映道路客运行业变化趋势。

(2)统计不同线路的营收、客流、发班数，并进行同期对比和指标排序，反映道路客运行业变化趋势。

5)服务质量统计

服务质量统计可实现对各客运站班次正点率、投诉率、旅客满意度调查等统计功能。服务质量统计功能见图3-79。

(1)统计各客运站的班次正点率、脱班率、行包丢失数、旅客投诉数等服务质量情况。

(2)根据旅客满意度调查表数据，统计各营运车辆服务质量评分。

6)客流动态预警

通过对历史统计数据的分析，实现对客运动态预警功能。客流动态预警功能见图3-80。

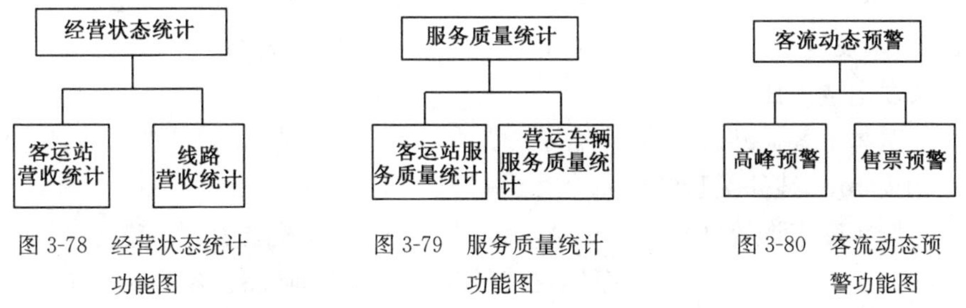

图3-78　经营状态统计功能图

图3-79　服务质量统计功能图

图3-80　客流动态预警功能图

(1)通过对历史统计数据的分析，设置统计指标的阈值，结合联网售票系统的售票情况和检票发班情况，对未来一段时期内的客流高峰到达情况和驻站高峰情况进行预警提示。

(2)通过对历史统计数据的分析,设置统计指标的阈值,对超过阈值的班次、线路、客运站售票情况进行预警提示。

7)专题统计分析

专题统计分析可实现对营运车辆、客运站、客运班线和重点时段等专题的统计分析。专题统计分析功能见图 3-81。

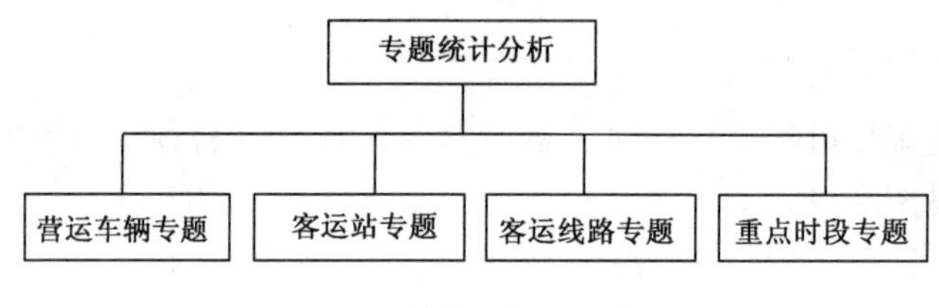

图 3-81　专题统计分析功能图

(1)营运车辆专题

①按年度、客运站统计车辆总量变化、各地车辆数目占比。

②按年度、客运站、车辆燃料类型统计车辆总量变化、车辆燃料类型占比。

③按年度、客运站、车辆技术等级统计车辆总量变化、车辆技术等级占比。

④按年度、客运站、车型划分统计车辆总量变化、车型划分占比。

⑤按年度、客运站、车辆客位结构统计车辆总量变化、车辆客位结构占比。

⑥按年度、客运站、车辆档次统计车辆总量变化、车辆档次占比。

⑦按年度、客运站、车辆用途统计车辆总量变化、车辆用途占比。

⑧按年度、客运站、车辆使用年限统计车辆总量变化、车辆使用年限占比。

⑨按年度、客运站、车辆分类多角度分析车辆市场集中度分析。

(2)客运站专题

①按年度查询统计每个客运站的级别、设计能力、开车班次、发送量、发送量占比、日均发送量、周转量。客运站基本情况分析,包括级别、设计能力、班次、发送量及发送量占比。

②对每个客运站历年发车班次、发送量、日均发送量、周转量进行趋势分析。

③按年度、线路类型统计每个客运站班线、班次、发送量。

④按年度查询统计每个客运站的级别、能力、日均发送量、适应度。

⑤分各营运分公司、社会车辆,按指定时间段,查询班次、客运量、营收、周转量、实载率,能对不同时间段的统计数据项对比,并能输出报表,历史数据能与现在的数据整理对比分析、统计,并能统计图表。

(3)客运线路专题

①按年度、客运站、线路类型统计车日行程、日发送客运班次、平均客位数、平均日发送客运量、线路实载率。

②按年度、客运站、线路类型分别查询各条线路的线路里程、日发班次、平均客位数、平均日发送客运量、实载率，并根据需要对上述指标进行排序。

③各时间段内乘客流量、流向情况对比，能以曲线图、柱状饼、饼状图表示。

④查询班次、客运量、营收、周转量、实载率，及对不同时间段的统计数据项能对比，并能输出报表。

(4)重点时段专题

对“春运”“五一”“十一”黄金周等重点时段作出班次、客运量、周转量、营收、实载率的综合报表，可通过曲线图、柱状图、饼形图等形式表示，并能导出、打印。

8)大数据增值服务与行业运行状况统计分析

基于大数据的行业精准分析与预测是近年来的发展趋势，道路客运联网售票系统作为道路客运行业掌握大范围内客票销售数据的系统，具有无可比拟的行业优势。大数据增值服务与行业运行状况统计分析可形成以下产品服务：

(1)统计分析报告

在去除隐私信息、涉密信息及其他涉及国家、社会安全的信息后，道路客运联网售票系统可每月、每季度、每年发布有关乘客数量、流向、出行趋势、车辆班次、运营状况等道路客运行业参数的统计报告及分析报告，为行业管理部门提供决策支持依据。同时，也可以通过签订数据有偿共享协议的形式，向客运站和客运企业提供相关统计报告及分析报告，从而为客运企业的线路、班次优化与经营策略调整提供参考。该数据作为道路客运行业唯一可以精确大范围内行业运行状况的统计数据，具有无可置疑的权威性与可靠性，有助于提升道路客运在大交通体系中的影响力。

(2)详细统计分析数据

此外，还可将基于大数据的详细统计分析数据与结果打包为行业运行状况统计数据，无偿或有偿提供给有需求的政府管理部门与企业等行业主体使用，以充分发挥道路客运大数据在反映行业经营状况、表征国家与地区经济运行状态等领域的重要作用。

(3)精准营销信息

同时，待实名制售票普及后，更可以通过唯一性 ID 对每一个购票者或出行者个体进行标识，以分析乘客的出行与消费习惯，从而在合理合法使用个人信息、保护乘客隐私的前提下，统计乘客人群的出行与消费规律，并可以进行更加精准的市场调研、经营决策、广告投放与营销推广，有助于客运企业设计更多适合消费者出行习惯的客运、旅游及其他周边产品，从而通过精准的客户分析手段和商业统计途径实现精准营销。

3.6.3 流程设计

信息监管与决策辅助系统数据 ETL 处理流程如图 3-82 所示。具体内容如下：

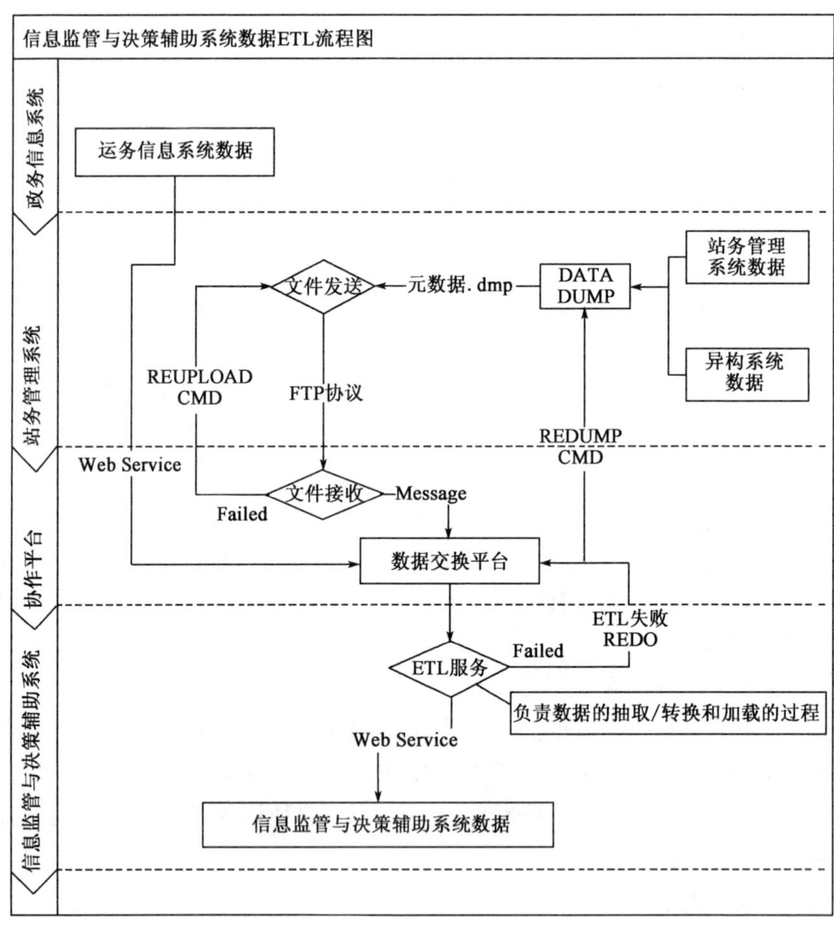

图 3-82 信息监管与决策辅助系统数据 ETL 处理流程图

(1)各站务管理系统的信息监管与决策辅助数据需求服务按指定的数据要求和格式，定时导出数据，完成后调用FTP服务进行文件上传。

(2)各站务管理系统将导出的文件通过FTP传送到数据交换平台的指定目录，并在传输完成后发送消息至数据交换平台。

(3)数据交换平台获取到传输成功消息后，在信息监管与决策辅助系统的ETL处理队列中增加一条记录。

(4)ETL服务检索队列中的记录，对数据进行处理。

3.7　小件快运管理系统

3.7.1　业务概述

小件快运管理系统实现基于小件快运服务中心(如小件快运联盟等机构)——客运站两级部署模式的小件快运业务处理系统，涵盖小件受理、小件签发、小件到货、小件提取、货物跟踪等小件快运全业务、全流程业务处理功能；最大限度地将政府相关部门、客运企业、社会公众所需求的小件快运业务整合在统一的平台之上，并进行充分的优化和衔接，成为开展小件快运管理与服务的重要载体，确保政府与企业之间、企业与企业之间、企业与客户之间进行信息的充分交换与共享，运输管理与生产活动参与各方有机衔接、协调配合，进一步优化资源配置，充分发挥小件快运管理系统在整个物流体系中的作用。

3.7.2　系统功能

小件快运管理系统总体结构如图3-83所示。

1)基础资料

基础资料功能结构如图3-84所示。

(1)人员资料

①装卸工。

维护装卸工的基本信息，提供添加、删除、修改和查询功能。其信息组成包括：工号、姓名、所属工作组、身份证号、性别、年龄、联系电话等。

②业务员。

维护接货送货等业务人员的基本信息，提供添加、删除、修改和查询功能。其信息组成包括：工号、姓名、身份证号、性别、年龄、联系电话、车牌号等。

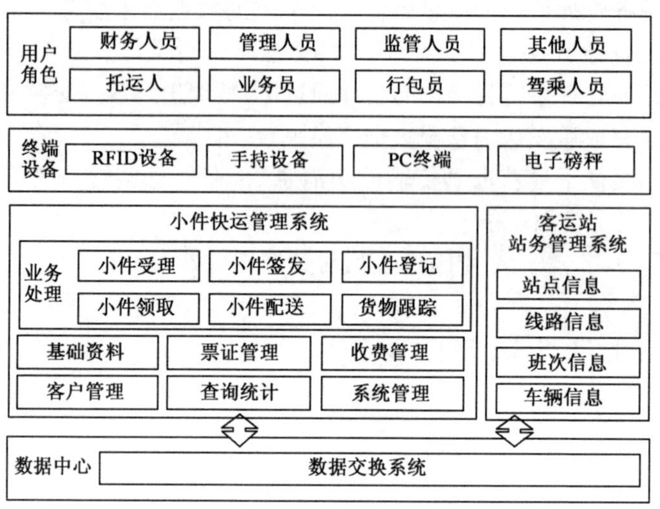

图 3-83　小件快运管理系统总体结构图

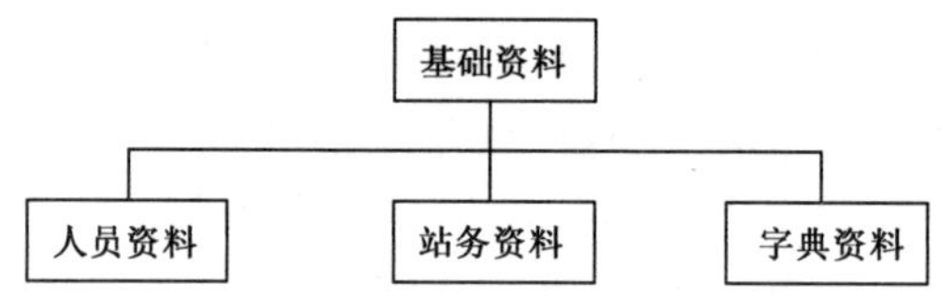

图 3-84　基础资料功能结构图

(2)站务资料

站务资料来源于各站务管理系统/售票系统，本系统主要提供站务资料的查询功能，为小件快运提供站务基础数据。

①站点管理：提供对客运站站点资料的查询功能，站点资料主要包括站点名称、站点编码、简拼、所属地区、站点类别和描述等信息。

②线路管理：提供对客运站线路资料的查询功能，线路资料主要包括编码、名称、起讫点、线路类别、线路里程以及线路途经站点等信息。

③班次管理：提供对客运站班次资料的查询功能，班次资料主要包括编码、名称、班次号、发车时间、发车日期、班次类别、班次途经点、检票口、停车位等信息。

④车主管理：提供对车主资料的查询功能，车主资料主要包括车主编码、全称、简称、经营许可证号、经营范围等信息。

⑤车辆管理：提供对车辆资料的查询功能，车辆资料主要包括车牌号、车牌颜色、所属车主、车型、车辆技术等级、定员、乘客座位数、行李仓容积、道路运输

证号以及车辆的安检状态和各类证照的有效期。

(3)字典资料

维护各类字典资料,包括货物类别、包装类别、仓库信息和货架信息等。

①货物类别:维护货物类别信息,提供新增、修改和删除功能。货物类别信息主要包括类别名称、类别代码。具体类别的定义可参照物流行业相关标准。

②包装类别:维护包装类别信息,提供新增、修改和删除功能。包装类别信息主要包括类别名称、类别代码。具体类别的定义可参照物流行业相关标准。

③仓库信息:维护客运站小件仓库信息,提供新增、修改和删除功能。仓库信息主要包括仓库名称、代码、位置、仓库条件描述。

④货架信息:维护客运站放置小件的货架信息,提供新增、修改和删除功能。货架信息主要包括编号、位置、描述。

2)票证管理

规范管理小件快运业务过程中使用的各类票证,包括签发单、预签发单、配送单、托运单等,实现票证从领用到核销的全过程管理。票证管理功能如图3-85所示。

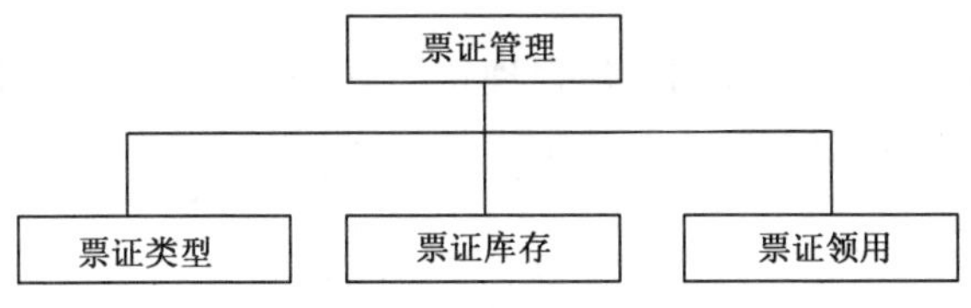

图3-85 票证管理功能结构图

(1)票证类型

票证管理可维护票证类型信息,提供新增、修改和删除功能。票证类型信息主要包括票证名称、票号长度、单张价值等。

(2)票证库存

票证管理可提供对各类票证的入库、出库管理功能。在票证入库时,需记录入库的票证类型、票证起讫号、入库批次、入库操作人、入库时间和入库张数信息。在票证出库时,需记录出库的票证类型、票证起讫号、出库张数、操作人、操作时间等信息。

(3)票证领用

票证管理可提供对各类票证的领用登记和退领登记功能。在进行票证领用时,需记录领用的票证类型、领用号段、领用张数、领用人、领用时间等信息。在进行票证退领时,需记录退领的票证类型、退领号段、退领人、退领时间等信息。

3)收费管理

收费管理用于定义和维护各类小件快运服务收费项目,以及与车主进行结算时的扣费项目。收费管理功能如图 3-86 所示。

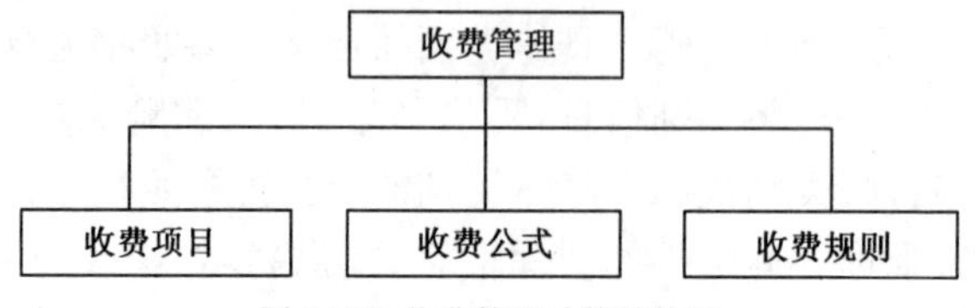

图 3-86　收费管理功能结构图

(1)收费项目

收费项目是指用于设置各类服务收费项目,及其计算规则。例如:基本运费、服务费、装卸费、中转费、接货服务费、送货服务费等。

(2)收费公式

收费公式是指用于设置小件代理费计算公式。系统支持同时设置多种不同的小件代理费计算公式。

(3)收费规则

收费规则是指将已设置的小件代理费计算公式以及收费项目应用于某个班次、某条线路或车主,用于生成与车主的结算运费。

4)业务处理

业务处理提供从小件预受理至小件配送全业务流程支持,并能根据不同客户的需求,对流程进行匹配。业务处理功能如图 3-87 所示。

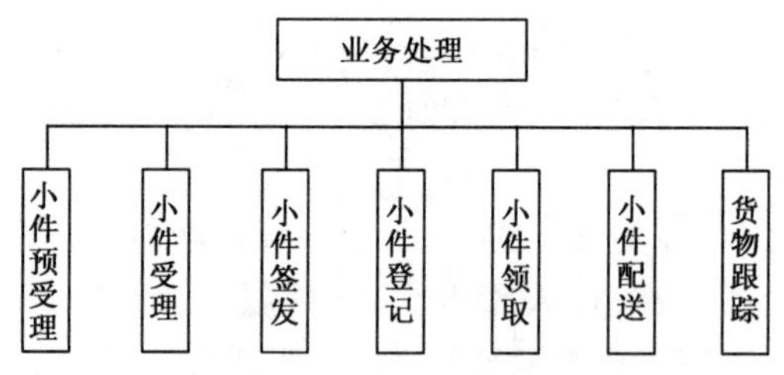

图 3-87　业务处理功能结构图

(1)小件预受理

小件预处理是指托运人通过公共信息门户或打电话,进行预约下单,需要客运站派业务人员上门收货的门到站业务过程处理。

①预受理登记。

预受理登记是指完成上门业务信息的预录入，其信息是业务员上门取货的依据，需要录入服务方式、客户名称、客户地址、联系电话、货物信息等信息，并根据客户提供的地址指定收货。

②预受理调度。

预受理调度是指将预受理录入的业务指派给特定的业务员，完成业务与具体人员的对应，然后由该业务员上门收货。

③收货确认。

收货确认是指业务人员收到托运人寄送的货物后，对调度信息和预处理信息经确认，并登记收货时间、耗时等信息。

④收货入库。

收货入库是将业务员上门取回的货物信息录入系统产生正式托运信息的过程。需登记货物的收货人、收货地址、收货人联系方式、货物清单、各项费用、到达时间要求等信息，待客运站统一签发。

(2)小件受理

小件受理是指托运人将待托运货物直接拿到客运站行包台办理小件托运手续，由站场的行包人员完成小件的受理及开单工作。

①小件受理。

登记货物的托运人、托运人联系方式、联系地址、收货人、收货地址、收货人联系方式、货物清单、各项费用、到达时间要求，系统自动根据货物品类、重量和体积，按收费管理中设定的收费项目和收费规则计算出各项费用，并打印托运单给托运人。

在小件受理时，可以根据托运人的时间要求，直接将货物签发到指定班次上。

②小件打包。

为方便对小件的管理和运输，往往需要将到达同一目的地的零散统一打包后，再上车装载。系统提供可以将同一到达站(同一车次)的 n 件小件打包成小于 n 件。打包后，生成新的托运单，并自动入库。

小件打包功能需要建立小件与小件之间的包含关系。

③运单作废。

运单作废是指因行包员操作失误等原因，需要对小件受理时登记的托运单进行作废，以便收回运单并修改运单信息。运单作废操作受时间限制，超过一定的时间后，不可再做作废处理。运单作废时，需记录作废人、作废原因、作废时间。

④小件退运。

小件退运是指因乘客原因,需要对已办理受理登记的待运小件进行退运处理。退运操作需要记录办理人、办理时间、退运原因,同时按照相关的规则收取一定的退运手续费,并打印手续费单据。

(3)小件签发

小件签发主要是指定小件的承运班次及车辆,完成待签发小件的装货发货过程,并打印出签发单。

①小件签发。

选择待签发小件,设定其承运班次及车辆,完成签发后需打印签发单。小件签发时,需指定装卸工。

②签发作废。

作废签发单,取消签发操作。

③换车处理。

道路路阻、天气异常、车辆损坏或其他原因导致原签发班次无法承运时,变更已签发小件的承运车辆。

(4)小件登记

货物到达时,根据提供的单据号自动登记货物和客户等相关信息,用以确定到达的货物是否符合同时入库,通过该操作将到达本站的货物信息转入本地,并将到货信息反馈给发货站。

①到货登记。

对到站货物进行登记和核实,记录到货时间。其中,到货登记时,需要的托运信息(托运人、托运人联系方式、联系地址、收货人、收货地址、收货人联系方式、货物清单等)主要来源于收货站。

已进行到货登记的托运信息,需及时反馈给收货站,告知其到达。

②小件拆包。

对到达的已打包托运小件进行拆分,自动分解成打包时包含的托运单。

(5)小件领取

提货人到客运站领取已到达的小件,客运站对领取人的身份信息进行确认。

根据提货人的身份进行提货确认、根据当前提取时间确定是否收取保管费、打印提货发票,并对信息进行存储记录,同时发送到货提取信息到收货站,告知货物已经提取。

(6)小件配送

由客运站直接安排业务人员将到货小件直接送达到收件人手中,即站到门业务。

①配送调度。

将到站货物指派给业务人员去送货，记录业务人员和指派时间。

②送货确认。

业务人员将小件送至收件人后，对调度指派工作进行完成确认，记录完成时间。

(7)货物跟踪

货物跟踪是指提供托运单处理状态查询，包括签发状态、到达状态、领取状态、送达状态，以及详细的完成时间。

对于中转业务，提供各中转站的入库时间、到货时间、状态信息等明细。

5)客户管理

客户管理功能如图3-88所示。

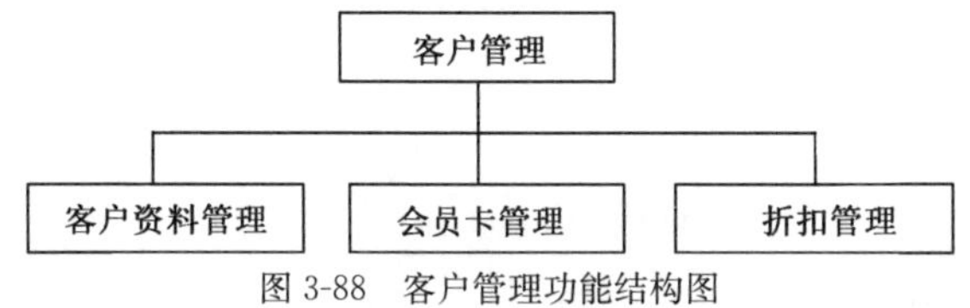

图3-88　客户管理功能结构图

(1)客户资料管理

客户资料管理可维护客户资料信息，提供添加、修改、删除、查询等功能。客户资料包括姓名、性别、出生年月、住址、电话、移动电话等信息。

(2)会员卡管理

会员卡管理可提供会员卡洗卡、发放、注销、挂失功能；为经常办理小件托运的客户发放会员卡，方便其快速办理托运业务，并提供相关的费用优惠。

(3)折扣管理

折扣管理可根据会员托运的小件次数，设定不同的费用折扣。

6)查询统计

查询统计功能如图3-89所示。

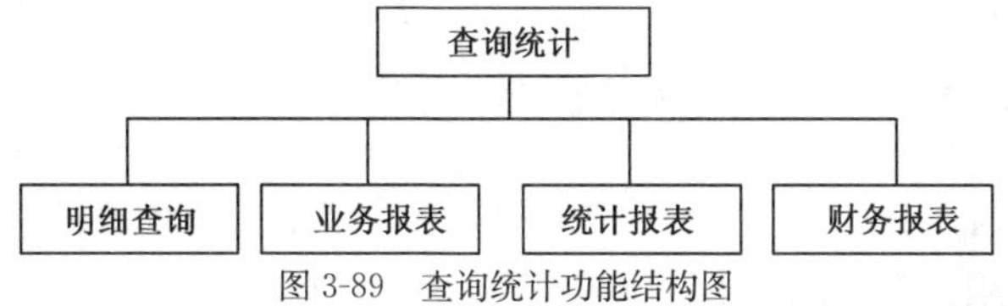

图3-89　查询统计功能结构图

(1)明细查询

明细查询可提供托运单、签发单、到货单和提领等信息的详细信息查询。

(2)业务报表

业务报表用于统计各受理员的每日受理金额及废票、退票、每日应交款。统计后的数据包括受理员当日全部票款。受理员每日结算统计出来的数据,主要作用是为财务人员每日收取票款提供参考。

(3)统计报表

统计报表可按日期(年、月)、按班次、按线路、按车辆统计受理件数、到达件数、运费、服务费、保险保价费、综合服务费、货物接送费、保价费、保险费等。

(4)财务报表

财务报表可按应用的收费规则,计算出运费、各项服务费、行包代理,为车站和车主分成提供依据。

财务报表提供导出 Excel 文件的功能。

7)系统管理

系统管理功能如图 3-90 所示。

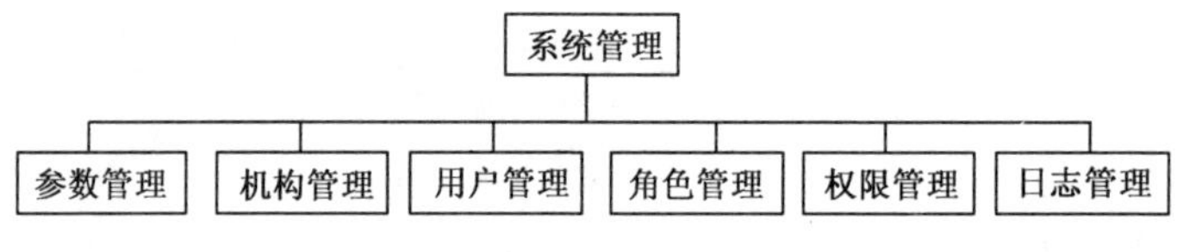

图 3-90　系统管理功能结构图

(1)参数管理

系统参数分为全局参数和机构参数,全局参数影响整合系统的运行规则,机构参数仅针对客运站设置,满足不同客运站个性化需求。

另外,对于个别全局参数应对用户屏蔽,以避免用户错误操作,导致系统整个运行规则发生变化。

(2)机构管理

机构管理可维护各联网客运站信息,提供新增、修改、删除和查询等功能。机构信息包括客运站代码、名称、所属地区、地址、服务时间、联系人、联系电话、行包服务电话、服务器地址等。

(3)用户管理

用户管理可维护系统使用用户信息,提供新增、修改、删除和查询等功能。用户信息包括用户名、密码、所属机构、所属角色等。

(4)角色管理

角色管理可维护系统角色信息,提供新增、修改、删除和查询等功能。角色信息主要包括角色名称、下属用户等。

(5)权限管理

权限管理可按角色提供基于菜单、按钮和数据访问的权限设置功能。

(6)日志管理

日志管理可对系统的关键性操作进行日志登记,如参数的修改、数据变更等,提供日志模糊查询功能。

3.7.3 流程设计

1)总体业务流程

小件快运系统总体业务流程如图3-91所示。

2)功能应用流程

(1)小件受理流程

小件受理流程如图3-92所示。寄件人前往车站寄件,首先要通过安检仪检查,判断是否为安全合法物品,通过了安检仪检查之后,寄件人把小件物品拿去称重,之后填写小件受理单。然后寄件人把小件受理单交给车站小件受理员受理,计算本次所需费用,寄件人支付完费用,小件受理员打印行报票,如果需要中转则还要打印相应的中转代收费凭单。

(2)中转受理流程

中转受理流程如图3-93所示。中转站受理员收货之后并领取相应的中转代收费凭单交给中转站受理员,受理员受理需要在本站中转的行包,并开具本站的行包票,开具时与该中转行包的旧行包票关联。

(3)配车处理流程

配车处理流程如图3-94所示。车站配车员选择适合的班次,配载车辆;然后选择需要配载的行包进行检票,并开具行包凭单,如果进行配载的行包含有需要中转的行包,还需要随车附上对应的中转代收费凭单。

(4)收货处理流程

收货处理流程如图3-95所示。小件行包经过配车随配载车辆到达本车站,本车站的收货员对其进行收货,如果本车站是小件行包的终点站,则通知收件人来领取,如果小件行包需要在本车站中转,收货时还要收取相应的中转代收费凭单交给本车站的小件受理员做中转受理。

(5)提货处理流程

提货处理流程如图3-96所示。车站受理员收货之后,如果本车站是小件行

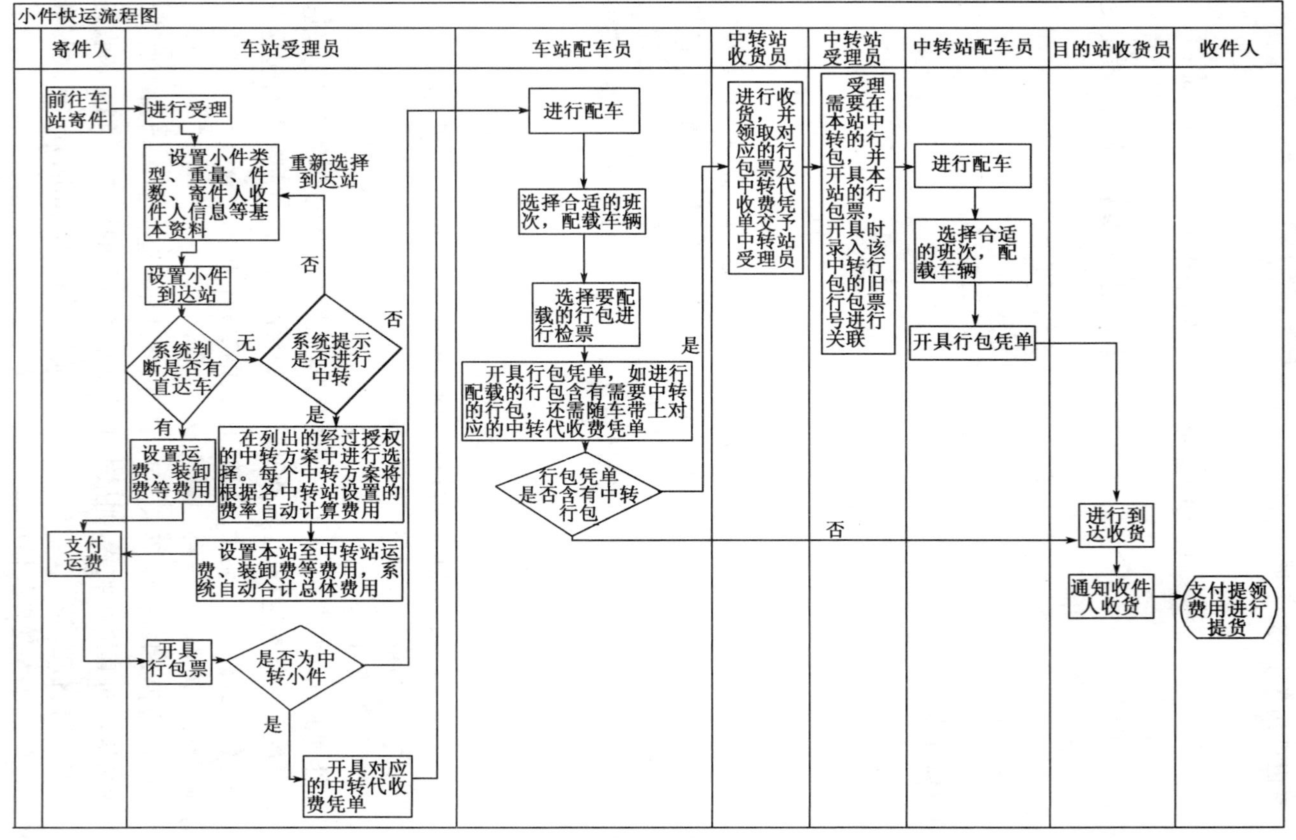

图3-91 小件快运系统总体业务流程图

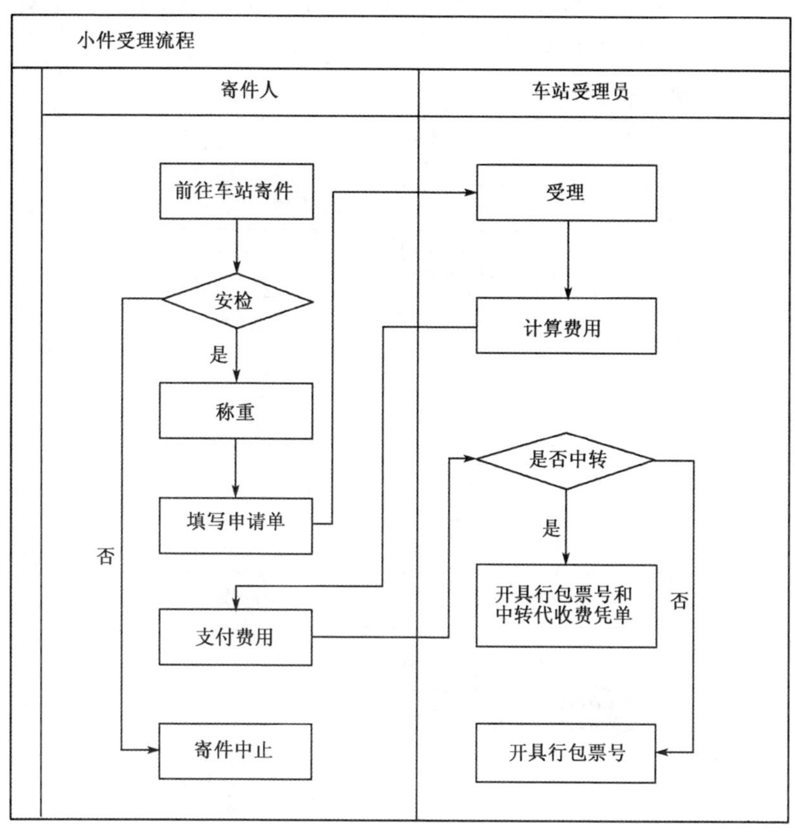

图 3-92　小件受理流程图

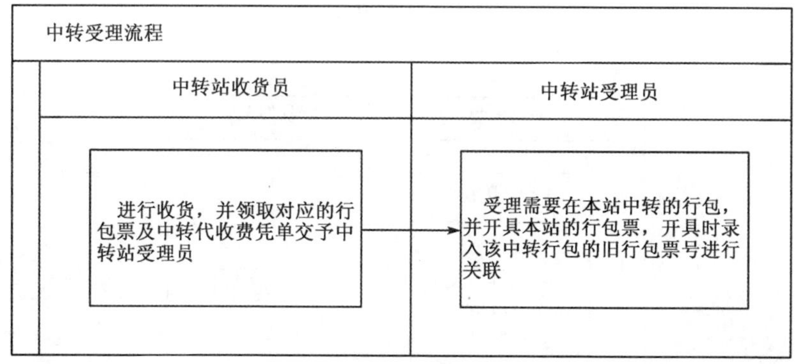

图 3-93　中转受理流程图

包的终点站，则车站收货员通知收件人来提货，收件人确认签字支付相应的提领费用后就可以领取小件行包。

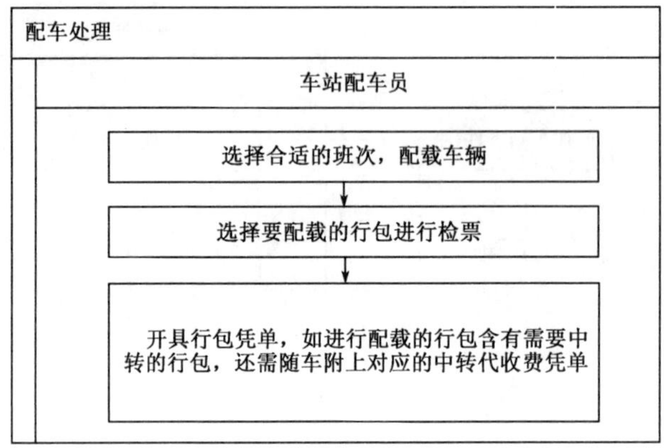

图 3-94 配车处理流程图

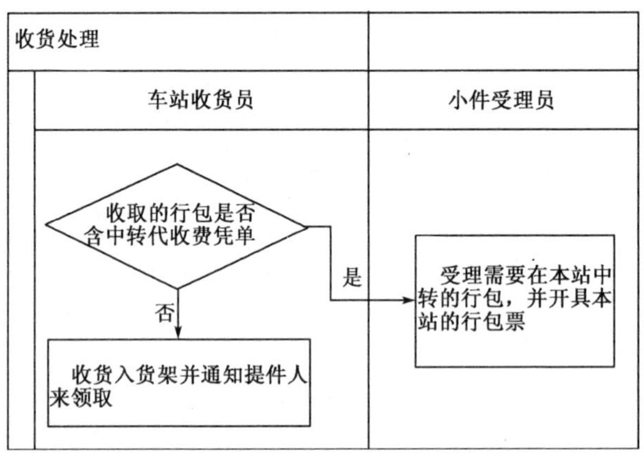

图 3-95 收货处理流程图

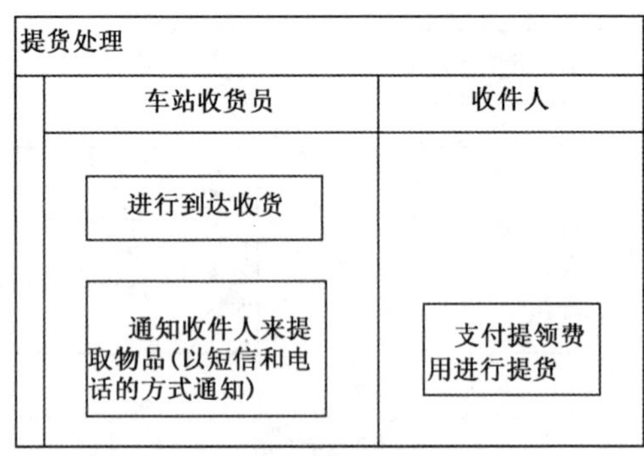

图 3-96 提货处理流程图

3.8　关键技术概述

道路客运联网售票系统建设中涉及许多技术，本节将对部分关键和核心技术进行概述。

3.8.1　应用核心开发框架

为了满足道路客运联网售票系统建设的需求，建议采用以下关键技术进行设计应用核心开发框架：

(1)采用基于 JavaEE 平台技术框架。

(2)采用 SOA 体系架构。

(3)基于 XML 数据格式和可跨平台、跨网络、跨机构、跨地域的应用集成技术，实现系统内部和系统外部系统的协同工作。

(4)采用支持统一接入、统一格式的数据交换系统，作为与内部核心业务系统的数据交换通道。

(5)采用集群技术确保系统高可用性和高可扩展性。

(6)道路客运联网售票系统所涉及的应用系统一般采用应用核心开发框架进行开发。应用核心开发框架是大型行业应用软件的支撑平台，高标准地符合 JavaEE 的各项技术规范。

应用核心开发框架使大型关键应用系统性能卓越、高效稳定、扩展性强和易于移植。高度优化的分布式架构体系，使行业应用系统能够支持数以千计的并发用户和交易。利用本身的可伸缩架构体系的功能(如负载均衡、高速缓存、连接池管理等)，只需占用较少硬件资源，就可以根据需要不断扩展应用，并能够跨越多种软硬件平台进行移植。

1)总体架构

应用核心开发框架的总体架构如图 3-97 所示。

应用核心开发框架满足 SOA 体系要求，在客户层使用 HTML 、JavaScript、Ajax、XML、API 等技术；在表示层使用 Servlet、JSP 等技术，结合 Java 技术、XML 以及 JavaScript 技术，构建基于 Java 技术的 Web 应用，打破使用页面重载的惯例；在业务逻辑层使用 JavaEE 平台 EJB 技术实现业务逻辑框架，使用 Hibernate 和 OR Mapping 技术实现对象/关系数据库映射。应用核心开发框架采用标准的 JavaEE 的 MVC 架构。

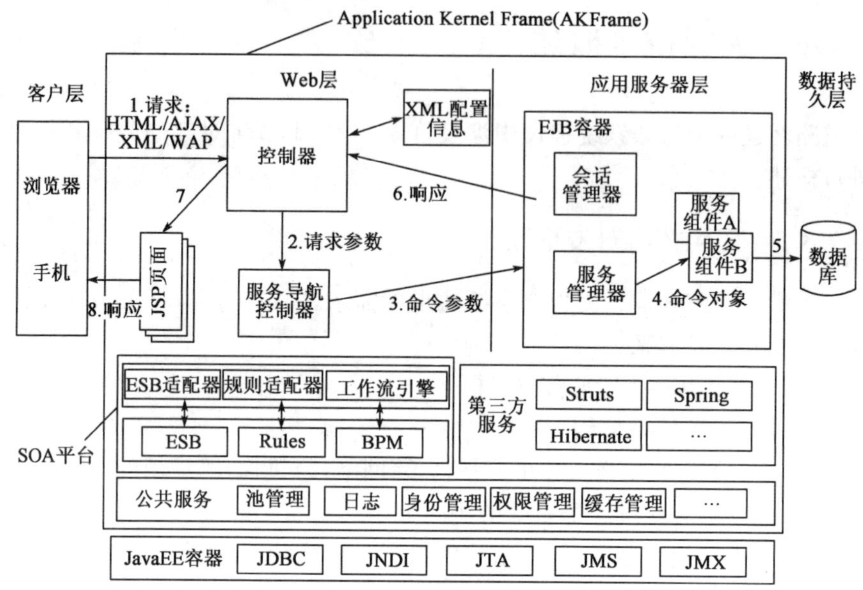

图 3-97　应用核心开发框架总体架构图

应用核心开发框架流程说明如下：

(1)客户端发送请求，系统支持多种请求的方式(http、https、wap)，系统也支持多种请求格式(XML、Ajax)。

(2)在 Web 层的控制器接收到客户端请求，将请求进行解码，进行适当的封装后，根据从 XML 配置文件中获取的配置信息将请求导航到服务导航控制器上。

(3)服务导航控制器将数据参数及相关信息封装成命令对象，并将命令对象发送给应用服务层的 EJB 容器。

(4)EJB 容器收到命令对象后，一方面要根据会话管理器进行权限(是否登录)及相关校验，另一方面，在校验通过后，根据命令对象的内容，获取对应的业务组件的名称，并将命令对象发送给具体的业务对象。

(5)业务组件执行具体的业务操作，需要访问数据库或其他外部资源，并根据相应的业务逻辑进行计算生成响应信息(返回结果)。

(6)EJB 容器将响应返回给 WEB 层控制器端，Web 控制器对返回的响应进一步处理，根据相关配置，将结果导航到指定的展示层页面(JSP 页面或模板文件)。

(7)JSP 页面根据响应生成最终的 HTML 页面。

(8)最终的 HTML 页面返回给前台客户端,展示在浏览器等界面上。

从上面的流程,可以看出,由于应用核心开发框架实现了许多通用的功能,在进行信息化开发时,需要重点考虑的就是如何实现业务组件,而不用过多关注相对底层的一些具体实现,使开发能更专注于业务,提高开发效率。

2)整体系统和应用核心开发框架的关系

道路客运联网售票系统建设涉及多个系统,整体系统和应用核心开发框架的关系如图 3-98 所示。

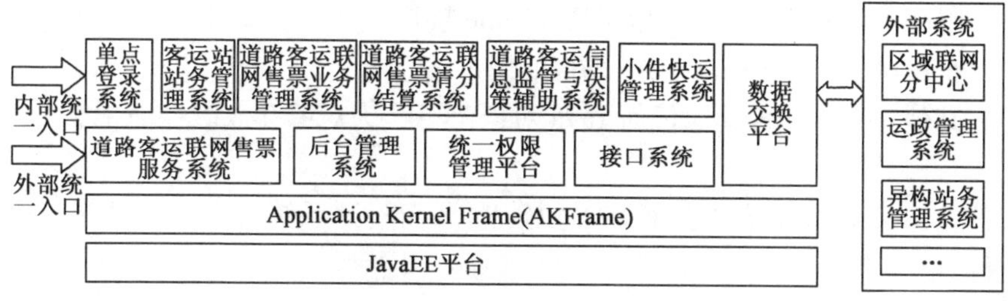

图 3-98 应用核心开发框架和其他系统关系图

道路客运联网售票系统涉及的客运站站务管理系统、道路客运联网售票业务管理系统、道路客运联网售票清分结算系统、道路客运联网售票服务系统、道路客运信息监管与决策辅助系统、小件快运管理系统、接口系统、统一权限管理平台及数据交换平台等都搭建在应用核心开发框架架构上。

外部系统,如区域联网分中心、企业原有售票系统(异构站务管理系统)、运政管理系统、检测维修系统、视频监控系统都保持原有架构,通过数据交换管理平台和整个道路客运联网售票系统进行接口交互。

统一权限管理平台为内部员工的统一入口,用户只需进入统一权限管理平台,即可根据相应的权限访问到客运站站务管理系统、道路客运联网售票业务管理系统、道路客运联网售票清分结算系统、道路客运联网售票服务系统、道路客运信息监管与决策辅助系统、小件快运管理系统,而无须重新登录每个系统,即一次登录,任意访问。

3)应用核心开发框架组件介绍

下面具体介绍应用核心开发框架的基本服务。

(1)缓存服务

应用核心开发框架提供了缓冲池技术,可以缓存数据对象、业务对象,提高数据存取效率。系统支持两种缓存类型。

①缓存类型。

a. FIFO Cache：先入先出缓存（缓存管理器默认类型）。按先入先出算法排列的缓存列表。

b. LRU Cache：最近最少使用缓存。按最近最少使用算法排列的缓存列表。

②缓存对象。

a. 数据对象：主要是系统的一些代码表信息，这些表信息变更频率较低，频繁访问数据库会影响性能，采用缓存会有效提高系统性能。

b. EJB 调用的 Home 接口：缓存远程 EJB 调用的 Home 接口，避免每次 EJB 调用都重新通过 JNDI 获取 EJB Home 接口。

c. 业务对象：系统中的业务对象，如用户信息等。

d. 其他 Java 对象：其他任何 Java 对象都可作为对象存入缓存池中。

（2）日志服务

日志记录系统所有的处理及输入输出，从而辅助系统管理员对系统运行状况进行监控、排错及调优。

①日志级别。

日志级别：为用户提供不同级别的错误提示信息，并且可以根据用户需要把日志信息输出到不同的设备，比如监视器、文件、数据库、消息队列等。目前的日志系统共提供了下面五类不同优先级的日志，通过阈值系统参数可控制日志的输出级别。

a. 调试（DEBUG）：调试信息。

b. 信息（INFO）：一般提示信息。

c. 警告（WARNING）：警告信息，不影响运行。

d. 错误（ERROR）：模块级错误。

e. 致命错误（FATAL）：系统级错误，需关闭系统。

通过建立统一的、一致的日志管理，实现根据日志来追踪系统的状态，用户登录操作情况。

日志分为“系统运行日志”和“业务工作日志”两大类。

②系统运行日志。

“系统运行日志”可分为：系统日志、应用日志、用户日志、工作流日志、业务操作日志等。

系统运行日志内容分析如下：

a. 系统日志：记录由系统核心产生的错误及其他信息。

b. 应用日志：记录由应用程序产生的错误及其他信息。

c. 用户日志：记录用户的登录、数据操作及其他用户相关的日志。

d. 工作流日志：记录工作流每个流转环节的操作人员、工作任务接收时间、任务办理时间、办理结果等信息。

e. 业务操作日志：记录每项业务操作的操作人员、操作的开始和结束时间、业务关键词(如订单生成时间和操作员信息、管理员登录的时间和具体操作)等。

系统运行日志管理可以由具有系统日志管理操作权限的用户或系统管理员操作，完整体系结构如图 3-99 所示。

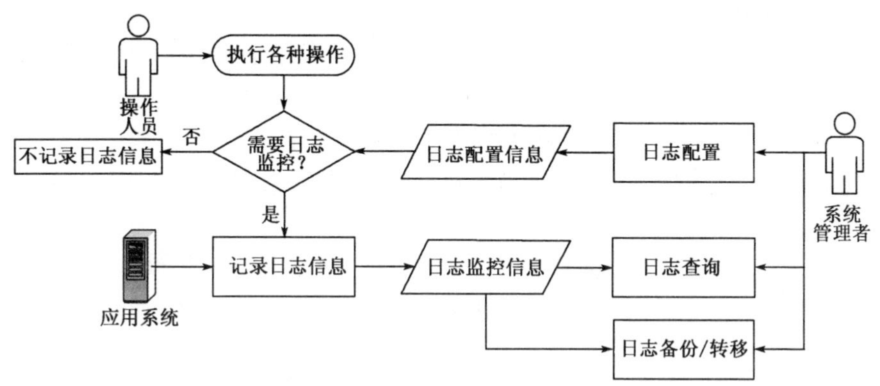

图 3-99　日志运行管理示意图

从流程上看，系统运行日志管理包括以下几个关键功能：

a. 日志配置：对日志所需要的参数进行配置，如日志开关等。

b. 日志查询：查询已经保存的日志记录。

c. 日志备份/转移：进行日志的备份和转移工作。

③业务工作日志。

通过工作日志详细记录业务人员工作信息等工作内容，具体如下：

a. 订单生成时间，操作人员等。

b. 公文审批中，公文流转环节，审批人员等。

④日志应用分析。

系统和应用记录的日志，可应用于以下的情况：

a. 分析和解决问题。

通过日志分析，解决系统运行时问题。

b. 绩效考核。

通过对系统日志、应用日志等的分析，考核系统管理人员：日志中记录的错误信息，哪些是由于配置不当引起的或者由于系统管理人员操作不当引起的，哪些是系统本身的缺陷造成的；通过这些数据的分析考核系统管理人员。

通过工作流日志记录的每个流转环节的操作人员、工作任务接收时间、任务办理时间、办理结果等信息，结合在工作流模板制定时设置好办理时限，可以对文书分办和文书审批人员等进行相应的绩效考核。

通过业务操作日志记录的操作人员、操作的开始和结束时间、业务关键词等信息，可以统计单位工作时间内，操作人员完成的业务数量，来进行对业务操作人员的绩效考核。

c.应用安全分析。

通过对系统运行日志等的分析和监控，了解系统运行的健康状况。

(3)审计功能

应用核心开发框架提供的审计功能，基于其日志服务，提供如下服务：

①提供审计配置功能，设定需要审计的服务，并可对审计的级别进行设定，提供开关选项。

②可以设定的审计资源包括数据库资源、文件资源、URL资源、服务资源等应用相关资源和操作相关资源，如登录用户名、登录IP、登录时间及操作信息等。

③查询统计：提供对审计信息的查询和统计功能，生成审计报表，方便工作人员进行人工审计。

④多渠道报警方式：对于审计出的异常信息，提供多渠道的报警方式，支持邮件、短信等。

(4)消息服务

消息系统提供了许多其他分布式对象计算模型没有的优点。它在消息产生者和使用者之间是“松耦合”的，在它们之间有很高程度的事务处理能力。对于使用者，它不在乎谁产生了消息，产生者是否仍在网络上以及消息是什么时候产生的。这就允许建立动态的、可靠的和灵活的系统。整个的子系统能被修改而不会影响系统的其他部分。另外的优点包括：系统的高度可扩展性，容易与其他系统进行集成，以及高度的可靠性。由于可靠性和可扩展性，使得它们用于解决许多商业和科学计算问题。比如，消息系统是许多应用程序的基础，这些应用程序可以是工作流、网络管理、通信服务或供应链管理程序。

消息服务封装了对外消息接口，具有以下两项功能：

①向消息队列发送消息。

②订购来自消息队列的主题消息。

消息队列是一种点对点的消息处理模式。客户端向一个消息队列发送消息，由 JMS 负责通知消息的处理者处理此消息。

消息主题是一种一对多的发布模式。客户应用向 topic 发布消息，所有对此主题感兴趣的客户都可以预定该主题，所有预定的客户都会收到此消息。

系统提供的消息服务一方面可以向其他系统发送消息，另一方面可以接收其他系统发来的消息。

(5)异步服务

通常一个消息系统允许分开的未耦合的应用程序之间可靠地异步通信。在企业应用时，需要一种异步的、非阻塞的消息传递。客户端应用程序在递交一个请求之后，只需确保请求到达服务器端后，就可以处理其他任务。

在本框架技术中，处理异步消息的能力是通过 JMS 来实现的。JMS 最初设计是为了给传统的消息对象中间件提供一个标准的 Java 接口。

(6)序号发生器

在系统中经常需要序列号来表示唯一性，比如票据序号、订单序号等。系统提供序号发生器，能在系统范围内提供唯一的序号。序号发生器采用数据库的序列号来确保序号唯一。

(7)系统工具

系统工具主要提供一些常用的工具类，包括字符串工具、数学函数、日期时间函数等功能。

(8)邮件服务

邮件服务提供标准的生成邮件及发送邮件的功能。

(9)时间管理

时间管理是对需要按时间自动调度执行的任务进行管理。

可以按照预先设定的时间单位和频度对任务进行自动调度。

可以对任务执行情况进行监控，决定任务开始接受调度的时间、结束调度的时间以及即时开始任务的调度。

(10)权限管理

用户权限管理是非常重要且使用频繁的一个功能，提供方便灵活的权限配置功能，可以为系统管理员带来极大的便利。系统的权限体系应能够适应不同范围内道路客运要求的组织机构设置，适应不同的管理模式，同时系统维护可由各级系统管理员共同完成，必须支持维护权限的分级设置。

根据用户需求，统一权限管理平台仅做身份的统一认证，权限管理仍在原系统中实现，以后逐步实现统一管理。也就是说系统平台的用户权限由系统自己管理。

系统平台需要以下四个维度的权限控制：

①功能权限：可以进行哪些增加、删除、修改和查询操作等。

②数据权限：即用户所能操作数据的范围。通常情况下，是根据用户的角色和所属的部门来确定，例如本单位的数据，办公人员自己范围内的数据等。

③状态权限：指用户虽然有功能权限和数据权限，但是只是数据在某个状态时才有的权限。比如审核之前具有修改的权限，审核之后就只有浏览的权限。

④时间维度：即规定用户在一定的时间段内才具有上述权限。

其中，数据权限、状态权限和时间维度的权限属于业务逻辑的范畴，由应用内部按照用户的类型、岗位及业务对象的状态和当前时间来控制，不在安全平台统一管理之内。功能级权限，即“什么人可以做什么”，是由统一权限管理平台管理的。

3.8.2 Ajax 技术

由于道路客运联网售票系统中需交互的数据内容非常多，且范围十分广泛，如果采用传统网页技术，对于每个用户请求均需重新刷新页面，将造成非常庞大数据流量，对宝贵的网络资源造成很大程度的浪费，而采用 Ajax 技术能有效解决这一问题。Ajax 技术仅对需要刷新的局部数据进行局部更新，既节约了网络资源，又给用户带来更佳的网页体验。

Ajax 全称为“Asynchronous Javascript and XML”(异步 Javascript 和 XML)，是一种创建交互式网页应用的网页开发技术。它使用 XHTML＋CSS 来表示信息；使用 Javascript 操作 Document Object Model 进行动态显示及交互；使用 XML 和 XSLT 进行数据交换及相关操作；使用 XML Http Request 对象与 Web 服务器进行异步数据交换；使用 Javascript 将所有的东西绑定在一起。

传统的 Web 应用允许用户填写表单(Form)，当提交表单时就向 Web 服务器发送一个请求。服务器接收并处理传来的表单，然后返回一个新的网页。这个做法浪费了许多带宽，因为在前后两个页面中的大部分 HTML 代码往往是相同的。由于每次应用的交互都需要向服务器发送请求，应用的响应时间就依赖于服务器的响应时间。这导致用户界面的响应比本地应用慢得多。

与此不同，Ajax 应用可以仅向服务器发送并取回必需的数据，它使用 SOAP 或其他一些基于 XML 的 Web Service 接口，并在客户端采用 Javascript 处理来自服务器的响应。因为在服务器和浏览器之间交换的数据大量减少，因此可以看到响应更快的应用。同时很多的处理工作可以在发出请求的客户端机器上完成，所以 Web 服务器的处理时间也减少了。

使用 Ajax 的最大优点就是能在不刷新整个页面的前提下维护数据。这使得 Web 应用程序更为迅捷地响应用户交互，并避免了在网络上发送那些没有改变的信息。

Ajax 不需要任何浏览器插件，但需要用户允许 Javascript 在浏览器上执行。随着 Ajax 的成熟，一些简化 Ajax 使用方法的程序库也相继问世。同样，也出现了另一种辅助程序设计的技术，为那些不支持 Javascript 的用户提供替代功能。

3.8.3　集群

道路客运联网售票系统对全系统的运行状况要求很高，同时需要面对巨大的并发访问，主要体现在高峰期时的票务查询和预定上。虽然现在计算机技术已经大为发展，但单台计算机能够处理的能力还是极其有限，如何突破 CPU 计算瓶颈和硬盘读写瓶颈，是道路客运联网售票系统避免出现宕机及无法提供服务的关键所在，集群技术提供了一套完整的解决方案，可以在较小的预算下完成高效的计算，并突破上述 CPU 瓶颈和硬盘瓶颈的限制。

计算机集群简称“集群”，是一种计算机系统，它通过一组松散集成的计算机软件和/或硬件连接起来高度紧密地协作完成计算工作。在某种意义上，他们可以被看作是一台计算机。集群系统中的单个计算机通常称为节点，通过局域网连接，但也有其他的可能连接方式。集群计算机通常用来改进单个计算机的计算速度和/或可靠性。一般情况下集群计算机比单个计算机，比如工作站或超级计算机性能价格比要高得多。

集群分为同构与异构两种，它们的区别在于：组成集群系统的计算机之间的体系结构是否相同。集群计算机按功能和结构可以分成以下几类：

(1)高可用性集群[High-availability (HA) Clusters]。

(2)负载均衡集群(Load Balancing Clusters)。

(3)高性能计算集群[High-performance (HPC) Clusters]。

(4)网格计算(Grid Computing)。

负载均衡集群运行时一般通过一个或者多个前端负载均衡器将工作负载分发到后端的一组服务器上，从而达到整个系统的高性能和高可用性。这样的计算机集群有时也被称为服务器群(Server Farm)。

高性能计算集群采用将计算任务分配到集群的不同计算节点的方法，从而提高计算能力，因而主要应用在科学计算领域。比较流行的 HPC 采用 Linux 操作系统和其他一些免费软件来完成并行运算。这一集群配置通常被称为 Beowulf 集群。这类集群通常运行特定的程序，以发挥 HPC Clusters 的并行能力。这类程序一般应用特定的运行库，比如专为科学计算设计的 MPI 库。

HPC 集群特别适合于在计算中各计算节点之间发生大量数据通信的计算作业，比如一个节点的中间结果或影响到其他节点计算结果的情况。

网格计算或网格集群是一种与集群计算非常相关的技术。网格与传统集群的主要差别是网格是连接一组相关并不信任的计算机，它的运作更像一个计算公共设施而不是一个独立的计算机。此外，网格通常比集群支持更多不同类型的计算机集合。

网格计算是针对有许多独立作业的工作任务作优化，在计算过程中作业间无须共享数据。网格主要服务于管理在独立执行工作的计算机间的作业分配。资源如存储可以被所有结点共享，但作业的中间结果不会影响在其他网格结点上作业的进展。

3.8.4 ExtJS

ExtJS 是一个 Ajax 框架，是一个用 Javascript 编写的，用于在客户端创建丰富多彩的 Web 应用程序界面。ExtJS 可以用来开发 RIA（即富客户端）体验的 Ajax 应用，是一个与后台技术无关的前端 Ajax 框架。因此，可以把 ExtJS 用在. NET、Java、PHP 等各种开发语言开发的应用中。ExtJS 类桌面 Web 界面如图 3-100 所示。

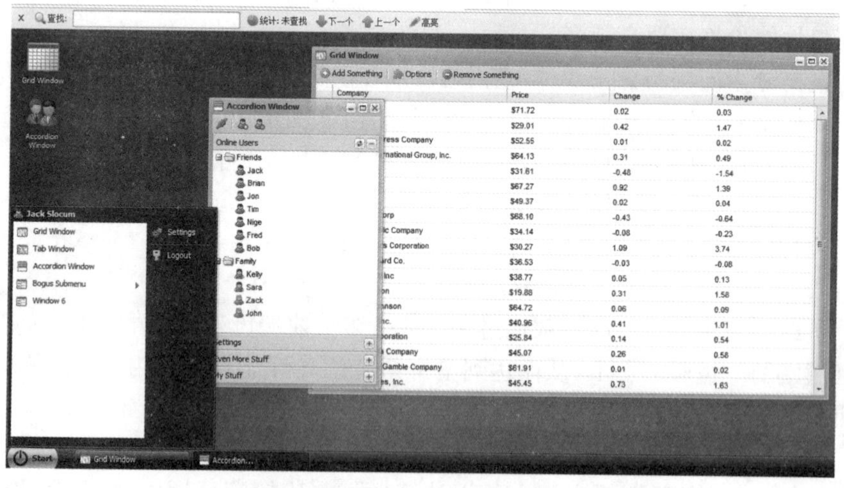

图 3-100 ExtJS 类桌面 Web 界面

3.8.5　单点登录

单点登录(Single Sign On)，简称为 SSO，是目前比较流行的企业业务整合的解决方案之一。SSO 的作用是在多个应用系统中，用户只需要登录一次就可以访问所有相互信任的应用系统。

随着信息化的发展，道路客运管理部门及各客运企业都加强了自身信息化建设，都建立了较多的业务支持系统为其提供相应的管理和 IT 服务。例如站务管理系统为客运企业提供了站务、票务服务；财务系统为财务人员提供财务的管理、计算和报表服务；运政管理信息系统为运输管理部门对行业管理提供服务等。这些系统的目的都是让计算机来进行复杂繁琐的计算工作，来替代人力的手工劳动，提高工作效率和质量。这些不同的系统往往是在不同的时期建设起来的，运行在不同的平台上；也许是由不同厂商开发，使用了各种不同的技术和标准。每一个应用系统在运行了数年以后，都会成为不可替换的企业 IT 架构的一部分。

随着业务的不断发展，系统的数量在不断地增加，老的系统却不能轻易地替换，这会带来很多的开销。其一是管理上的开销，需要维护的系统越来越多。很多系统的数据是相互冗余和重复的，数据的不一致性会给管理工作带来很大的压力。同时各平台都独立运作，形成了信息孤岛，为企业管理和行业管理带来极大的不便。单点登录系统的建设，将积极解决重复建设、信息孤岛、重复登录等方面的问题。

为了降低管理的消耗，最大限度地重用已有投资的系统，在数据存储层面进行“数据大集中”，在传输层面上的“通用数据交换平台”，在应用层面上的“业务流程整合”和用户界面上的“通用企业门户”等。事实上，还用一个层面上的集成变得越来越重要，那就是“身份认证”的整合，也就是“单点登录”。

通常来说，每个单独的系统都会有自己的安全体系和身份认证系统。整合以前，进入每个系统都需要进行登录，这样的局面不仅给管理带来了很大的困难，在安全方面也埋下了重大的隐患。下面是一些著名的调查公司显示的统计数据：

(1)每个用户每天平均花费 16min 用于身份验证(资料来源：IDS)。

(2)经常使用网络的 IT 用户平均有 21 个密码(资料来源：NTA Monitor Password Survey)。

(3)49%的人记录下了密码，而 67%的人很少更改密码。

(4)每 79s 出现一起身份被窃事件(资料来源：National Small Business

Travel Assoc)。

(5)全球欺骗损失每年约 120 亿美元(资料来源:Comm Fraud Control Assoc)。

使用“单点登录”整合后,只需要登录一次就可以进入多个系统,而不需要重新登录,这不仅带来了更好的用户体验,更重要的是降低了安全的风险和管理的消耗。使用“单点登录”可进一步提高工作效率,具体如下:

(1)提高 IT 效率:对于拥有 1000 个受管用户,每用户可节省 7 万美元。

(2)帮助台呼叫减少至少 1/3,对于拥有 10000 员工的公司,每年可以节省每用户 75 美元,或者合计 648000 美元。

(3)生产力提高:每个新员工可节省 1000 美元,每个老员工可节省 350 美元(资料来源:Giga)。

(4)ROI 回报:7.5~13 个月(资料来源:Gartner)。

另外,使用“单点登录”还是 SOA 时代的需求之一。在面向服务的架构中,服务和服务之间、程序和程序之间的通信大量存在,服务之间的安全认证是 SOA 应用的难点之一,因此建立“单点登录”的系统体系能够大大简化 SOA 的安全问题,提高服务之间的合作效率。

要实现 SSO,需要以下主要的功能:

(1)所有应用系统共享一个身份认证系统。

(2)统一的认证系统是 SSO 的前提之一。认证系统的主要功能是将用户的登录信息和用户信息库相比较,对用户进行登录认证;认证成功后,认证系统应该生成统一的认证标志(Ticket),返还给用户。另外,认证系统还应该对 Ticket 进行校验,判断其有效性。

(3)所有应用系统能够识别和提取 Ticket 信息。

(4)要实现 SSO 的功能,让用户只登录一次,就必须让应用系统能够识别已经登录过的用户。应用系统应该能对 Ticket 进行识别和提取,通过与认证系统的通信,能自动判断当前用户是否登录过,从而完成单点登录的功能。

我们将在道路客运联网售票系统内实现单点登录,即用户只需要登录统一权限管理平台,然后再直接进入其他系统,比如:道路客运联网售票业务管理系统、道路客运联网售票清分结算系统、道路客运信息监管与决策辅助系统等。

3.8.6 数字证书

道路客运联网售票系统上将保存有用户的敏感信息,包括用户基本资料、通信方式、身份证信息等,这些信息如果发生泄漏,将对很大范围内的用户群产生极其不良的影响。因此,采取足够安全的措施来保障道路客运联网售票系统的安全迫在眉睫,而数字证书提供了该项安全保密解决方案。

传统的身份认证方式是采用用户名/口令的方式。这种方式简便易行但是存在着诸多的隐患:首先口令在公开网络上以明文的方式传送容易被截获;其次一旦口令泄密,所有安全机制即失效;最后应用系统需要维护庞大的用户口令列表并负责口令保存的安全;同时该方式只是单向地由应用系统对客户的身份确定,而登录到应用系统的客户无法知道他们所登录的网站是否是可信的应用站点。

因此,对身份认证安全要求较高的应用系统必须考虑更安全且易于实施应用的身份认证解决手段。

由于数据交互发生在网络(如 Internet/Intranet)上,TCP/IP 协议的开放性造成在网络上的信息处于明文状态。这造成了非法用户能够很容易地将传输在客户端和服务端之间的信息、数据截获甚至篡改发送。因此,对于传输中包含敏感信息的应用系统必须考虑加强数据传输的保密性。

在安全设计中,服务方和用户之间的认证模式是采用基于数字证书的双向认证。

用户的唯一身份标识凭证是 CA 中心发放给用户的"数字证书",其作用类似于现实生活中的居民身份证。其中除了用户的公钥信息、用户的注册信息(如国籍、单位、通用名等),还有颁发该用户证书的 CA 签名信息。数字证书确保身份认证的安全可靠。只有服务方认定该用户为合法用户后,此用户才能够访问该应用系统。

同样,用户也能够根据服务器/设备证书来判断访问的应用系统/设备是否合法、真实。这样能够有效地防止虚假的、伪造的服务平台对用户的欺骗,能够保证用户的切身利益不受到损害。利用基于数字证书的身份认证机制替代用户名/口令简单认证方式,能够大大加强原有的认证强度。

用户登录并通过身份认证以后,用户和服务方之间在网络上传输的所有数据全部为加密传输,直到用户退出系统为止。每次连接所使用的会话加密密钥都是随机产生的,强度可以高达 128 位。这样,攻击者极难从网络上的数据流中得到任何有用的信息。

3.8.7 分布式缓存

道路客运联网售票系统的票务数据必须保持同各客运站站务管理系统中的票务数据一致,由于系统中的班次查询功能对班次信息的实时要求很高,不能每次查询时都到各个客运站轮番查询，那样会对整个系统和网络造成很大的压力，同时对客运企业的站务管理系统形成很大的压力。分布式缓存的引入，就是在系统中开辟一定的区域，用来存储这些班次信息，同时，使用定时任务对该缓存进行更新，以保持数据的一致性，这在性能和速度间做到了一个优化的平衡。

分布式缓存提供的数据内存缓存可以分布于大量单独的物理机器中。换句话说，分布式缓存所管理的机器实际上就是一个集群。它负责维护集群中成员列表的更新，并负责执行各种操作，比如说在集群成员发生故障时执行故障转移，以及在机器重新加入集群时执行故障恢复。道路客运联网售票系统分布式缓存中主要的成员是班次信息。

分布式缓存支持一些基本配置：重复（Replication）、分配（Partition）和分层（Tiering）。重复（Replication）用于提高缓存数据的可用性。在这种情况下，数据将重复缓存在分布式系统的多台成员机器上，这样只要有一个成员发生故障，其他成员便可以继续处理该数据的提供。另一方面，分配（Partition）是一种用于实现高可伸缩性的技巧。通过将数据分配存放在许多机器上，内存缓存的大小将随着机器的增加而呈线性增长。结合分配和重复这两种机制创建出的缓存可同时具备大容量和高可伸缩的特性。分层缓存也称作客户机—服务器（Client-Server）缓存，它是一种拓扑结构，在该结构中缓存功能将集中于一组机器上。缓存客户机通常不会亲自执行任何缓存操作，而是连接到缓存并检索或更新其中的数据。分层缓存架构可以包含多层结构。

（1）分布式缓存是高性能的，分布式的内存对象缓存系统，用于在动态应用中减少数据库负载，提升访问速度。

（2）分布式缓存将数据库负载大幅度降低，更好地分配资源，更快速访问。

分布式缓存的工作原理是通过在内存里维护一个统一的巨大的哈希（Hash）表，这个 Hash 表能够用来存储各种格式的数据，包括图像、视频、文件以及数据库检索的结果等。它的缓存是一种分布式的，也就是可以允许不同主机上的多个用户同时访问这个缓存系统，这种方法不仅解决了共享内存只能是单机的弊端，同时也解决了数据库检索的压力，最大的优点是提高了访问获取数据的速度。

通过在内存中开辟一块区域来维持一个大的 Hash 表以加快页面访问速度，Hash 表相对于数据库是独立的，但是目前 Hash 表主要用来缓存数据库的数据。允许多个 Server 通过网络形成一个大的 Hash，用户不必关心数据存放在哪儿，只调用相关接口就可。存放在内存的数据通过 LRU 算法进行淘汰出内存。同时可以通过删除和设置失效时间来淘汰存放在内存的数据，服务器端采用 slab 机制管理内存空间。

3.8.8 SOA 体系架构

为了保证道路客运联网售票系统与其他异构系统的无缝衔接和相互协调配合,道路客运联网售票系统需要有良好的集成技术的支持。

集成架构通过规定各子系统必须遵循的服务发布、服务查询、服务消费规范,来保证各子系统之间能够相互感知、相互服务,使新系统能够实现像 PC 机上硬件设备类似的"即插即用":新的子系统部署后能从已有应用系统获得服务,已有应用系统能够获得新的增强。

道路客运联网售票系统的应用架构是按照 SOA(Service-Oriented Architecture,基于服务的计算和面向服务的体系架构)规划的,因此天然具有对集成的良好支持;数据架构也对集成提供了相应的支持,但是有了支持并不等于集成就能自动实现,必须从"开发架构"、"运维架构"和"技术架构"三个方面,在管理和技术两个层次都有集成规范和服务,才能保证各子系统能够被合理地集成为一体。

首先,在管理上,新系统在开发时,必须能够获得现有的各种服务的详细描述,并且能够集成的测试这些服务。

其次,新系统在开发时,必须能够获得现有的标准业务信息,在增加新的业务信息时保证其内涵和外延的准确性,避免出现口径不一致的情况,这需要开发架构和运维架构在技术上的支持和管理上的监督。

第三,新系统在开发时,必须明确对外提供服务的形式,提供的服务必须遵循道路客运联网售票系统平台规定的服务规范。

1)SOA 的核心概念

SOA 与其说是一种技术,不如说是一种的思维方式。它是一项大胆的基础架构变革议程,表达我们如何通过技术和协同工作来实现文化变迁。它的突然普及不是大规模宣传的结果,而是对 SOA 作为一种使业务和 IT 系统更密切结合的演化的认知。这种演化是震撼的,必将为企业的成功带来深远的影响。

该体系结构用于在业务和 IT 之间构建中间地段,其中包含双方都同意的一组与业务一致的 IT 服务,这些服务结合在一起,以实现组织的业务流程和目标。此范例提供了前所未有的灵活性:它允许将业务流程的结构化组成从为流中每个活动提供功能的服务中分离出来,它还允许将业务实现与其描述分离开来。进行了此分离后,公司能以增量的方式更改其后端遗留系统,并添加新功能来支持新需求，而不用受到供应商选择的限制。因此，可以在最小化对业务流程和 IT 系统的影响的前提下，对软件包和自定义应用程序进行替换。

将访问功能从系统功能实现分离的下一步工作就是 SOA。而且，除了此功能方面外，我们还可以将非功能方面外部化。例如，我们可以根据建立的业务策略确定哪些人应该可以访问特定的功能。我们还可以定义如何管理希望以灵活的、可重构的方式访问的技术资源。

软件工程发展的下一步就是 SOA 体系结构。它使我们从结构化对象转向分布式对象和组件，然后以一组公共服务为中心，将业务和 IT 加以结合（这些服务结合在一起，可以实现组织的流程和目标）。

当需要支持业务灵活性的 IT 灵活性时，就可以使用 SOA。因此，对于两个程序需要进行通信并访问组合业务流程的行业应用程序而言，就非常适合选择 SOA。

使用 SOA 技术时，实时或被动系统通常不是进行实现的最佳选择，因为当前的技术不支持将 SOA 用于有大量并发使用情况的实时系统。不过，这些系统的建模也可以从 SOA 提供的分离和独立概念获益。

SOA 非常适用于消除冗余及将业务与未紧密耦合到特定服务实现的 IT 功能相结合。它可以允许服务使用者选择后备服务提供者（不仅基于功能进行选择，还可以基于设计及运行时策略和 Web 服务管理功能进行选择）。

企业体系结构基于 SOA 的公司具有稳定的基础，能从现有系统概念地抽象业务功能。它们还具有允许随着新软件包、系统和资产的提供和新需求的出现以增量的方式进行业务驱动的 IT 转换的基础。

（1）SOA 的定义

SOA，全称为“Service-Oriented Architecture”，是基于服务的计算和面向服务的体系架构。

SOA 是一种应用程序体系结构，在这种体系结构中，所有功能都被定义为独立的服务，这些服务带有定义明确的可调用接口，可以以定义好的顺序调用这些服务来形成业务流程。

图 3-101 和图 3-102 形象表述了“面向服务”的含义。

在 SOA 的架构中，服务是网络上可用的软件资源。服务提供者通过标准机制来提供服务，同时服务消费者通过网络“有计划”地消费服务。服务代理发布服务的所处位置，并且当消费者发出服务请求时对这些服务进行定位。消费者和提供者的角色并不是独占的；服务提供者也可以是消费者，反之亦然。

服务提供者在一个服务协定中用标准语言来描述它们的服务，并用服务代

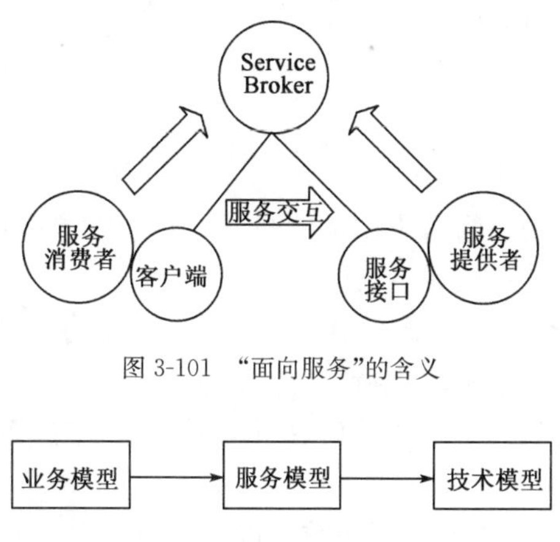

图 3-101　“面向服务”的含义

图 3-102　“面向服务”关系模型

理进行发布。客户查询他们所需服务的服务代理(或注册表),并在访问该服务时接收到协定和信息。然后客户或者消费者绑定该服务并直接调用该服务的提供者。

(2)SOA 的特征

SOA 的本质是一种技术理念,在这种理念下要求从技术角度提供灵活的系统以支持易变的业务,通俗而言就是支持“随需应变”。

SOA 也是一种体系结构,它不是任何诸如 Web 服务的特定技术的集合;而是位于特定技术之上,位于业务和技术之间的一种概念框架。业务上看，所有功能都被定义为独立的服务;技术上看,SOA 解决方案由可重用的服务组成,带有定义良好且符合标准的已发布接口。

单纯的三(N)层架构只是从技术层面很好地解决了应用可扩展性、应用灵活性的问题,但是,对于 IT 建设周期长、应用建设跟不上需求变化步伐、人机交互和应用交互能力不强等深层次问题,仍然没有得到很好的解决。

因此,面向业务流程和业务服务的 SOA 理念开始全方位渗透到企业或行业的 IT 应用中。

①在应用系统之上、之外来关注体系的整体架构,从战略角度来关注业务。

②SOA 把应用系统、子系统、模块看作一个整个体系中的一个服务提供节点,合理把握服务粒度,从根本上支持功能重用。

③立足于异构环境,应用系统可以采用不同的平台技术,通过服务契约的模式来规范异构环境中的交互。

④关注基础设施建设,如互联互通平台、对 XML Web Service 的支持、目录

体系、信息格式与流程标准。

⑤主动适应业务变化的需要和趋势。

(3)服务体系

①服务的理解与剖析。

“服务”可以定义为一组可重用的组件,而这些组件又可以用来构建新的应用程序或集成现有的软件资源,具体有以下特征:

业务一致性:服务并不基于IT功能,而是基于业务的需求。服务业务一致性由服务分析和设计技术提供支持。

规范:服务是自包含的,采用接口、操作、语义、动态行为、策略和服务质量进行描述。

可重用性:服务可重用性由服务粒度设计决策予以支持。

协议:服务协议是实体(即服务提供者和使用者)之间就相关事项达成的一致意见。这些协议基于服务规范,而不是实现。

承载和可发现性:随着生命周期的进展,将承载服务,并可以对其进行发现;这由服务元数据、注册中心和存储库提供支持。

聚合:松散耦合的服务聚合为企业内部或企业间的业务流程或组合应用程序。

②服务体系定义。

a. 服务的构成。

一个服务有两部分:“接口”和“实现”。“接口”定义了消费者和提供者之间的程序性的访问约定。“接口”必须含有该服务的身份、该服务的输入和输出数据的细节以及与该服务的功能和目标有关的元数据;“实现”含有该服务的功能性或业务性的逻辑。该实现对服务消费者来说是一个“黑箱”,消费者无须了解服务的功能实现。

b. 服务的粒度。

服务粒度是SOA中很重要的一个概念。服务的粒度在SOA中有两个相关的含义:即该服务是如何实现的,以及该服务要消费和返回多少数据信息量。

服务可以是细粒度、粗粒度或者组合式的。细粒度服务实现最小的功能,并发送和接收少量数据。粗粒度服务实现较大的业务功能,并交换较大量的数据。

细粒度服务可以很好地被粗粒度服务或者复合服务所使用,但不适宜直接被客户端应用程序所使用,这样会造成大量的网络交互,影响系统性能。

粗粒度服务也有不利方面,因为不能提供细粒度级的安全和访问控制。

因此,服务的粒度需要在应用系统框架范畴进行折中。

c. 服务的分类。

常用的SOA服务的类型有5种，它们分别是：

• 数据服务：允许统一访问不同的数据源。常用于数据层面的服务，还包括：对不同数据源数据类型（XML、非XML、二进制、文本、对象等）之间的转换、映射等内容。

• 业务服务：提供对打包应用程序服务的访问。常用于连接其他打包应用系统，提供对这些打包应用系统中数据的操作和访问，因此，通常位于"数据服务"的层次。

• 流程服务：提供复杂的服务，这些服务使用多个打包或定制应用程序的功能，来抽象业务逻辑，提供业务层次的服务。

• 组合服务：使用上述三种类型类创建一个新的服务。该服务既含有新的功能，也含有现有的功能。它同样常用于抽象业务逻辑，在业务层次提供服务。

• 基础架构服务：低级服务如消息日志记录，可重用于快速创建新的高级服务。

d. 服务的管理。

• 服务与相关资源的生命周期管理。

• 相关性管理。

• 策略的应用与管理。

• 安全性和运行时策略执行。

• 服务可用性。

• 服务供应。

③服务层次模型。

服务层次模型如图3-103所示。

2)引入SOA的意义

(1)规划视角的SOA

SOA体系是一种规划IT系统的方法论和架构思想，是从企业全局的角度审视与信息化相关的业务、信息、技术和应用间的相互作用关系，以及这种关系对企业业务流程和功能的影响。其主要体现在以下几个方面：

①SOA体系是建设企业信息化的蓝图。

企业信息化是一个系统工程，与建筑或制造工程不同的是，企业信息化的对象是"企业"，而不是一个建筑物或一个产品。在建筑工程或制造工程中，都会有一张建筑物或产品的设计图纸，它是搭起高楼大厦或生产出形形色色的产品的

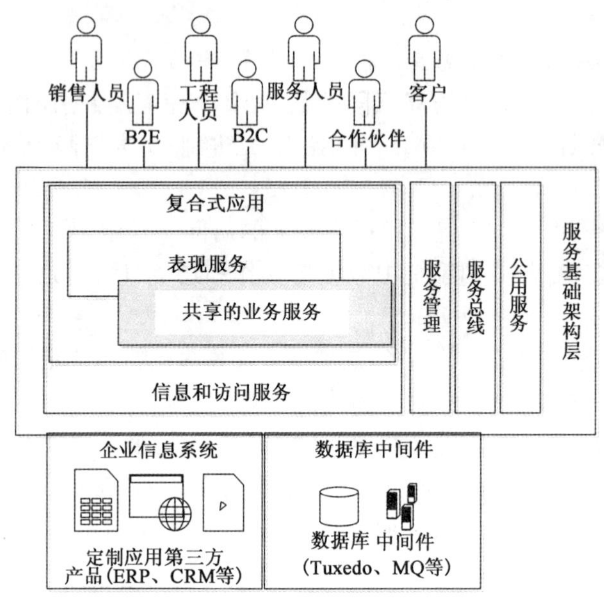

图 3-103　服务层次模型

基础。同样，在企业信息化这样的大工程中，也需要一张描绘企业在“信息化时代”运行的设计图纸，这就是 SOA 体系。SOA 体系能为企业描绘出一个未来企业信息化中业务、信息、应用和技术互动的蓝图。

②SOA 体系建立了沟通业务与信息技术间的桥梁。

在企业信息化建设中，业务部门与信息服务部门之间、业务主管与信息主管之间、业务与信息技术之间的鸿沟是实现信息化目标的最大障碍之一。彼此的信息不对称是形成这种差距的主要原因，一方面，信息技术人员可能无法了解业务的真实意图，另一方面，业务人员也体会不到信息技术的真正作用。SOA 体系能够搭起业务与信息技术沟通的桥梁，它在同一个平台上，用双方都能够理解的语言，描述出业务与信息技术之间的关联。

③SOA 体系是企业业务变革的方向盘。

企业信息化是一个渐进的过程，在信息化的过程中也伴随着企业战略、管理和业务变革的过程。SOA 体系所描绘出的蓝图容纳了各种业务与技术标准，它是企业 CIO(首席信息官)掌握信息化的方向、适应业务战略变革的方向盘。它也能从根本上解决企业信息化中遇到的信息孤岛、集成和互操作等问题。

SOA 体系是一个多视图的体系结构，它由业务架构、信息架构、应用架构和技术架构共同构成。SOA 体系结构如图 3-104 所示。

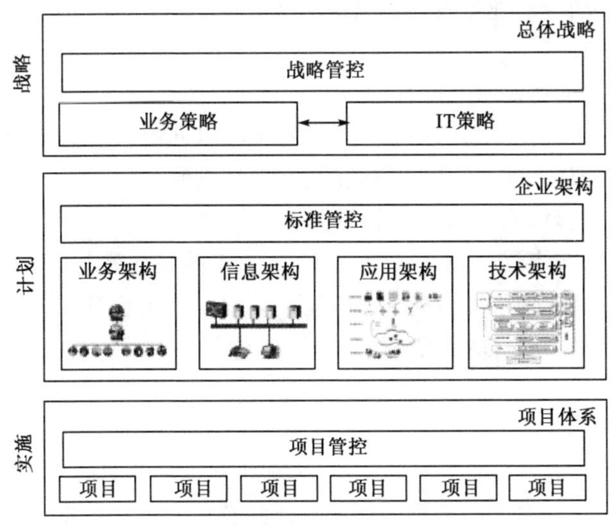

图 3-104　SOA 体系结构

①企业业务架构(EBA):贯彻企业业务战略。

企业业务架构描述了企业各业务之间相互作用的关系结构。企业的业务构架以企业的业务战略为顶点,以企业各主营业务为主线,以企业各辅助业务为支撑,以人流、物流、资金流、信息流等联络各业务线,构成贯彻企业业务战略的企业基本业务运作模式。

②企业信息架构(EIA):建立企业信息模型。

企业信息架构是将企业业务实体抽象成为信息对象,将企业的业务运作模式抽象成为信息对象的属性和方法,建立面向对象的企业信息模型。企业信息架构实现从业务模式向信息模型的转变、业务需求向信息功能的映射、企业基础数据向企业信息的抽象。

③企业应用架构(EAA):实现企业信息流动。

企业应用架构是以企业信息架构为基础,建立支撑企业业务运行的各个业务系统,通过应用系统的集成运行,实现企业信息自动化流动,代替手工的信息流动方式,提高企业业务的运作效率,降低运作的成本。

④企业技术架构(ETA):保障企业应用执行。

企业技术架构是实现企业应用架构的底层技术基础结构,通过软件平台技术、硬件技术、网络技术、信息安全技术间的相互作用支撑企业应用的运转。

(2)应用视角的 SOA

从 IT 应用和实施角度来看,SOA 的核心价值主要体现在三个方面,即标准化异构环境，主动应对业务变化以及提升 IT 管控能力，这也是目前信息化领域急需解决的问题。

①服务的标准化及可互操作性。

在 SOA 提出之前，应用系统或构件之间可以通过远程过程调用(RPC)、公用对象请求代理结构(CORBA)、分布式组件对象模型(DCOM)、企业 JavaBean(EJB)以及远程方法调用(RMI)进行通信。

在不同的标准协议之间，构件服务的互操作性和包装粒度存在着差异或阻碍。SOA 提出后，服务可被定义为函数、对象、应用程序或者其他。这使得 SOA 可适用于任何现有的系统，并且不强制要求这些系统符合任何特定级别的粒度。

②集成的便利性。

SOA 有助于系统移向一个封装和分层架构。通过把已有系统接口包装到一个服务层，从而将现有的系统和应用程序转换成灵活的服务。

SOA 不是去替代现有的架构，而是去打包应用程序、定制应用程序以及遗留系统的信息，而且也打包来自 IT 基础架构的功能和数据。基于 SOA 的应用程序的创建速度很快，这是因为它们可以很便捷地添加来自这些基础架构服务的功能。

③业务流程获得关注，利于业务的持续改进。

SOA 可让企业在其应用程序的开发过程中集中精力于业务流程，而不是去关注有关集成或应用程序技术实现的底层问题，能够与业务在战略层面实现有机的互动。

④提升 IT 资产的可管理性与可见性。

SOA 通过定义标准的互操作环境，能够从全局的角度进行服务、流程以及信息等各类 IT 资源的统一生命周期管理。

3)SOA 架构

道路客运联网售票系统采用 SOA(服务导向架构)体系架构设计，使用基于构件的方式进行开发，设计和开发应符合 SOA 规范要求。

面向服务架构(SOA)是软件工程方法的重要发展，也是软件产业形态由产品转向服务的里程碑性技术基础。SOA 是一种新的应用架构模型，它以服务驱动为核心理念，按需连接系统资源，通过将应用中的零散功能整理包装为具有互操作性的标准服务，实现服务的快速组合和重用，保证应用敏捷性与扩展性，满足客运业务发展需要。

与传统架构相比，SOA规定了资源间更为灵活的松散耦合关系，利用开放标准的支持，采用服务作为应用集成的基本手段，不仅可以实现资源的重复使用和整合，而且能够跨越各种硬件平台和软件平台的开放标准，实现不同资源和应用的互联互通。在SOA架构中，各类业务应用均通过服务包装方式，将资源转变为可复用的信息资产，然后将这些服务按照业务要求，部署、运行在统一的架构中，并支持向其他应用系统或其他成员提供服务。

第 4 章　数据资源设计

4.1　数据总体架构

道路客运联网售票系统以道路客运基础数据作为基础，融合各客运站的联网售票业务数据，实现道路客运行业的联网售票，以及行业管理部门的综合监管与统计分析。所涉及的数据范围广、数据量大，各个应用系统在数据的需求上既有为满足本系统功能的个性数据，也有一部分共用数据，按照不同数据属性和应用可将道路客运联网售票系统的数据库分为基础数据库、业务数据库、主题数据库和共享数据库。

数据总体架构如图 4-1 所示。

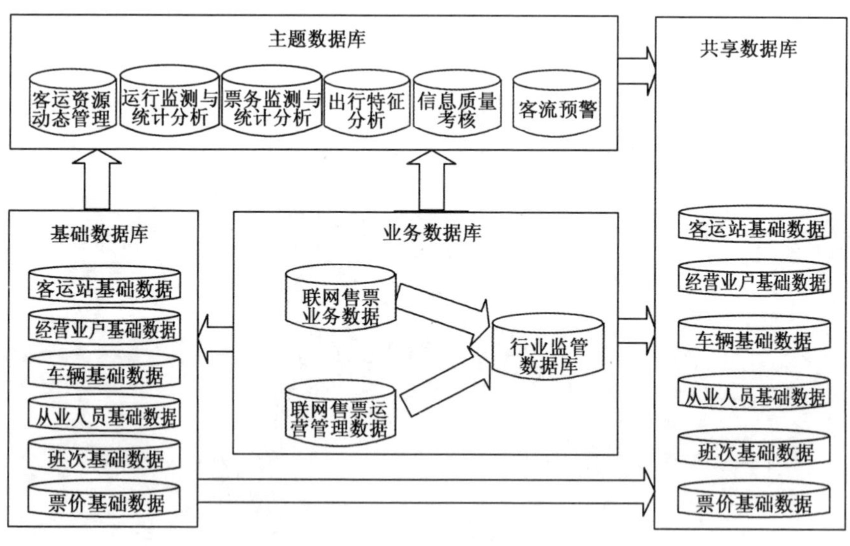

图 4-1　数据总体架构图

4.2　数据需求

根据道路客运联网售票系统建设方案，分析支撑业务应用的数据需求，确定各业务应用所需数据资源主要内容，如表 4-1 所示。

数据需求内容表　　表 4-1

序号	业务应用	数据内容需求
1	客运站站务管理	客运企业信息、客运车辆信息、驾驶员信息、售票员信息、客运站信息、站点信息、运行线路信息、线路途经站点信息、班次基础信息、班次途经站点信息、区域信息、班次计划信息、车辆座位信息、检票、班次发班信息、班次发班明细信息、车辆地理位置信息、发班驾驶员信息、班次承运信息、班次停靠站信息、班次运价信息
2	联网售票业务管理	(1)票务类数据：客运企业信息、客运站信息、站点信息、运行线路信息、票价信息、区域信息、票额信息、售票信息、存根信息、支付日志信息、班次运价信息、站外售票、退票、废票、销票、对总账、对明细账； (2)站务类数据：客运企业信息、客运车辆信息、驾驶员信息、售票员信息、客运站信息、站点信息、运行线路信息、线路途经站点信息、班次基础信息、班次途经站点信息、区域信息、班次计划信息、车辆座位信息、检票、班次发班信息、班次发班明细信息、车辆地理位置信息、发班驾驶员信息、班次承运信息、班次停靠站信息、班次运价信息； (3)票证管理：包括票据入库、出库、领用、退领和作废信息，票据票号长度、入库人、入库数量、入库日期、领用人、领用时间、经办人、领用张数、退领人、退领张数、退领时间、作废人、作废张数、作废时间； (4)渠道管理：运行线路信息、班次基础信息、票价信息、班次计划信息、售票信息、班次发班信息、存根信息、支付日志信息、班次运价信息、售票查询、站外售票、对总账、对明细账
3	联网售票清分结算	客运企业信息、客运站信息、站点信息、运行线路信息、票价信息、区域信息、票额信息、售票信息、存根信息、支付日志信息、班次运价信息、站外售票、退票、废票、销票、对总账、对明细账
4	联网售票服务	运行线路信息、班次基础信息、票价信息、班次计划信息、售票信息、班次发班信息、存根信息、支付日志信息、班次运价信息、售票查询、站外售票、对总账、对明细账、乘车人姓名、乘车人证件类型、乘车人证件号码、乘车人电话

续上表

序号	业务应用	数据内容需求
5	信息监管与决策辅助	客运企业信息、客运车辆信息、驾驶员信息、售票员信息、客运站信息、站点信息、运行线路信息、线路途经站点信息、班次基础信息、班次途经站点信息、票价信息、区域信息、班次计划信息、车辆座位信息、票额信息、加班票额、减班票额、票额合并、售票信息、检票、退票存根信息、改签存根信息、销票存根、班次发班信息、班次发班明细信息、存根信息、支付日志信息、席位库信息、车辆安检信息、发班驾驶员信息、班次承运信息、班次停靠站信息、班次运价信息、线路客流密度、班线实载率、上座率、准点率、车票预售情况、客流密度、线路营收、对总账、对明细账
6	小件快运	客运企业信息、客运站信息、站点信息、运行线路信息、线路途经站点信息、班次基础信息、班次途经站点信息、班次计划信息、区域信息、行包信息、班次运价信息、支付日志信息、对总账、对明细账

4.3 数据采集与整合

4.3.1 数据采集原则

1)数据质量方面

对与道路客运联网售票系统有关的现有业务系统数据质量进行调查，及时发现相关系统数据的不规范、不准确、不完整等质量问题，及时与相关单位沟通、协商，有针对性地提出解决方案和保障措施。

2)数据采集方面

道路客运联网售票系统所采集的数据尽可能来自各客运站站务管理系统，数据的采集、交换、共享应不破坏、不影响现有系统正常运行，并本着一次录入多次复用的原则进行相关数据采集。

3)数据标准和规范方面

道路客运联网售票系统的各类数据均应遵循相关数据标准和规范进行组织和使用，避免产生新的信息孤岛，同时本系统的建设也要考虑为其他正建和待建的信息系统提供数据服务。

4)安全性和经济性方面

道路客运联网售票系统不仅需要考虑采集过程中对现有系统的安全性问题,还需要考虑数据在传输、使用过程中的安全性问题。此外,在数据采集、交换、共享过程中最大可能利用现有的资源和条件,避免投资浪费。

4.3.2　数据采集流程

数据采集流程如图4-2所示。

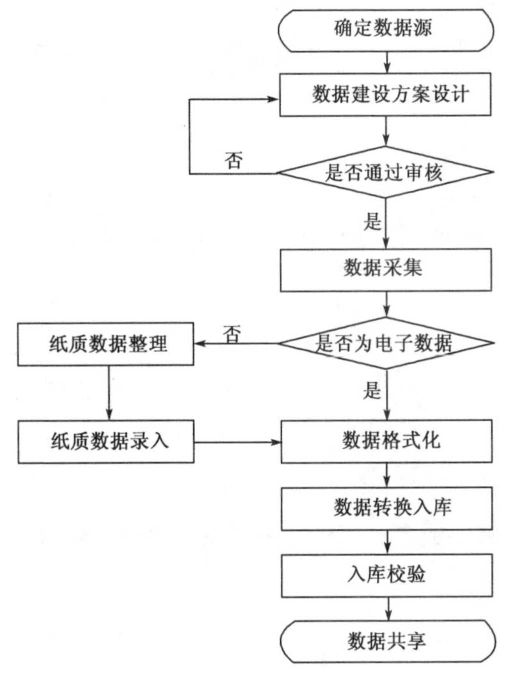

图4-2　数据采集流程图

1)确定数据源

对各业务系统和数据资源进行梳理(含电子数据和纸质资料),确定道路客运联网售票系统需要采集的数据源。

2)数据建设方案设计

根据数据源情况设计数据建设的成套解决方案,包括确定采集的数据内容、采集方式、数据整理、数据录入、数据格式化、数据转换和入库核验等方案。

3)审核

由相关部门审定数据建设方案,重点对系统采集数据内容的有效性、完整性、准确性和可行性进行校验审核。

4)数据采集

按照设计的数据建设方案,由规定部门、规定人员,在规定时间内对规定内容进行采集。

5)纸质数据整理

当数据资源为纸质资料时,按照道路客运联网售票系统的数据要求,对纸质数据进行录入前的数据整理,确定数据录入范围、内容、历史口径、统计口径等工作。

6)纸质数据录入

按照整理好的纸质数据,依据联网售票相关标准、要求确定录入数据要求,由专门人员进行数据录入。

7)数据格式化

对录入的数据或采集的电子数据,按照道路客运联网售票系统数据转换的要求,由规定的部门、规定人员,按照要求进行分类、标准化、格式化。

8)数据转换入库

开发数据转换程序或者利用已有的转换程序,将格式化后的数据转换入库。

9)入库校验

对入库的数据进行有效性、完整性、准确性校验,保证入库数据的标准、规范。

4.3.3 数据内容及来源分析

根据道路客运联网售票系统数据资源需求,对现已存在的数据资源进行分析,确定其数据资源的来源、采集方式以及采集频率,见表 4-2。

数据采集及来源分析一览表 表 4-2

序号	数据分类	数据内容及规模	数据来源	格式	采集方式及要求	更新频率
1	客运站基本信息	客运站设备、设施基本信息	客运站	纸质及电子文档	人工录入	信息变化即更新

续上表

序号	数据分类	数据内容及规模	数据来源	格式	采集方式及要求	更新频率
1	客运站基本信息	客运站革沿、空间布局和投资信息	客运站	纸质及电子文档	人工录入	信息变化即更新
		客运站管理机构及人员信息	客运站	纸质及电子文档	人工录入	信息变化即更新
2	行业管理信息	从业人员信息，包括驾驶员、乘务员的基本信息和从业资格信息	运管机构（运政系统）	数据库	数据交换	信息变化即更新
		经营业务信息，包括车属单位基本信息和营运证信息	运管机构（运政系统）	数据库	数据交换	信息变化即更新
		营运车辆信息，包括车辆基本信息、车辆技术等级信息、道路运输证信息	运管机构（运政系统）	数据库	数据交换	信息变化即更新
		客运班线信息，包括班线里程、途经站点信息	运管机构（运政系统）	数据库	数据交换	信息变化即更新
3	站务运营信息	基础数据信息，包括站点、线路、车型、班次、检票口、乘车位信息	客运站（站务系统）	数据库	数据交换	信息变化即更新
		票务信息，包括票价、执行班次计划信息	客运站（站务系统）	数据库	数据交换	信息变化即更新
		经营信息，包括调度、售票、退票、检票、结算单信息	客运站（站务系统）	数据库	数据交换	实时
		安全信息，包括车辆安检结果、车辆出站稽查信息	客运站（站务系统）	数据库	数据交换	实时
		行包信息	客运站（站务系统）	数据库	数据交换	信息变化即更新

续上表

序号	数据分类	数据内容及规模	数据来源	格式	采集方式及要求	更新频率
4	票证信息	包括票据申请信息、领用信息、审核信息	运管机构(票据管理系统)	数据库	数据交换	信息变化即更新
5	其他运输方式信息	航班信息、列车车次信息、票价信息、公交线路信息	民航、铁路和公交相关系统	接口、网站及电子文档	接口、数据抓取、人工录入	信息变化即更新

4.3.4 数据整合方案

从数据采集可行性分析可看出,上述数据来源于多个系统,需进行数据整合;部分需经过原始数据换算或处理后才能形成道路客运联网售票系统所需数据内容。

数据整合主要是对道路客运联网售票系统采集的数据进行过滤、筛选等步骤的整理,剔除和调整不合理的数据,并且对数据的格式、长度、区间范围、完整性、一致性进行检查,确保数据质量改进,以实现对不同信息需求的数据抽取,适应联网售票业务的需求。

道路客运联网售票系统涉及的基础数据与业务数据主要为结构化数据,其数据资源整合结构如流程图 4-3 所示。

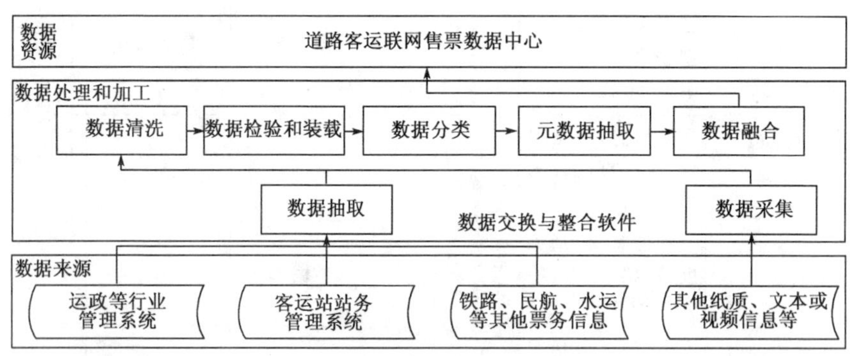

图 4-3　数据资源整合流程示意图

在联网售票数据中心中,由于同一应用数据有可能分布在不同的数据源中,在进行数据采集抽取时,为消除数据的不一致性,数据整合需要根据数据的真实性、有效性验证规则，对数据进行转换清洗。数据整合包括：

1)消除同名异义和异名同义现象

例如：在业务系统中，性别有的用男/女来表示，有的用 1/2 来表示，意义是一样的，但进入整合平台前必须调整为一致。

2)一致性检查

当同一数据来源于不同的数据源时，需要对同一数据进行分析比较，只有审核一致后才能进入数据中心或前置机，从而达到系统的一致性。

3)冗余数据删除

冗余数据删除是指将重复出现的同值数据除去。例如，在系统中，如果将 15 位身份证号转成 18 位身份证号后，发现与其他的 18 位身份证记录重复，而且在其他关键数据域也记录一致的话，应进行消除冗余工作。

4)数据归并

当某一主题的数据需要由不同的系统组合形成时，需要数据交换与整合软件按照关键项进行合并，如：车辆的车牌号，对组合后的数据统一整合到数据中心。

通过整合道路客运联网售票系统数据资源，形成联网售票数据中心基础性和战略性的一数一源基础数据资源，一方面为已有及新建的信息系统提供基础数据服务，另一方面以此为基础，打破系统分割、信息孤岛的现状，为道路客运行业数据资源发挥规模效益提供支撑。

4.4　数据库建设

4.4.1　数据库总体架构

通过道路客运联网售票系统的建设，将初步建成联网售票数据中心的基本框架，为道路客运行业信息化发展提供基础的数据资源平台。

根据各项应用所需数据资源的属性和应用数据库群使用要求，并按照相关技术要求，确定本工程将建设四大类数据库，包括基础数据库、业务数据库、主题数据库、共享数据库。道路客运联网售票系统数据库设计如图 4-4 所示。

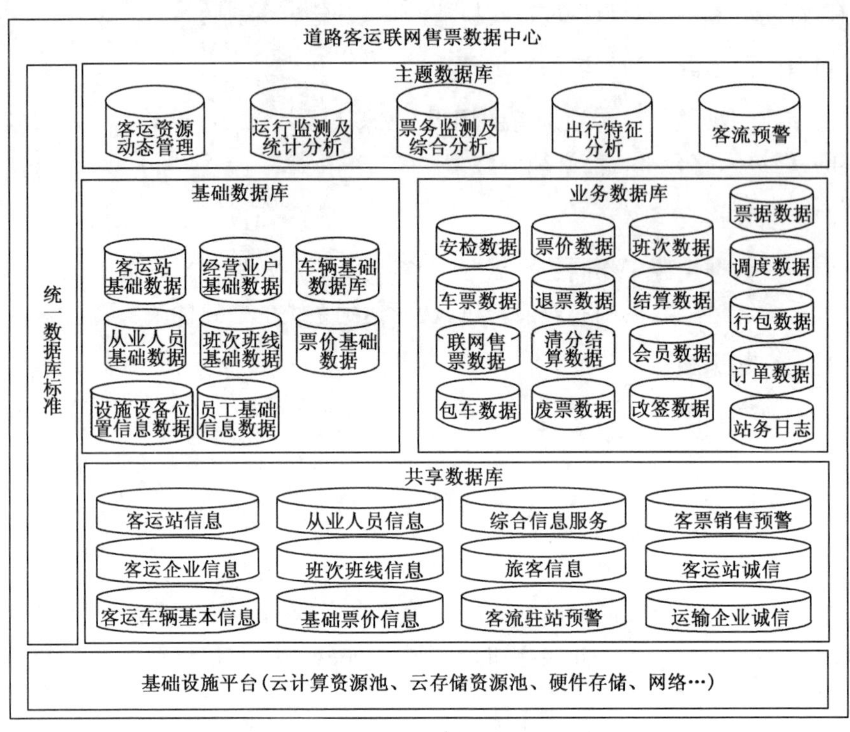

图 4-4　道路客运联网售票系统数据库设计

4.4.2 基础数据库

基础数据库包括具有全局性、基础性特征或者更新频度小、基本没有变动的数据，根据数据内容和数据源分析，基础数据库主要内容如表 4-3 所示。

基础数据库数据集及组成项　　表 4-3

序号	数据集	说明
1	客运站信息	包括客运站代码、客运站名称、地址、邮政编码、法人代表、联系电话、客运站性质、客运站级别、现有人数、站务人员数、站舍建成时间、占地面积、建筑面积、停车场面积、站舍建筑面积、候车厅面积、售票厅面积等信息
2	运输业户信息	包括企业编号、企业名称、负责人姓名、经济类型、电话号码、客运企业大类、客运企业小类、业户资质、信用等级、企业所在行政区划等信息
3	车辆基本信息	包括车牌号码、车辆类型、品牌型号、核定载客、客车等级、技术等级、所属业户编号、道路运输证字、道路运输证号等信息

续上表

序号	数 据 集	说　　明
4	从业人员信息	包括从业资格证号、所属业户编号、姓名、性别、身份证号、驾驶证号、服务大类、服务细类、从业状态、技术登记、从业资格有效期等信息
5	班次班线信息	包括起点站、到达站、线路名称、助记码、道路级别、区域类别、线路等级、线路类型、高速里程、总里程、方向、途经站点等信息
6	票价信息	包括班次、票价、到站代码、乘车站代码、到站名、车站名等信息
7	设施设备位置信息	包括站内售票点、服务电话、触摸屏、饮水机等名称、位置、类型、购买日期等信息
8	员工信息	包括姓名、性别、出生日期、民族、学历、联系地址、联系电话、档案编号、备注、照片等信息

4.4.3　业务数据库

业务数据库主要包括道路客运联网售票主要业务系统的数据库，这些数据是在日常经营过程中产生的信息，该类信息变化比较频繁。业务数据库主要内容如表 4-4 所示。

业务数据库数据集及组成项　　表 4-4

序号	数 据 集	说　　明
1	安检信息	包括车属单位、车牌号码、厂牌、座位数、安检日期、安检情况等信息
2	班次信息	包括所属车站、所属线路、班次编码、运营类别(单营、共营)、运行区域、营运方式、班次类型、途经站点信息、班次计划座位数、日期、承运车辆、发车时间、检票口信息、已售数、总座数、余座数等信息
3	票价信息	包括起点站、到达站、票价类型(平时/节日)、节日名称、全票票价、半票票价、学生票价、上限价、下限价等信息
4	调度信息	包括调度车站、发车日期、班次、线路、计划车辆、售票状态、检票状态、班次状态、到站、发班状态(已发班、未发班)、报到状态(已报到、未报到)、经营单位、班次类型(正班/加班)、调度类型等信息
5	包车信息	包括企业名称、包车客运起始地名称、包车客运终到地名称、车牌号码、道路运输证号、驾驶员从业资格证号、本运次人数、有效期自、有效期至、主要途经地、企业签发人、标志牌顺序号等信息
6	车票信息	包括车票号、班次、日期、座号、票种、票价、发车时间、补票费、站务费、状态标识(退、废、检)、售票员、异地售票标识、换票证标识、到站代码、乘车站代码、到站名、售票时间、里程、保险费等信息

续上表

序号	数 据 集	说 明
7	废票信息	包括车票号、班次、日期、座号、票种、票价、发车时间、补票费、站务费、售票员、废票时间、废票员等信息
8	退票信息	包括车票号、班次、日期、座号、票种、票价、发车时间、补票费、站务费、售票员、退票时间、退票员等信息
9	改签信息	包括车票号、原班次、原日期、原座号、原发车时间、票种、票价、站务费、售票员、改乘时间、班次、日期、座号、发车时间、改乘操作等信息
10	行包信息	包括行包票号、车票号、班次、日期、发车时间、到站、件数、运费、装卸费、手续费、合计金额、计费重量、实际重量、托运人、托运人地址、收件人、收件人地址、售票员、行包员、票据状态等信息
11	结算信息	包括结算单编号、日期、班次、终到站、发车时间、车牌号、结算代码、车主单位、司机姓名、行包笔数、行包件数、检票张数、客票票款、客票保险费、客运附加费、结算票款、行包运费、结算行包款、合计金额、打印标志、罚款金额、结算操作员、客票代理费、行包代理费、掉班罚款等信息
12	站务日志信息	包括客运站代码、客运站名称、正常班次、加开班次、停运班次、迟到、正点车数、晚点车数、早退、售票张数、售票收入、退票数、废票数、人办行包、机办行包、行包收入、差损件数、检票人次、错检、漏检、错乘、漏乘、小件寄存件数、小件收入、小件差错、赔偿金额、职工总数、出勤人数、病假、事假、探亲假、旷工、表扬意见、表扬信、表扬来访、表扬处理、批评意见、批评信、批评来访、批评处理、建议意见、建议信、建议来访、建议处理、站长、天气等信息
13	票据信息	包括票据入库、出库、领用、退领和作废信息，包括票据票号长度、入库人、入库数量、入库日期、领用人、领用时间、经办人、领用张数、退领人、退领张数、退领时间、作废人、作废张数、作废时间等信息
14	联网售票信息	包括售票机构、票源机构、车票号、班次、日期、座号、票种、票价、发车时间、补票费、站务费、状态标志（退、废、检）、售票员、异地售票标志、换票证标志、到站代码、乘车站代码、到站名、售票时间、里程、保险费、购票人姓名、身份证件号、手机号等信息
15	清分结算信息	包括售票机构、票源机构、售票金额、退票金额、售票方售票手续费、售票方退票手续费、票源方售票手续费、票源方退票手续费、结算时间、结算操作人等信息
16	订单信息	包括订单编号、日期、班次、终到站、发车时间、会员号、订单状态等信息
17	会员信息	包括会员姓名、出生日期、身份证件号、手机号、性别、地址、账号等信息

4.4.4　主题数据库

主题数据库来源于道路客运联网售票系统基础数据库和业务数据库，采用面向主题的方法，对原始数据进行清洗、抽取、转换、加载，形成针对主题的综合数据支持库，主要用于综合分析和辅助决策等综合性应用。主题数据库主要内容如表 4-5 所示。

主题数据库数据集及组成项　　表 4-5

<table>
<tr><th>序号</th><th colspan="2">数　据　集</th><th>说　　明</th></tr>
<tr><td rowspan="2">1</td><td rowspan="2">客运资源动态管理</td><td>动态班次管理</td><td>班次运行管理：停班、加班、复班、临时线路等统计信息，包括所属营运线路、所属公司、变更原因等</td></tr>
<tr><td>动态票价管理</td><td>动态票价管理：票价变动上限、票价变动下限、调价原因、调价期限</td></tr>
<tr><td rowspan="2">2</td><td rowspan="2">运行监测及统计分析</td><td>客运站监测与统计分析</td><td>发班统计信息、待发班统计信息、客运站乘客发送量、日均发送量、分方向乘客发送量、分线路乘客发送量、分时段乘客发送量、乘客滞站数量、实时运力、备援车辆计划</td></tr>
<tr><td>运输监测与统计分析</td><td>分时间段、分地区、分公司的客运车辆发班总数，班次脱班率，班次正点率，线路始发站座位利用率、线路实载率、平均客位数、线路平均日发送客运量，车辆客位利用率，线路客位利用率，里程客位利用率，分时间客位利用率，分车型的燃油消耗</td></tr>
<tr><td>3</td><td colspan="2">票务监测及综合分析</td><td>实时客票销售总量、站内售票量、自助机售票量、代售点售票量、网上售票量、手机应用售票量，网上、电话、手机客票查询量，退票分析、改签分析，线路售票统计、班次售票统计，不同方式售票占比，分里程售票方式占比及趋势，分班线售票占比及趋势，退票、未取票、未乘车统计，改乘统计，电子客票统计</td></tr>
<tr><td>4</td><td colspan="2">出行特征分析</td><td>日常出行客流分布、客流向、客流群体，节假日客流分布、客流向、周转量、实载率</td></tr>
<tr><td rowspan="2">5</td><td rowspan="2">客流预警</td><td>客流驻站预警</td><td>历史客流预警阈值，客流到达高峰预测值，客流驻站高峰预测值</td></tr>
<tr><td>客票销售预警</td><td>历史客票销售统计阈值，高峰班次、高峰线路、高峰售票预测值</td></tr>
</table>

4.4.5　共享数据库

共享数据是跨系统交换过程中形成的实时共享或批量交换数据。共享数据库主要内容如表 4-6 所示。

共享数据库数据集及组成项　　表 4-6

序号	数 据 集	说 明
1	客运站信息	包括客运站代码、客运站名称、地址、邮政编码、法人代表、联系电话、客运站性质、客运站级别、现有人数、站务人员数、站舍建成时间、占地面积、建筑面积、停车场面积、站舍建筑面积、候车厅面积、售票厅面积等信息
2	客运企业信息	包括企业编号、企业名称、负责人姓名、经济类型、电话号码、客运企业大类、客运企业小类、业户资质、信用等级、企业所在行政区划等信息
3	客运车辆基本信息	包括车辆的基本信息，包括车牌号码、车辆类型、品牌型号、核定载客、客车等级、技术等级、所属业户编号、道路运输证字、道路运输证号等信息
4	从业人员信息	包括从业资格证号、所属业户编号、姓名、性别、身份证号、驾驶证号、服务大类、服务细类、从业状态、技术登记、从业资格有效期等信息
5	班次班线信息	包括起点站、到达站、线路名称、助记码、公路级别、区域类别、线路等级、线路类型、高速里程、总里程、方向、途经站点等信息
6	基础票价信息	包括班次、票价、到站代码、乘车站代码、到站名、车站名等信息
7	综合信息服务	包括网站公告、行业信息、法律法规、购票指南、天气信息、车型信息、客运站信息、代理点信息等
8	乘客信息	包括购票乘客姓名、购票次数、购票起讫点信息、身份证信息等
9	客流驻站预警	包括历史客流预警阈值、客流到达高峰预测值、客流驻站高峰预测值等信息
10	客票销售预警	包括历史客票销售统计阈值、高峰班次、高峰线路、高峰售票预测值等信息
11	客运站诚信	包括客运站服务质量评价、结算履行评价等信息
12	客运企业诚信	包括运输服务质量评价、结算履行评价等信息

4.5 数据交换共享

道路客运信息交换共享平台从各级业务系统中抽取整合数据，建成道路客运基础性、战略性数据资源库，为道路客运联网售票系统各项应用提供数据支持，同时实现重点道路客运信息资源的集中管理；依据相关数据标准制定数据交换存储策略，调度、监控所有业务管理的信息流转，根据需要为各相关业务系统之间提供数据共享与交换。

4.5.1　交换共享要求

道路客运数据交换共享平台主要用于保证道路客运信息在各客运站、各级交通主管部门、行业相关机构间及时可靠交换，满足道路客运信息资源的共享要求。由于道路客运信息具有分布式特点，要进行透明的信息交换，要解决一系列技术问题，如信息的格式、信息的安全、信息的封装与解码、信息的语义统一解释等。归纳起来，在进行道路客运数据交换共享时，要解决以下问题：

1)信息交换的语义识别

数据格式、语法所描述的信息应该有效，各种系统在传递、读取、解析和使用文档中的信息时不会产生二义性。表达的内容、格式能满足行业管理部门各项业务的要求。

2)传输的要求

数据格式易于传输，能够实现各个应用系统之间的同步/异步信息交换。格式技术兼容各种网络系统和通信协议。

3)安全方面的要求

交换的数据文档需要基于应用系统之间约定的规则进行验证。要能建立数据格式、数据内容、网络传输等不同层面的安全防护机制。

4)非功能性要求

数据格式稳定性高，易于管理，有良好的可扩展性和可增长性。使用该格式可降低相关部门的运作成本或减少人力资源成本。

4.5.2　交换共享模型

数据交换和共享是通过网络进行的，而网络数据交换有国际公认的 OSI (Open System Interconnect)七层模型。但道路客运联网售票系统中数据交换只注重应用层、表示层，在这个模型中，应用系统之间按应用层协议进行通信，应用系统内部依靠接口提供服务。在网络中，为了保证应用系统能理解信息传输的要求，在传输者、接收者之间是以协议作为媒介。

在每个交换节点上，从 OSI 七层网络模型分析数据交换共享主要是解决应用层和表示层的内容。为了确保设计的交换共享平台稳定可靠，设计交换共享模型时，把表示层按功能划分为内容管理层、数据交换层。

1)内容管理层

内容管理层是指内容的表示(存储)、操作(传送)和授权管理等功能。一个标准数据交换和整合系统的任务可以分为两个方面，一个是对遗留业务系统(Legacy System)的数据进行整合，为交换和共享做准备；另一个是通过规范化的方式对业务系统提供统一的数据访问支持。这就要求标准数据交换与整合软件遵从统一的数据表示方式。

2)数据交换层

数据交换层的任务是完成不同数据交换结点之间的互操作，功能上应该包括数据的定位和数据包封装。数据的封装和解封与操作命令一样，是一个标准数据交换和整合系统的规范性的重要体现。所有在节点之间传送的数据，包括操作命令本身，都要按照规定的格式进行编排，这样才能保证数据交换节点之间的互操作性，以屏蔽底层的物理特性的多样性。

数据交换层须解决的问题包括：

(1)信息的统一封装，即信息的打包和信封的书写功能。

(2)统一编址，应支持一套统一的、简单易用、易扩展、易管理的地址编码体系。

(3)信息的可靠传输。

(4)传输的效率。

(5)可管理性，要对传输的过程进行全程监控，提供日志、审计、会话管理、传输优先级设定、流量负荷分析等。

4.5.3 交换共享方式

结合道路客运实际情况，道路客运数据交换共享平台采用集中与分布相结合的模式。其优点是一方面可通过多级部署的中心数据库实现数据交换，各类信息资源提供者或使用者通过访问中心数据库实现交换；另一方面可以直接访问或通过中心交换结点实现数据交换，即信息资源分布存储在各客运站站务管理系统数据库中，信息资源提供者和使用者通过交换结点提供的交换服务实现两者之间的数据定向传送。

4.5.4 交换共享平台逻辑架构

道路客运信息交换共享平台依托于道路运输信息专网基础设施和信息安全

保障体系，为跨部门、跨客运站之间道路客运信息资源交换与共享提供信息服务。提供的基本信息服务应包括：数据传输、数据适配、身份认证、访问控制、流程管理、数据抽取和装载、数据存取等服务，为上层各类跨部门应用提供公共的系统间信息传输和共享信息存取服务。

通过道路客运信息交换共享平台，在数据交换的源点和目标点之间建立源数据和目标数据之间的映射关系，通过清洗、抽取数据节点数据，并根据相应的数据转换规则，实现数据中心与各客运站及其他业务系统之间的自动数据交换和共享任务。

数据交换及各数据源之间的相互关系如图 4-5 所示。其中，部署于各客运站的站务管理系统的数据库可作为基础数据库的数据源，同时也根据自身需要，从基础数据库中提取其所需的数据，同时可以通过数据交换的方式，为综合应用数据库提供数据。

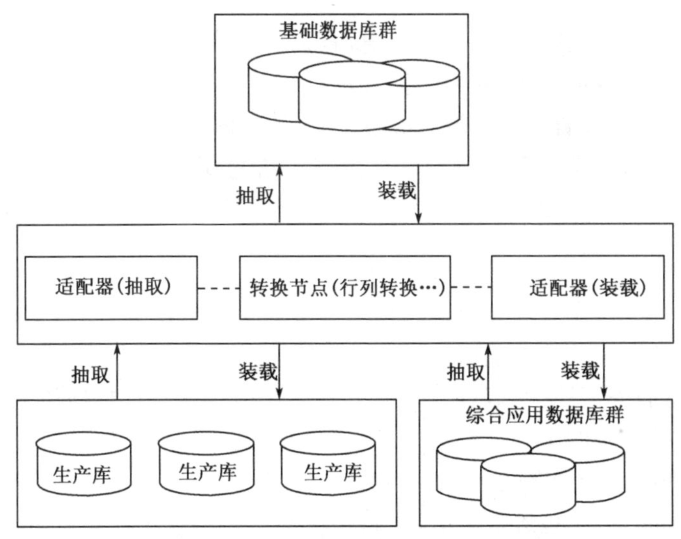

图 4-5　道路客运信息交换共享平台逻辑示意图

4.5.5　平台实现功能

道路客运信息交换共享平台的主要目是完成系统之间的数据交换，所以从功能上来说，平台包括数据交换节点管理(源数据库与目的数据库)、数据目录管理、交换任务支持、数据抽取和装载(包含抽取规则定义)、数据转换、交换任务设计和整合部署等模块。

1)数据交换节点管理

各交换节点(适配器)要接入道路客运信息交换共享平台需要首先进行注册。交换服务端实现下面功能:

(1)交换节点(适配器)管理

在交换服务端新建一个交换节点(适配器)信息,主要包括ID、验证账号/密码。新建适配器状态为“未注册”。

(2)交换节点(适配器)注册服务接口

交换服务需要提供一个注册接口供交换节点(适配器)安装后进行注册。该接口调用的结果是将交换节点(适配器)的状态改写为“注册成功”。交换节点(适配器)注册服务接口同时还需要提供登录名、密码的修改功能,以及注销功能。

2)数据目录管理

道路客运信息交换共享平台在进行数据整合交换过程中,应以数据规范为依据进行数据目录的管理,对应数据规范反映整合数据资源库或业务数据库的数据组织索引,为配置数据抽取、加载规则及转换映射规则提供依据。数据目录以树状结构对参与交换整合的全局数据对象进行层次化组织,可以划分为类、集、子集、表、字段几个组织层次。

3)交换服务支持

(1)路由支持:交换任务启动后在各数据节点间按次序执行,交换服务提供各目标节点的通信传输地址;各节点地址可以动态改变。

(2)消息服务:各交换节点之间可以进行直接的点对点数据传输,也可以通过交换服务端提供的中心消息服务进行数据传输,这样可以实现交换节点之间的松耦合,提高整个分布式系统的可靠性。消息服务可以支持各个交换节点的消息队列之间对消息包进行解析、存储和转发以及失败重发等后台调度控制功能,其作用类似交换机的交换背板。

(3)其他服务:如资源下载、各节点间信息共享等。

4)数据抽取和装载

道路客运信息交换共享平台通过数据交换节点实现源数据的抽取(包括清洗、过滤等)、转换、装载以及与底层的消息服务器进行通信的作用。数据交换节点安装后使用前需要首先向交换服务进行注册。

在部署模式上,通常一个参与交换的数据源可以部署一个数据交换节点(适配器)，这个数据交换节点(适配器)同时实现针对该数据源的抽取和装载工作，并且可以部署多个抽取任务和装载任务。

5)数据转换

由于业务系统的开发一般有一个较长的时间跨度，这就造成同一种数据在业务系统中可能会有多种完全不同的存储格式，甚至还有许多数据仓库分析中所要求的数据在业务系统中并不直接存在，而是需要根据某些公式对各部分数据进行计算才能得到。因此，这就要求转换工具必须对抽取到的数据能进行灵活的计算、合并、拆分等转换操作。因此，数据交换节点应具备多种强大实用的数据转换功能。

6)交换任务设计和整合部署

交换任务设计和整合部署内容主要包括：

(1)交换任务元描述：包括任务编号、类型、描述、版本号等。

(2)源表结构和目标表结构的引用，可以从表结构库中引用多个源表结构和一个目标表结构。

(3)针对一个或多个源表结构，定义好数据抽取步骤的规则，例如指定一个或关联两个以上数据库表，给出关联字段、过滤条件、抽取哪些字段以及相应的映射规则、增量抽取规则等信息。

(4)定义中间转换步骤的定义：选择系统支持的转换步骤类型，定义出多个转换步骤及其相关参数；连接好各步骤(包括抽取和装载)之间的前后顺序；具体有哪些转换规则类型见“转换步骤的功能类型列表”所述。

(5)针对一个目标表结构，定义好数据装载步骤的规则；这些信息可以引导交换节点(适配器)如何构造 sql 语句来装载数据。

(6)交换参数的定义：用于传递给交换节点(适配器)的参数。

(7)定义任务的触发模式：包括定时触发、手工触发、事件触发等。

(8)任务激活设置：此项交换任务是否启动。激活后，任务设置信息才能被允许下载到交换节点(适配器)端。

(9)交换任务整合部署：交换任务在设计好之后，还需要对其进行整合部署，指定该交换任务的参与各方，具体来说即需要指定交换任务中定义的每个步骤分别在哪个节点执行。

第5章　支撑系统设计

5.1　概述

应用支撑系统软件是各类应用软件运行的通用基础软件支撑平台，根据系统建设方案集成开发和运行管理要求，道路客运联网售票系统建设支撑系统软件主要包括：数据库管理系统、应用服务器中间件、数据交换平台、短信息平台、备份软件、服务器操作系统、虚拟化软件等。

(1)数据库管理系统是数据存储管理和使用的基础平台，保存道路客运联网售票系统所有数据，为各种应用系统的使用提供数据支撑。该软件部署在数据库服务器上，数据存储在磁盘阵列中。

(2)应用中间件部署在应用服务器上，用于支撑各项应用系统的运行，可选用商业软件或开源软件。

(3)数据交换平台软件用于实现客运信息交换，主要完成数据采集、处理、存储、共享等功能。该软件部署在数据交换服务器上，实现各类数据的实时或定时交换。

(4)短信息平台用于以服务封装的方式为系统提供短信发送服务，短信息平台包括系统短信和手机短信两种形式。

(5)备份软件用来定期对系统的数据进行备份，以及出现异常情况时，进行数据的恢复，该软件部署在备份服务器上。

(6)操作系统用于服务器及客户端上，用于提供各项底层支持以及安全保障。

(7)虚拟化软件能够高效地使用 IT 基础设施投资，充分利用各项硬件资源，以实现资源的集中监控、管理和维护。

5.2　应用支撑软件设计

5.2.1　概述

在进行应用支撑软件技术选型及设计时，应遵循以下原则：

1)按需选择、简单实用

应充分分析实际需求，以实用为主，避免“贪大求全”。

2)性能稳定、架构统一

应考虑选用稳定可靠的产品和技术；所选系统支撑软件应遵循国际通用标准和相关国家标准，并充分考虑现有系统支撑软件现状。

3)产品成熟、服务健全

应考虑选用稳定可靠的产品和技术；同时应保证系统支撑软件具有完善的技术支持服务队伍和行业成功的实施案例，选择成熟、可靠的产品。

4)体系开放、易于扩展

应考虑到工程的兼容性，充分利用已有的网络基础、业务系统和信息资源，使有限的资源发挥最大效益；应充分考虑信息化建设规划，从发展的角度考虑系统支撑软件的可扩展性。

5.2.2　数据库管理系统

数据库管理系统是整个平台的核心部分，关系到数据的可靠性、安全性、可移植性等一系列需求，需要具有高稳定、高吞吐量等特性。数据库管理系统应具有数据完整性控制机制，保障数据的一致性和完整性；具有多级数据安全保障功能，能对故障进行有效的管理、检测和恢复；具备良好的扩展能力，能灵活地适应业务需求的不断变化；技术先进、成熟、开放，能满足各种复杂的应用环境，符合当今技术发展的潮流，支持多种通用工作技术标准。道路客运联网售票系统的数据库建设中，将采用业界公认的主流大型商业对象关系型数据库产品，需要具有通用性和开放性。

数据库管理系统需满足以下要求：

(1)主流商业产品。

(2)功能要求。

①具备良好的可扩展性,支持基于共享存储的数据库集群。支持动态添加、删除节点,无须停机,无须重新划分数据。支持节点间自动的负载均衡和出错转移。

②负载均衡软件支持IBM、HP、DELL等主流厂商的硬件,支持Windows、Unix、Linux等主流操作系统平台,且在Unix、Linux以及Windows平台上都具备集群数据库成功案例。

③提供集群软件和集群存储管理软件,在实施集群数据库方案时,无须单独购买操作系统级的集群软件和集群文件(含共享卷)管理系统。

(3)一般要求。

①支持不同操作系统间具备良好的移植能力,在各种平台间具有单一代码库,不同操作系统下具有完全相同的功能。

②支持数据库、表大小等参数在线设置,支持在线重建索引。

③具备良好的容错能力、错误恢复能力、错误记录和预警能力。

④支持第三方软件和存储的数据库灾备功能或内置灾备功能。数据库内置的灾备功能支持对主数据库或备数据库采用集群配置模式。

⑤提供高效、易用的基于Web页面的管理工具,方便远程监控和管理维护。

⑥具备自动的数据存储管理功能:支持存储设备的动态增删,并自动实现数据分布和I/O负载均衡;支持以条带化方式存储以提高性能;存储内部支持数据自动镜像。

⑦支持混合负载情况下,多个用户操作同一条记录时,任何情况下读、写互不影响。

⑧支持存储过程、触发器。触发器支持语句执行前、执行后和可替换型三种方式。支持行级触发器。触发器的触发操作和事件包括DML、DDL、数据库启停、错误信息、登录/注销。

⑨支持超大规模的数据库设计和存储,单个数据库的容量支持E级(1E=1024P,1P=1024T,1T=1024G)。

⑩支持联机和脱机安全的备份与恢复、增量备份、支持表空间级备份技术。

5.2.3 服务器操作系统

服务器操作系统的选择需综合考虑服务器用途、部署系统采用开发框架、用户使用习惯等多重因素。出于操作系统安全性与稳定性要求考虑,建议运行道路客运联网售票系统的服务器或服务器集群统一采用Linux或Unix服务器操作系统。

5.2.4 统一权限管理平台

统一权限管理平台负责集中管理联网售票相关系统账号信息、账号使用应用系统时的认证策略等。该系统用于简化各管理部门多个应用系统账户管理难度，在提高系统应用层安全性的同时实现单点登录，方便用户使用系统。

统一权限管理平台，一方面对指定用户访问、指定系统权限进行统一管理和分配；另一方面当用户进行单点登录时，统一权限管理平台对系统进行权限的认证和授权，从而确定用户等级和使用权限。通过平台的统一管理配置，实现账号、认证、授权等管理功能的统一。

统一权限管理平台主要功能包括：

1)统一账号管理

(1)主账号管理

主账号管理负责对内部职工和外部工作人员的主账号及相关的身份信息、组织信息以及其他信息的增加、同步、修改、冻结、删除等管理和维护操作。主账号是在统一权限管理平台中创建的代表自然人的唯一标识。

(2)从账号管理

从账号管理支持从账号增加、同步、修改、冻结、删除等管理操作、从账号批量操作、孤立从账号、过期从账号的状态检测，提供对特殊账号(系统账号、程序账号)的密码修改策略的管理以及从账号密码的自动更新策略管理。

系统可以根据从账号所属资源的情况，设置不同的密码策略满足资源的需求，同时能够在资源满足的前提下，采用高安全度的密码策略，产生从账号的密码或对其进行检验。

(3)认证管理的方式

平台需要对被管资源的全部认证过程进行管理，主要包括：对用户在安全门户的认证过程中使用的强认证手段及认证策略进行定义；对关键资源认证级别进行定义；将认证策略发布至认证门户。

统一认证管理对账号认证支持基于用户名/静态密码的认证、基于短信随机认证、基于数字证书的认证。

针对不同用户身份和不同被管资源，统一认证管理可以设定不同的身份认证方式、用户在线时间和最大空操作时间。平台具备较强兼容性和可扩展性，只做最小改动或者是不改动的情况下就可以集成新的认证方式。

(4)认证管理的强度

统一认证管理认证强度支持0～3级的级别，即无认证需求可以匿名访问、用户名/密码的认证、短信随机认证以及数字证书或数字签名认证。

根据事先定义的策略，结合用户实际登录环境，支持多种认证级别的用户账号认证方式。例如：在单位内部登录非关键系统时可以采用用户名/密码认证方式。

2)统一授权管理

(1)授权管理的资源

所有需要认证才能使用的应用系统，即道路客运联网售票系统工程所建的应用系统。

(2)授权管理的内容

授权管理负责对授权管理资源(应用系统)和资源中角色的管理。每个授权管理资源拥有各自独立的权限管理功能。平台可以对各资源的管理对象进行授权，而不需要进入每一个管理对象进行授权。

3)统一角色管理

角色是一系列权限(资源)的集合。通过角色的定义，可以简化授权操作，降低用户与权限之间的耦合程度，提高授权的灵活性。

(1)授权管理

授权管理就是把相应的角色授予用户或用户组的一系列维护管理操作。对用户授权后，用户即拥有相应的访问权限。

(2)从账号授权

用户获得应用系统授权权限后，还需相应系统的账号信息，才能正常访问应用系统。

(3)角色授权

应用系统的实体级授权，即应用系统的账号开通，需要在业务系统中创建从账号并在统一权限管理平台中进行从账号与主账号关联操作；应用系统的实体内授权，即应用系统的账号开通和明确用户角色，除进行实体级授权，还需要在统一权限管理平台中保留业务系统的角色配置。

4)数据同步接口

道路客运联网售票系统工程所建应用系统需要从统一权限管理平台进行数据交互以完成授权操作，因此平台的数据同步接口的制定应符合SOA规范标准，并支持传输数据安全加密功能。

平台与应用系统交换数据内容包括人员、岗位、职位、组织等相关基础信息，以及账户和角色配置信息。

5)日志记录

日志记录负责记录人员、岗位、职位、组织等相关基础信息的更改信息，为其他接入应用系统提供同步数据的依据。

5.2.5　数据交换平台

数据交换平台旨在搭建一个统一的信息交换子系统，通过制订统一的接口标准与规范，提供多层面、多形式的交换接口，I/O 层、数据层、应用层以及服务层相结合，满足各种应用系统之间的数据和应用的共享和交互，实现与客运企业其他业务系统之间的数据交换。

制订统一的交换协议，包括基于业务数据层的交换协议和基于传输层和数据层的交换协议。交换协议定义完成后，可以基于交换协议开发接口模块。

数据交换平台与各相关业务系统的接口简单描述如下：

(1)运政管理信息系统整合：道路客运联网售票系统中的基础数据，如业户、线路、车辆、从业人员等，均来源于运政管理信息系统，应实现与运政管理信息系统的整合、数据共享。

(2)企业现有售票系统/站务系统接口：通过接口方式实现客运企业现有站务系统与联网售票系统的对接，支持部分客运企业保留现有站务系统的要求。

(3)车辆北斗/GPS 定位系统接口：对装配有北斗/GPS 的长途客运车辆，通过获取其位置信息，并计算其预计到达时间，实时更新到到站信息板。

(4)视频监控系统接口：开发与视频监控系统接口。

(5)企业 OA 系统接口：开发与企业内容 OA 系统数据接口。

(6)第三方增值服务接口：开发与第三方增值系统接口，包括支持查询、售票、支付业务。

(7)清分结算接口：预留各级清分结算接口，以服务未来不断增长的清分结算的需求。

数据交换平台需满足以下要求：

1)功能要求

数据交换平台的主要功能要求如下：

(1)数据抽取

用户可根据业务需求，自定义需要抽取的数据内容、抽取规则等，能完成对数据源的数据访问操作，包括各种异构数据源及非关系型数据源。

(2)数据清洗

可根据拟加载的数据库的内容要求，对获得的数据进行清洗，去掉不合法的数据。

(3)数据格式转换

可根据拟加载的数据库的格式要求，对清洗完成的数据进行格式转换。

(4)交换接口

为使数据交换系统有效发挥功能，在制定接口标准时应充分考虑未来应用系统进一步扩充的需要，采用分层结构和开放的信息环境，使用行业内的统一的数据字典。在建立对外连接接口方面：对道路运输行业管理部门相关系统的接口，应按照上级接口的技术标准；对于行业相关的横向部门，如人社部、住建部等，通过协调的方式建立接口。

(5)统一数据交换接口

数据交换平台接受信息服务网站的服务请求，对请求的服务进行处理，通过相关业务服务组件的功能处理，将处理结果按照统一的服务接口规范的格式返回服务的申请者。

(6)服务请求的调度管理

对信息服务网站的请求处理进行调度管理和任务分解，包括请求的权限管理、应用的进程管理、服务请求的事务性管理等。

(7)实现与各个业务系统的整合信息共享

数据交换平台通过各个业务服务组件，根据不同的业务应用功能需求，实现与各个业务系统的系统整合。系统整合信息共享的方式以应用级为主。

2)技术要求

数据交换平台必须符合以下技术要求：

(1)具备对主流数据库产品的支持能力，支持这些数据库之间数据的直接交换。

(2)提供对数据表进行行列变换、增量抽取、主从抽取、函数变化、统计合并、多维加载等多种数据抽取、转换和加载方式。

(3)对系统及网络具有较好的容错能力，支持断点消息传输。

(4)具有交换任务的监控管理能力。

(5)支持数据交换的工作流机制。

(6)可实现 7×24 小时运转。

(7)抽取和装载时能够提供数据转换二次开发的接口。

3)数据交换平台位置

数据交换平台和其他系统的关系如图 5-1 所示。

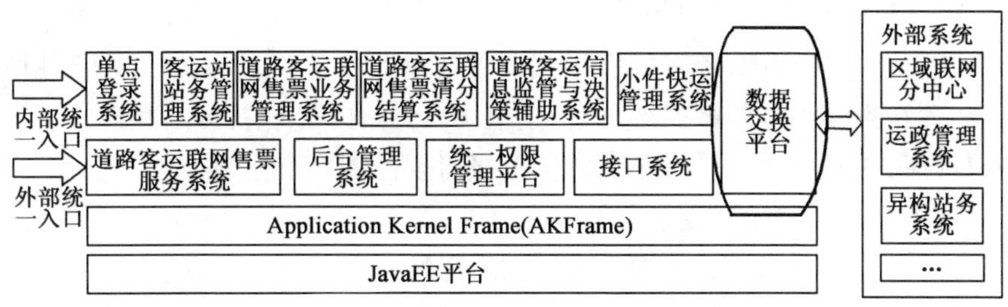

图 5-1　数据交换平台与其他系统关系图

采用图 5-1 所示部署模式主要有以下特点：

(1)充分发挥数据交换平台的特性，保证相关系统间的调用接口统一，并且实现了对服务申请者屏蔽服务信息来源。

(2)数据交换平台的数据交换功能和服务调度功能完善了分布式应用的处理，实现了多种不同类型的业务系统的协同工作，包括事务性管理和进程管理都在统一的数据交换平台上得以实现。

(3)通过接口组件来实现独立业务系统的服务接口的调用，对原有业务系统的影响降到最小。

(4)服务组件化的设计使系统具有良好的可扩充性。

(5)数据交换平台和统一的服务接口标准使整合后的系统实现最大的开放性。

4)关键问题的解决

建立数据交换平台，可以有效地解决信息共享中的以下关键问题：

(1)通过建立数据交换平台，对于整体为分布式的应用系统，可以通过交换平台的事务处理来统一调度各个应用进程，数据交换平台与各个业务处理系统的信息共享是通过应用程序的接口来完成的，从而实现实时的请求响应，并且由于原有的业务系统的数据不作迁移，对于各种业务应用的数据仍然保存在原有业务系统的数据库之中，从而有效地避免了分布式应用的数据不一致性问题。

(2)在构建数据交换平台的过程中，通过采用跨平台的开发语言，利用其通用的特性可以解决跨多个主机、多样操作系统、多个数据库的系统整合问题。

(3)通过建立数据交换平台,可以实现网上业务请求的统一出入。可以有效地对外部和内部的网站应用系统屏蔽不同的服务数据来源问题,与各个业务系统的衔接由数据交换平台来统一解决,并通过制定统一的服务接口规范,可以彻底解决外部和内部的系统对数据交换平台的服务请求的接口格式的一致问题。

5)建立统一的服务接口规范

在信息共享过程中,统一的应用接口规范是共享应用的基础。对于各种应用系统,存在不同类型的数据库平台、主机平台、操作系统平台,因此建立可以跨多种数据库、主机和操作系统平台的服务接口规范才具有生命力。

在数据交换平台上建立统一的服务接口规范,可以保证后续其他设备的接入和其他网上应用的建设,从而最大限度地保证了系统的开放性。

(1)统一的服务接口规范对服务请求标准和数据结构标准进行规定,保证通过不同的数据传输协议,服务接口规范才可以实现跨数据库平台、跨主机平台、跨操作系统平台,并具有强大的开放性。

(2)统一服务接口规范成为服务申请的唯一方式,从而屏蔽各种分布式的应用系统对于外部系统的服务处理方式。

(3)统一的服务接口规范是建立在对服务申请的业务处理过程的整合、细化的基础之上,对所申请的服务请求进行组件组合,从而完善规范的建立。

6)数据交换合理性

(1)数据交换处理方式及流程

接口处理流程主要分为两大类,分别为实时服务及非实时服务。数据交换平台在道路客运联网售票系统起数据汇集、管理作用,接口总体运行流程如图 5-2 所示。

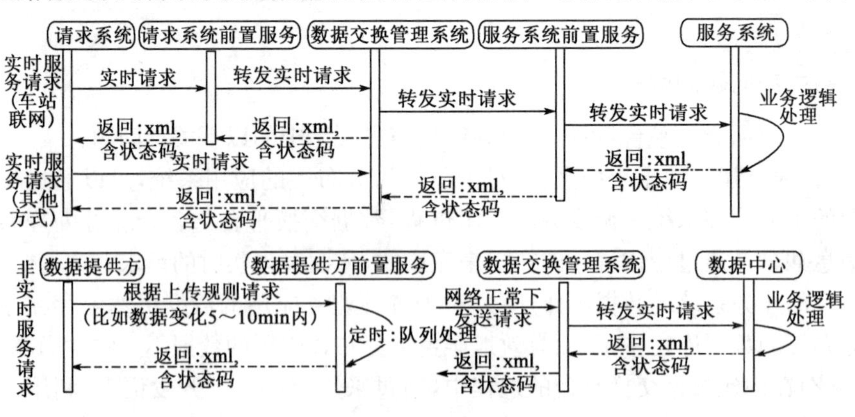

图 5-2　接口总体运行流程图

实时服务包含网上售票及联网售票。网上售票，请求系统直接将请求发送至数据交换平台，数据交换平台进行编码转换后将请求转发给服务系统进行业务处理；联网售票，请求系统将请求发送至请求系统前置服务，请求系统前置服务再将请求转发给数据交换平台，据交换管理系统进行编码转换后将请求转发给服务系统进行业务处理。

非实时服务主要用于数据收集，附加使用 MQ、FTP 等技术进行数据收集需求，数据提供方前置服务定时向数据提供方获取数据，并对获取的数据进行区分，大数据采用 FTP 方式传输，小数据采用 MQ 或者自身定时功能进行传输，成功后均通知数据交换平台，数据交换平台获取到通知消息，通知数据中心相关系统进行数据下载、获取。

(2)数据交换异常情况处理

在售票、退票等关键业务处理时，均需定义一个查询接口进行异常情况下数据校验。如：当请求系统将售票请求传送给服务系统，服务系统接收请求并进行业务处理，处理完成后将处理结果返回给请求系统时，请求系统网络出现异常，则会出现请求系统售票失败，服务系统售票成功现象。此时，请求系统网络恢复正常后，需通过定义的查询接口进行该请求的处理结果校验，解决数据交换异常问题。

7)数据一致性和完整性

为防止因数据包丢失等原因导致请求系统及服务系统数据不一致、完整性缺失等问题。在接口设计过程中加入数据签名定义及功能，即在每次数据交互过程中均需进行数据签名验证，数据签名功能采用目前被银行系统广泛使用的 MD5 技术。

请求系统根据接口标准拼装完请求参数后，需使用 MD5 技术针对该请求参数生成签名信息，生成完成后将请求参数及签名信息一起传送给服务系统。服务系统接收到信息后，针对接收到的请求参数生成签名信息，将该信息与请求系统传送过来的签名信息进行比较，如一致则代表数据完整。

8)数据交换安全性

为防止数据传输过程中数据包被第三方截取，导致重要业务信息泄漏等问题，在接口设计过程中加入加密、解密功能。

道路客运联网售票系统统一定义、开发公钥及私钥，实现加密、解密功能。对所有的渠道单位及票源单位颁发公钥，要求与道路客运联网售票系统数据交换的过程必须加密。

请求系统在根据接口标准拼装完请求参数后，需使用公钥进行加密，加密完成后将加密后的内容传输给道路客运联网售票系统。道路客运联网售票系统接收到加密数据后，使用私钥进行解密并进行转换业务，完成后再通过私钥进行加密，加密完成后将加密后的内容转发给服务系统。服务系统接收到加密数据后，使用公钥进行解密并进行业务处理，业务处理完成后将返回结果使用公钥加密并返回给道路客运联网售票系统。

9)流程设计

(1)实时服务流程

如图 5-3 所示的流程适用于所有联网售票、班次查询等需要实时返回消息的服务。

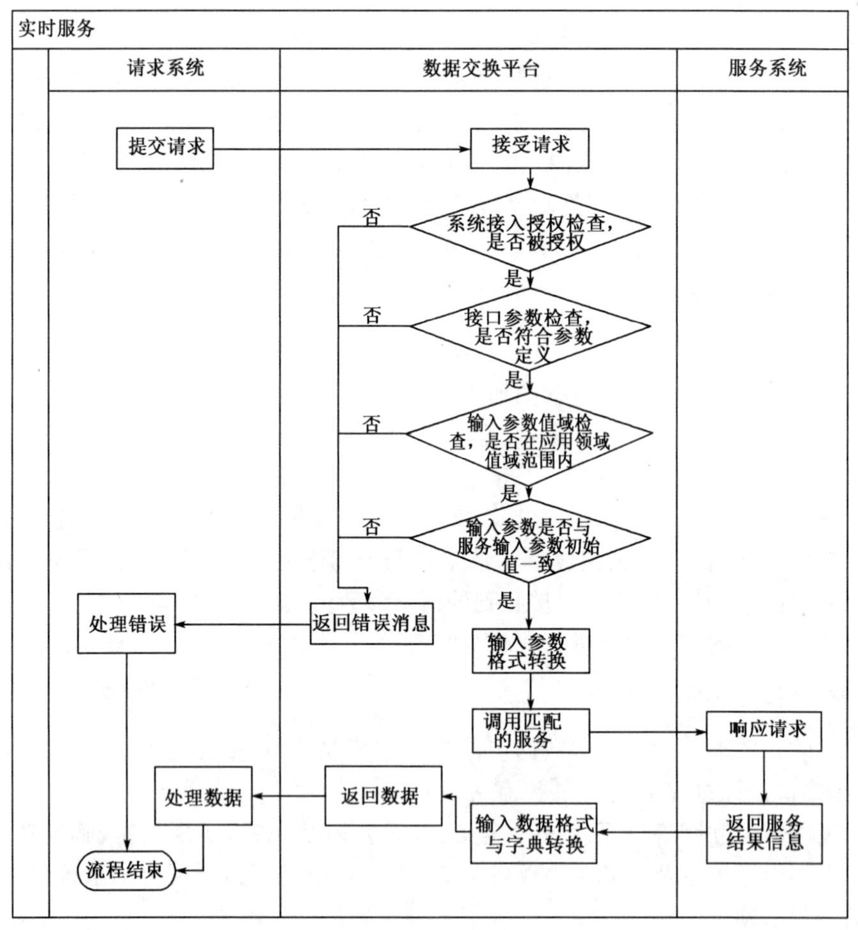

图 5-3　数据交换平台实时服务流程图

(2)非实时服务流程

如图 5-4 所示的流程适用于所有诸如政府监管等一般进行日常处理的服务。

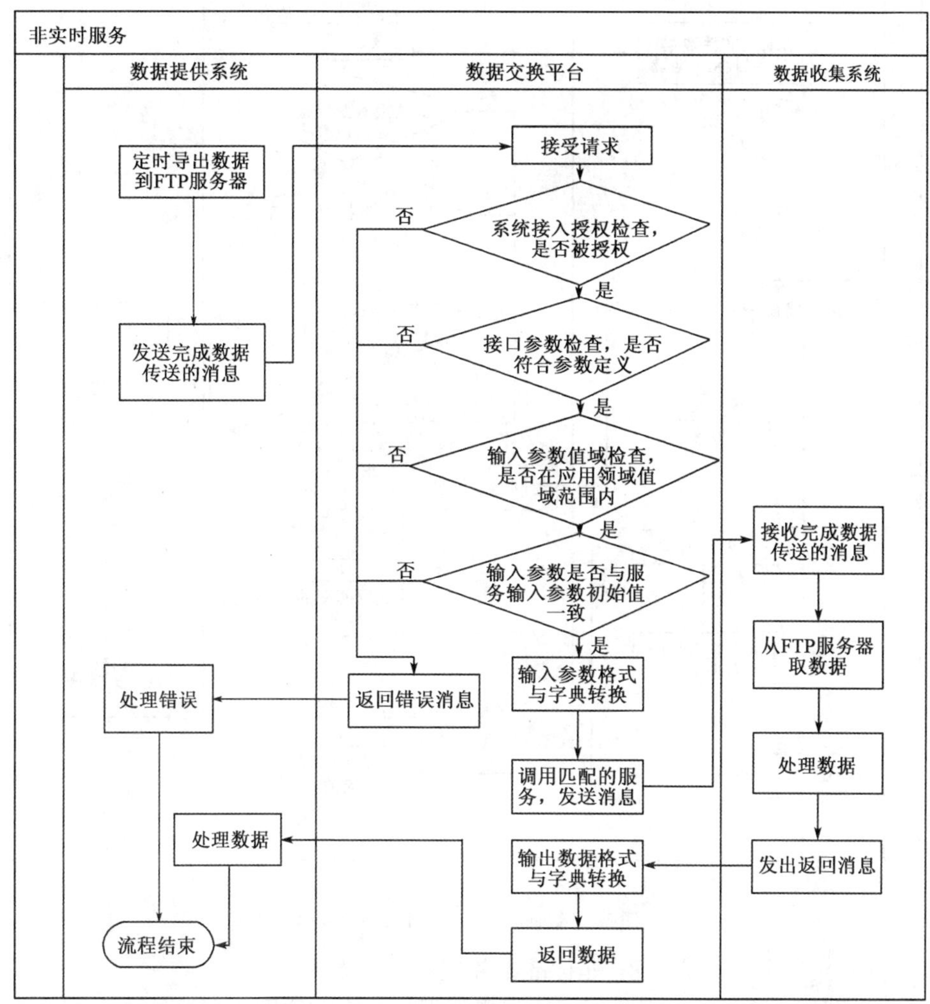

图 5-4　数据交换平台非实时服务流程图

(3)异步服务流程

如图 5-5 所示的流程适用于所有诸如联网结算、大数据量查询等随时要求大文件数据的服务。

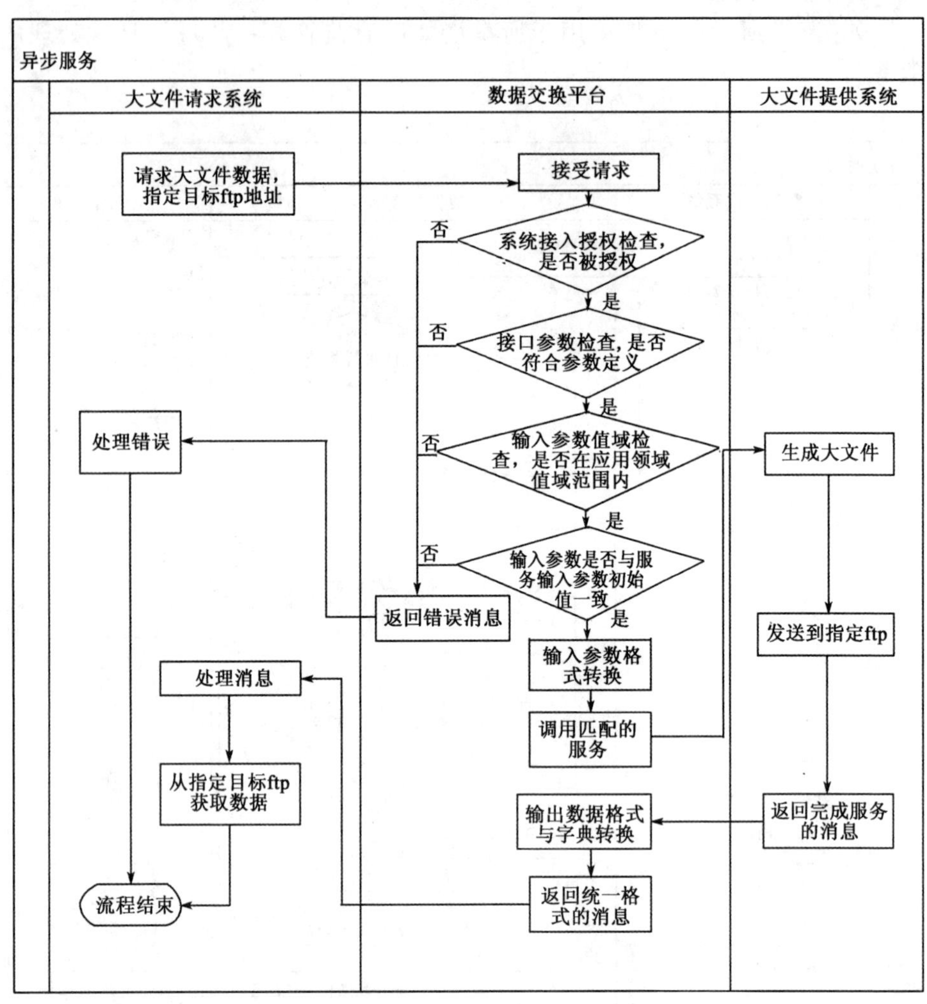

图 5-5 数据交换平台异步服务流程图

(4)接口上线配置流程/非标准服务配置上线流程

如图 5-6 所示的流程适用于所有未根据道路客运联网售票系统定义接口开发的所有服务，如待建设区域范围外的购票服务、查询班次服务等。

(5)标准服务配置上线流程

如图 5-7 所示的流程适用于所有根据道路客运联网售票系统定义接口开发的所有服务，如各地市的购票服务、查询班次服务等。

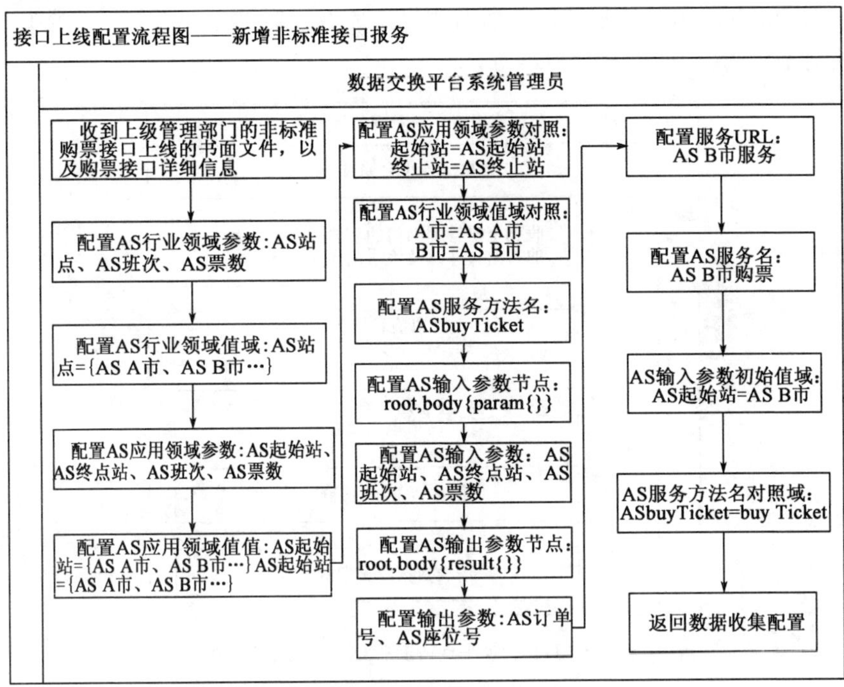

图 5-6　数据交换平台接口上线配置流程/非标准服务配置上线流程图

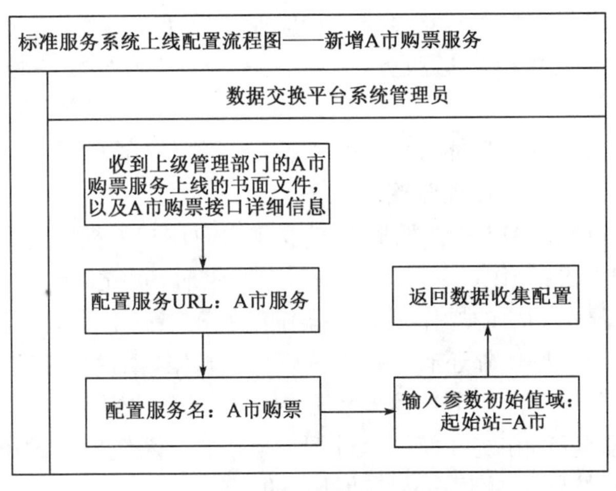

图 5-7　数据交换平台标准服务配置上线流程图

(6)请求系统接入配置流程

如图 5-8 所示的流程适用于所有根据道路客运联网售票系统定义接口开发的所有请求系统,如公众出行网等。

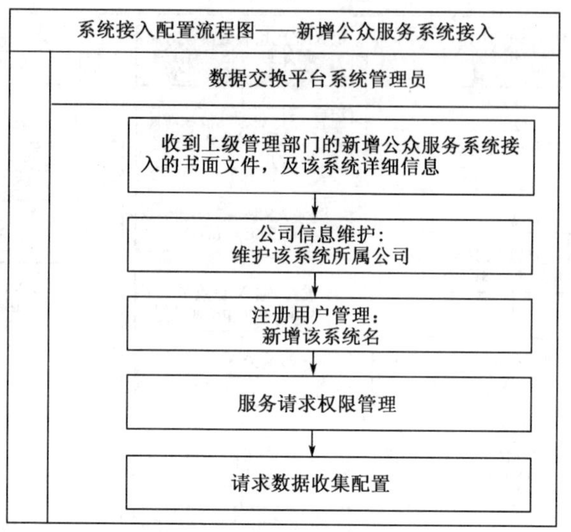

图 5-8　数据交换平台请求系统接入配置流程图

5.2.6　短信息平台

短信息平台主要用于给客户发送订单信息进行订单确认、对客户进行调查、还可以接收用户上行的短信指令进行相应业务处理等。短信息平台以服务封装的方式为系统提供短信发送服务,短信息平台包括系统短信和手机短信两种形式。

短信息平台的管理功能分为:用户管理和用户权限管理、短信模板管理、群组管理、批量信息导入、管理监控等。

(1)用户管理和用户权限管理:短信息平台对用户的权限进行控制。一般登录用户有两种身份:操作员和管理员。用户登录时,系统判断用户的身份,并根据用户的身份显示相应的操作页面。操作员的权限一般是进行业务操作;管理员的权限除了业务操作外还有进行系统管理的权限,如模板修改、群组设置等。

(2)短信模板管理:所谓短信模板是指一个固定的短信内容格式,里面的关键信息(如公众名称)在实际使用时进行替换修改。系统发送的短信大部分需要使用短信模板,特别是对于需要自动处理的业务。

(3)群组管理:群组是代表了一组有共同属性的用户集合,一个用户可以属于多个群组。

(4)批量信息导入:系统允许把包含数据资料信息的文件导入系统,并生成一个集合,并在系统中操作相关业务,对这个集合发送信息。

(5)管理监控:对系统的性能指标进行监控。监控管理的内容:登录用户数及用户的信息;系统中短消息的数量、总量、等待发送数、已发送数等。

5.2.7 应用服务器中间件

应用服务器中间件应能够运行于多种硬件和操作系统平台,支持分布式计算,提供跨网络、硬件和操作系统平台的透明性的应用或服务的交互,支持标准的协议。同时应支持标准的接口,使业务逻辑容易划分,隔离应用构件与复杂系统资源,并支持软件重用,提供对应用构件的管理。

为了道路客运联网售票系统与运政系统的有机整合,同时考虑到跨平台等相关特性,道路客运联网售票系统的建设建议采用 JavaEE 架构。

JavaEE 是多层的分布式体系架构,它使系统的操作和运行具有很好的灵活性,是目前广泛采用的中间件路线。JavaEE 并不限制系统采用浏览器/服务器结构或客户机/服务器结构。这种开放式架构特别适合于开发业务应用系统,它具有下面的优点:

(1)分布式环境:保证系统高稳定性和较高的性能。

(2)面向对象的模块化组件设计:提高开发速度、降低成本。

(3)基于开放的标准:Java、XML、RMI、TCP/IP、JMS 等协议、消息传递标准和中间件作为集成的方法。

(4)三层结构体系:适合 Internet 环境,可以使系统有很强的可扩展性和可管理性。

(5)以应用服务器为中心:低成本,安全和高性能。

(6)可扩展:允许透明地扩展以适应平台应用爆炸式的增长。

应用服务器中间件的选择应最大限度地利用现有的技术投资。同时,采用 Java 技术这一完全跨平台的技术语言平台,适应互联网/移动互联网的发展趋势,并能得到大多数厂商支持,最大化保护用户投资。

5.2.8 备份软件

备份软件依托现有资源与数据中心资源运行,备份介质管理服务器支持在各种服务器操作系统上运行,要求备份软件有友好的操作界面,同时可以提供任何地点皆可使用的 Internet 界面,以方便管理人员随时随地进行远程管理,支持合成备份，支持异地备份，让用户可以只做一次全备份，而用不断生成的增量或者差量备份来合成新的全备份，从而节省传统全备份所需要的冗长的时间和大量的资源占用。

5.2.9 虚拟化软件

虚拟化软件要求平台稳定成熟，国内外拥有大量案例；虚拟机之间可以做到隔离保护，每个虚拟机都可以安装操作系统，并且操作系统可以异构，虚拟机可以实现物理机的全部功能，如具有自己的资源（内存、CPU、网卡、存储），可以指定单独的 IP 地址、MAC 地址等，能够提供性能监控功能，统一的管理软件，虚拟化软件可以在线进行版本升级，不同版本之间可以相互兼容；支持现有市场上主要服务器厂商的主流 X86 服务器和主流操作系统；兼容市场上主流存储阵列产品；支持在线的 VM 迁移功能；支持 HA 集群功能。

5.3 主机及存储系统设计

5.3.1 概述

主机及存储系统建设是道路客运联网售票系统建设的基础工程，它将为各种信息应用系统提供支撑和运行平台，主要包括联网售票数据中心主机、电子客票网外网主机、备份中心主机、存储平台以及客运站主机等。主机及存储系统的建设可采用搭建虚拟化平台与 PC 服务器结合的方式进行，主要根据应用系统和数据资源建设方案，配置相应的数据库服务器、应用服务器、Web 服务器、前置数据交换服务器、数据备份服务器、虚拟带库、磁盘阵列等设备。主要建设方式有两种：一种是全新的投资自建；另一种是部分购买云服务＋部分自建。具体采用何种方式，需根据道路客运联网售票系统建设的规模来考虑。

联网售票系统的数据中心的建设可采纳集中式服务器部署方式或采用虚拟化方式进行部署。若采用虚拟化方式部署，虚拟化平台对主机和存储系统进行集中管理，形成信息化资源池，将硬件的计算、存储、网络各项能力动态的分配给各业务系统，提高资源利用率和可用性，且随着信息化建设规模的扩大，能够大幅节省后续硬件投入及更新成本。相比传统部署方式，虚拟化技术在业务适应性、可扩展性、稳定性、资源利用率、运维服务效果等方面均有明显的优势。

5.3.2　主机系统

1)主机需求

道路客运联网售票系统建设所需各型主机均可视建设实际需要进行购买或租用公有云服务主机，涉及的服务器主机类型主要有：

(1)数据库服务器

数据库服务器主要用于存储联网售票系统核心交互数据，以及道路客运联网售票系统运作的所有基础数据、业务数据、主题数据等。数据库服务器是道路客运联网售票系统建设的核心主机之一，对服务器性能要求较高。

(2)Web 应用服务器

Web 应用服务器主要是用于部署道路客运联网售票业务管理系统、清分结算系统、信息监管与决策系统、小件快运系统等应用系统或 Web 系统的服务器，性能要求根据系统特点有所不同。

(3)前置数据交换服务器

前置数据交换服务器主要用于同多家客运企业间交互、同运输管理部门间交互。该服务器主要承担联网售票分中心客运、票务等数据的获取和传输。因此前置机的计算任务相对较少。

(4)数据备份服务器

数据备份服务器安装运行备份软件，用于定期对数据进行增量备份与全量备份。数据备份服务器数据处理复杂程度一般，可采用普通服务器部署。

2)技术选型

(1)硬件设备选型原则

由于道路客运联网售票系统的复杂性和特殊性，对于其硬件平台设计需要采用如下的原则：统一规划、高可用性、高扩展性、高安全性、高可维护性和合适性价比。

①统一规划。

明确应用系统在规划期内的规模，对整个应用系统的模块、用户、流程进行分析，确定总体需求，从而定义出其硬件平台对应的架构和配置。

②高可用性。

要求硬件平台具有单点失效保护，能够实现故障预警、报警，具有良好的故障应急处理能力。如在出现有限个数的服务器、磁盘、存储设备或交换机故障等情况下，系统可以继续运行，不影响业务处理。

③高扩展性。

由于应用系统建设是一个长期持续的过程，日后随着应用规模扩大和业务量的增长，用户数可能会超出预期，当硬件平台的处理能力不够时，要求可以在原有架构的基础上实现灵活扩展。硬件平台的扩展性主要分成两类：纵向扩展和横向扩展。纵向扩展是指通过增加硬件设备的 CPU、内存、通道和板卡等资源来提高原有设备的处理能力；横向扩展是指通过购买新的设备和原有设备并行工作，通过负载分担来实现处理能力扩展。

④高安全性。

高安全性是指能够实现良好的信息安全能力，能够应用灵活的安全策略，如对不同用途的服务器进行安全分区以实现不同程度的隔离等。

⑤高可维护性。

高可维护性是指维护便捷简单，尽量减少宕机时间，特别是减少进行故障修复、系统扩展和变更时的宕机时间，能够提供友好、全面的监控工具。

⑥合适性价比。

在满足需求并符合上述原则的前提下，良好的性价比是关键。各家硬件各有所长，关键是需要关注满足应用系统需求的技术，而不是一味追求先进技术，只要能解决主要问题，满足需求和原则，有合适的价格，就可以着重考虑。

(2)数据库服务器技术选型

数据库服务器一般可采用小型机或机架式服务器。小型机集群作为传统的大中型数据中心数据库服务器解决方案，具备高可靠性、高性能的优点，但是后期运行维护成本很高；目前，高端 PC 服务器在性能方面与小型机已经不相上下，而综合利用服务器集群和实时数据备份技术等构建的数据库服务器群同样可以达到很高的可靠性。因此，建议采用高端 PC 服务器集群的方式。

随着当前云计算的飞速发展，越来越多的应用迁移至云平台，但基于应用数据安全性的考虑，数据库服务器不建议搭建在租用的云平台上。

(3)应用服务器技术选型

根据应用服务器的性能要求，道路客运联网售票系统的建设可选择市场主流的服务器技术路线：机架式服务器、刀片式服务器或云计算平台，考虑在相同运算性能的条件下，三者特性的对比如表 5-1 所示。

三种服务器在性能、可靠性、可维护性方面均可满足道路客运联网售票系统建设的要求。

(4)其他服务器技术选型

参照上述应用服务器技术选型以及相关工程经验，数据备份服务器、中间件服务器等均适宜采用普通的机架式服务器，亦可租用云计算平台来搭建该应用服务器。

主流应用服务器技术路线对比　　表 5-1

比较项目	机架式服务器	刀片式服务器	云计算平台
能耗	较高	较低	较低
可维护性	较好	好	很好
单台服务器可扩展能力	好	一般	好
经济性	小规模时较好	大规模时较好	大规模时较好

3）虚拟化技术应用

服务器虚拟化就是将物理服务器分割成多个相互独立、隔离的虚拟环境，在该虚拟环境中可以建立各业务应用所需的底层操作系统（虚拟服务器或虚拟机）、上层应用软件；服务器虚拟化可以将整个数据中心的服务器资源统一管理，从而满足分离式、烟囱式架构下无法实现的性能负载分担、快速响应、高可靠性等业务需求。

虚拟化引擎需支持半虚拟化及硬件辅助虚拟化技术，可以根据 Intel/AMD 的硬件辅助虚拟化技术的发展，快速、灵活地扩展虚拟化功能，并为虚拟化应用提供稳健、可靠和安全的基础环境。

通过服务器虚拟化，可以获得如下收益：

（1）提升资源利用率

通过虚拟化技术，通常可以实现虚拟服务器与物理服务器 1∶10 甚至更高的整合比，实现物理服务器资源的共享，提升物理服务器的利用率，使得服务器的利用率保持在 60％以上，可有效降低服务器的购置成本。

（2）业务连续性

服务器虚拟化充分考虑到传统服务器应用下的可靠性难题，通过物理服务器之上的 Hypervisor 形成资源池，虚拟服务器独立于底层硬件以零耦合的方式来调用资源，从而实现虚拟化环境下的高可靠性（HA）、热迁移，确保了业务持续性。

（3）业务容灾备份和高可靠性

服务器虚拟化下的高可靠性、热迁移为保障业务连续性提供了强大的可靠性保障，另外服务器虚拟化环境下的快照技术、克隆技术大大缩短了虚拟化服务器故障下的还原时间，在另一个层面提高了系统的容灾备份能力和可靠性。

(4)快速响应业务需求

零耦合的方式彻底解放了虚拟服务器对物理硬件的依赖,能够很快地从资源池中获取所需资源并创建业务应用所需的虚拟服务器,并能够根据业务发展的需求灵活配置计算资源,快速响应业务并保持较高的灵活性。

(5)降低成本

服务器虚拟化不仅降低了显性成本,诸如服务器、网络、存储的购置成本,机房空间及制冷成本,同时通过技术创新大大降低了隐性成本,例如以往复杂的备份和恢复在虚拟化平台下通过快照技术可以在极短时间内恢复业务,HA 和 Live Migration 技术保障业务连续性的同时使 IT 人员摆脱低效的物理硬件维护工作,因此 IT 人员可以更加关注业务本身,进一步提升人员工作效率。

(6)节能减排

一台服务器每年耗电及制冷成本高于 3000 元,通过服务器虚拟化技术,可以大大降低企业的物理服务器数量,同步降低了制冷需求,并进一步降低数据中心的 PUE。

5.3.3 存储系统

1)存储系统

针对较大规模数据的存储系统,目前市场主流的存储技术主要有 FC SAN(基于光纤的存储区域网络)与 IP SAN(基于 iSCSI 协议与 IP 网络的存储区域网络)两种。FC SAN 通过光纤通道来传输数据,虽然其投资成本较高,但在传输速率和可靠性方面相对通过 IP 网络传输的 IP SAN 具有一定优势。本工程所建系统将要应对大容量存储和用户并发访问导致的频繁 I/O 操作,FC SAN 相比 IP SAN 具有较明显的性能和可靠性优势,更适合作为本系统的数据存储系统。因此建议道路客运联网售票系统的建设采用 FC SAN 来构建数据存储系统。

2)数据备份系统

目前主要运用的数据备份技术为物理磁带库备份与虚拟磁带库备份。与物理磁带库相比,虚拟磁带库具有如下优势:

(1)磁带仿真技术

针对应用环境的不同,虚拟磁带库需能够仿真各主流厂家的各种磁带库,能够仿真多种类型的磁带机;提供 FC、iSCSI、SCSI 等各种接口,提供接入 FC

SAN、IP SAN 等存储环境能力，满足不同客户的备份需求。仿真的各种磁带/磁带机，在备份服务器上显示为真实的物理磁带/磁带机，整个备份和恢复的过程和物理磁带库完全一致。因此，可以在不更改现有备份配置的情况下，将虚拟磁带库无缝地整合到备份环境中。

(2)磁带容量按需分配技术

物理磁带的容量是固定的，而虚拟磁带的容量可以实现按需分配。通过良好的规划，用户可以为不同的应用配置不同容量的虚拟磁带，实现磁带与应用之间的一一对应。这就避免了多个应用的备份数据在磁带上混杂存放所带来的管理混乱。此外，随着磁带上数据的增加，磁带的容量还可以按照预先设定的策略自动扩展，实现真正的按需分配。使用虚拟磁带库不仅可以加强磁带数据的可管理性，还大大提升了磁盘的空间使用率，减少资源的浪费。

(3)与磁带库直接联动技术

虚拟磁带库不仅可以管理自带的存储空间，还可以挂接物理磁带库，实现虚拟磁带库和物理磁带库之间的磁带导入、导出和自动归档。数据备份到虚拟磁带库上之后，如果配置了自动磁带缓冲特性，会采用设定的策略（比如定时或者按容量比例），自动将数据从虚拟磁带库导出到物理磁带库。在这种模式下，虚拟磁带库就像一个高速备份缓冲池，一方面通过自身的高性能，保证了数据的快速备份，减少备份窗口；另一方面，又能自动将数据保存到物理磁带库上，实现了真正的物理离线归档。此外，如果配置了安全磁带选项，还能对导出的磁带数据进行加密，加强数据的保护。

(4)远程复制技术

实际应用中，物理磁带往往会异地保存。这是一个复杂的过程，不仅需要严格的管理控制，还要避免运输过程中的磁带损坏和丢失。因此，要求虚拟磁带库提供远程复制功能，可以通过 IP 网络，将磁带从一台设备复制到远端的另一台设备上，轻松地实现异地“磁带传输”。此外，数据传输过程中的压缩和加密选项，进一步降低了对链路带宽的需求，增强了数据的安全性。

基于以上对比，虚拟磁带库更快速的备份以及恢复速度，明显优于传统磁带库，建议道路客运联网售票系统的建设中使用虚拟磁带库构建备份系统。

5.3.4　基于云平台的主机与存储系统方案

近年来，随着信息化技术的快速发展，互联网数据中心（Internet Data Center，简称 IDC）正悄然兴起。IDC 是一个提供资源外包服务的基地，它应具有非常好的机房环境、安全保证、网络带宽、主机的数量和主机的性能、大的存储数据空间、软件环境以及优秀的服务性能。IDC作为提供资源外包服务的基地,可以为企业和各类网站提供专业化的服务器托管、空间租用、网络批发带宽,甚至ASP、EC等业务。

结合道路客运联网售票系统的实际建设情况及需要,除道路客运联网售票数据备份中心之外的主机及存储系统均可租用IDC服务,或采用IDC租用与部分自建的混合建设模式,以节约投资。

1)服务需求

(1)弹性计算服务

弹性计算服务以虚拟化的方式将一台物理服务器拆分成多台虚拟服务器,根据用户的需求对不同的物理资源和虚拟资源动态分配(自动扩展及快速收缩),实现按需使用和付费,提高资源的利用率。

(2)大数据处理服务

大数据处理服务应基于分布式计算框架(Mapreduce),将多台物理机集群成一台虚拟机,充分利用集群的高速计算资源和存储资源,面向海量数据处理和大规模计算类型的复杂应用,提供数据驱动的多级流水线并行计算框架,并实现自动检测故障和系统热点,重试失败任务,保证作业稳定可靠运行完成。

(3)分布式存储服务

分布式存储应融合服务器虚拟化和存储虚拟化,将服务器和存储集成到一个硬件平台,为用户提供任何内容文件(如数据记录、图片、流媒体文件等)的存储服务,并为用户数据保存多个副本,将不同的副本分布在不同的服务器和物理磁盘上,提供最大的容错性。存储容量可以灵活线性扩充。

(4)关系型数据库服务

通过Web方式使用户很方便地在几分钟内开通完全兼容MySQL、SQL Server或Oracle等主流数据库的数据库实例,可投入生产、经过优化的数据库实例,并且为用户提供简化的数据备份、恢复、扩展升级等日常管理功能。

(5)云主机服务

云主机创建后即具备特定的系统配置,如Windows、Linux等操作系统,用户可通过远程的方式或API的方式来对云主机进行一系列基本操作,如软件批量加载、补丁批量安装、挂载共享盘等。云主机的处理能力也可灵活扩展,可提供非常高的tmpC值,根据具体需求进行付费即可。

2)分区要求

(1)网络系统分区要求

道路客运联网售票系统网络架构应包括外联区、网络服务区、业务服务区及运行管理区等。

①外联区。

a. Internet 接入区。

Internet 接入区用于互联网用户访问；为了提高互联网出口的可靠性，出口路由器一般接入到两个不同的运营商。

b. 专网接入区。

专网接入区主要用于接入交通运输行业单位，一般通过交通行业专网进行接入。

c. 远程接入区

远程接入区主要通过 VPN 方式远程接入行业专网。

②网络服务区。

网络服务区提供两种网络服务：一种是网络安全服务，通过部署虚拟防火墙等设备实现；另外一种是应用负载均衡服务，为业务系统增强扩展性、可靠性和业务处理能力，该服务通过部署应用负载均衡设备实现。

③业务服务区及运行管理区。

业务服务区是云平台提供服务的业务区，需要考虑较高的可用性和更全面的安全防护措施；业务服务区主要包括高安全业务区和一般业务生产区。运行管理区主要是对云计算中心的软/硬件系统进行统一运维和运营管理，提供安全管理的功能，并部署云计算管理平台。

(2)主机系统分区要求

根据网络架构设计中对功能区的划分原则，应将云计算中心的服务器等关键计算设备按需要实现的功能划分到业务层和计算平台层两个层面中。

在业务层中，功能区域是依据安全要求和管理需求来划分的，基本可以划分为业务系统区、综合管理区、开发测试区、DMZ 区等功能区域。功能区域的划分可以根据道路客运联网售票系统建设的实际情况及发展需求进行动态调整，总的原则是要在满足安全的前提下实现统一的分类管理。

3)管理要求

IDC 应能够通过对虚拟资源的有效编排、自动化管理，提供各种高度可扩展的、灵活的 IT 资源，并按需使用，按使用付费。

IDC 服务应包括运营管理和资源管理两部分。IDC 的服务模式如图 5-9 所示。

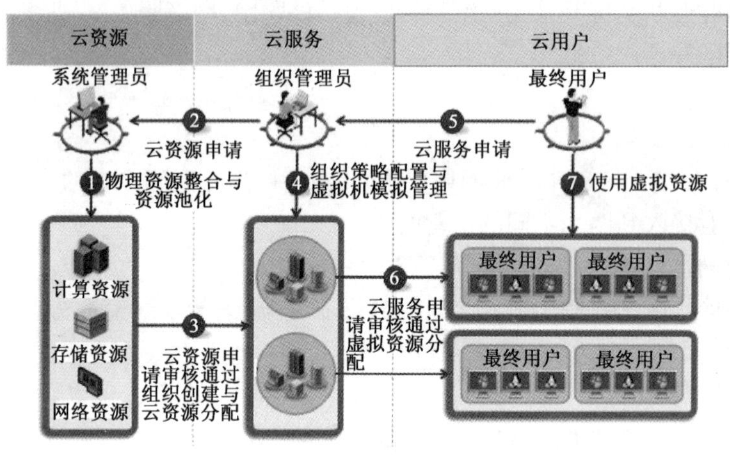

图 5-9　IDC 服务模式

IDC 运营商向本工程提供云资源服务专区，本工程建设及运营维护机构可通过网络向管理员申请所需云服务。

(1)运营管理

运营管理应能实现业务的日常运转，包括业务日常流程和业务的受理，用户可通过自助服务自主管理所使用资源。

①客户自助管理。

为用户提供对订购资源的管理，包括用户管理、信息查询(合同、订单、费用等)、资源部署、资源状态监控。

②Web 访问。

提供用户访问功能，具体包括表单和页面组管理、数据分析、服务接口、安全管理等。

③业务管理与运营。

实现具体的业务管理、运营流程和功能，包括客户管理、服务目录、服务级别管理、计费管理、合同管理、订单管理、价格管理及资源管理、故障管理、投诉管理、知识管理等。

④对象处理。

对各个业务管理和运营流程的后台逻辑分析和处理，具体包括流程引擎、数据管理、访问控制、集成接口、配置管理、开发定制等。

⑤数据存储。

存储 IT 服务管理的各种数据，包括虚拟数据服务、分布式数据存储等。

业务管理平台通过接口可以实现和服务保障平台的集成，达到信息的共享和 IT 对业务的支撑。

（2）资源管理

资源管理应能对各种数据中心 IT 资源进行部署、操作、协调、监控、统计分析，对资源系统内部的各类物理设备进行运维管理。

①资源模板管理。

支持模板的创建、删除、修改、查看。模板参数包括虚拟 CPU、内存、系统磁盘大小、镜像、虚拟机 QoS 等参数。可以使用虚拟机模板创建虚拟机。

支持镜像管理，包括镜像的制作、上传、注册、注销。支持镜像文件存储在独立的镜像服务器上。

②资源部署管理。

支持自动化批量安装虚拟化软件、配置虚拟化资源。

支持虚拟机部署管理，包括虚拟机的创建、删除、迁移。支持使用模板和镜像创建虚拟机，并且可以指定所属 VLAN 和使用的存储。

③资源状态管理。

支持监控各类资源，包括计算、存储、网络、虚拟机。监控其资源总量、已分配资源、未分配资源。如果容量接近于饱和，会发出报警，提示管理员。

支持对虚拟机的监控、按虚拟机的业务类型管理虚拟机、虚拟机应用程序管理。

支持拓扑、统计报表等功能。

④资源分配回收管理。

支持将虚拟机、存储资源分配给用户或用户组。

支持回收用户资源。

支持调整虚拟机资源，创建虚拟机后，可以调整虚拟机的 VCPU、内存、网卡个数，挂载卷或卸载卷。

支持管理弹性 IP 资源，用户可以将弹性 IP 绑定到虚拟机，也可以解绑定再绑定到另一个虚拟机。

⑤资源操作管理。

支持虚拟机操作管理，包括虚拟机的启动、关闭、暂停、重启、迁移、休眠和唤醒，并且支持通配置策略，定时或周期启动、关闭、迁移虚拟机。

支持虚拟机快照、使用快照恢复或创建虚拟机。

支持虚拟机迁移，支持手动迁移虚拟机，HA 虚拟机支持服务器故障时自动迁移虚拟机。

支持虚拟机资源调度管理，支持通过配置策略，实现负载均衡或动态节能。

支持安全组，通过配置安全组的防火墙规则，实现虚拟机、安全组间的互通或阻隔，确保安全。

4)安全要求

道路客运联网售票系统部署环境应以“专区”方式进行部署，与其他用户的资源进行充分隔离，总体安全应达到信息安全等级保护二级要求。具体包括以下三个方面的要求：

(1)统一对外安全防护体系

道路客运联网售票系统部署环境应采用统一的对外安全防护保障平台，包括网络安全体系、数据安全体系和安全访问体系，确保抵御来自云平台外部的各种安全威胁。

①网络安全体系。

a. 抗 DDOS 攻击。

道路客运联网售票系统部署环境应支持对 DOS/DDOS 攻击的防御，可清洗或拦截 SYN-Flood、UDP-Flood、Ping-of-Death 和 CC 等各类拒绝服务攻击，自动化防御，部署透明，无须用户介入，自动清洗 4/7 层攻击，并实时通知用户防御状态。云平台初期 DDOS 清洗能力应根据业务需求动态扩展。

b. 入侵检测与防范。

道路客运联网售票系统部署环境应能实现对全局流量的监控，一旦发现可疑的入侵行为，云平台应能自动报警，及时定位入侵源头和目标，及时加以阻击，全面有效地应对黑客入侵。

道路客运联网售票系统部署环境应提供全面的入侵防范、端口扫描、强力攻击、木马后门攻击、IP 碎片攻击和网络蠕虫攻击等网络监视：一旦检测到攻击行为，入侵防范服务应能记录攻击源 IP、攻击类型、攻击目的、攻击时间，在发生严重入侵事件时提供报警。

c. 漏洞扫描。

道路客运联网售票系统部署环境应提供全面的系统漏洞扫描服务，周期性地对云内的系统进行已知漏洞和后门的不断扫描，定期对网站的 SQL 注入、XSS 跨站脚本等各项高危安全漏洞进行检测，一旦发现问题将及时预警，并将检测报告提供给用户。

d. 恶意代码防范。

道路客运联网售票系统部署环境应提供木马后门检测和防御服务。

网站后门检测:定期检测及时发现后门程序,并以短信或邮件的方式及时通知用户及时删除后门消除隐患,支持一键清除及恢复误删。

木马后门防御——网页挂马检测:应实现零误报,动静态检测技术相结合。

e. 主机密码暴力破解防御。

道路客运联网售票系统部署环境应能实时发现非法入侵,并将入侵的 IP 封禁 24 小时,以短信或邮件的方式通知用户。

f. 端口安全检测。

道路客运联网售票系统部署环境应实现定期检测云主机当前面向 Internet 开放的端口,将端口开放情况及时通知给用户,一旦发现未经允许开放的端口将及时关闭,降低系统被入侵的风险。

②数据安全体系。

a. 分布式存储。

道路客运联网售票系统部署环境应采用分布式结构,将信息分割成许多数据片段,分散存储在不同的设备上,并且每个数据片段会存储多个副本,实现本地数据实时备份保护,提高数据的可靠性和安全性。

数据存放在云存储空间中,应能自动实现分布式存储。

b. 数据备份。

道路客运联网售票系统部署环境应能够实现异地数据灾备,以保障数据安全。

c. 加密传输。

道路客运联网售票系统部署环境应提供标准的加密传输协议,以方便云平台与外界传递敏感数据。

d. 残留信息。

道路客运联网售票系统部署环境应确保残留数据的安全清理,对曾经存储过数据的虚拟设备和虚拟内存等,一旦释放和回收,其上的残留数据信息应被自动零值覆盖。同时,任何更换和淘汰的存储硬件设备,都应统一执行消磁处理之后,再运出数据中心。

③安全访问体系。

a. 身份鉴别。

道路客运联网售票系统部署环境应对登录操作系统和数据库系统的用户进行身份标识和鉴别。启用登录失败处理功能,可采取结束会话、限制非法登录次数和自动退出等措施,应采取必要措施,防止鉴别信息在网络传输过程中被窃听。

b. 访问控制。

道路客运联网售票系统部署环境应实现访问控制功能，依据安全策略控制用户对资源的访问。根据管理用户的角色分配权限，实现管理用户的权限分离，仅授予管理用户所需的最小权限。实现操作系统和数据库系统特权用户的权限分离。严格限制默认账户的访问权限，重命名系统默认账户，修改这些账户的默认口令。及时删除多余的、过期的账户，避免共享账户的存在。对重要信息资源设置敏感标记。依据安全策略严格控制用户对有敏感标记重要信息资源的操作。

c. 安全审计。

审计范围应覆盖到主机和重要客户端上的每个操作系统用户和数据库用户；审计内容应包括重要用户行为、系统资源的异常使用和重要系统命令的使用等系统内重要的安全相关事件；审计记录应包括事件的日期、时间、类型、主体标识、客体标识和结果等；能够根据记录数据进行分析，并生成审计报表；保护审计进程，避免受到未预期的中断；保护审计记录，避免受到未预期的删除、修改或覆盖等。

d. 剩余信息。

道路客运联网售票系统部署环境应保证操作系统和数据库系统用户的鉴别信息所在的存储空间，被释放或再分配给其他用户前得到完全清除；确保系统内的文件、目录和数据库记录等资源所在的存储空间，被释放或重新分配给其他用户前得到完全清除。

e. 非法行为记录。

道路客运联网售票系统部署环境应能够检测到对重要服务器进行入侵的行为，能够记录入侵的源 IP、攻击的类型、攻击的目的、攻击的时间，并在发生严重入侵事件时提供报警。

f. 资源控制。

道路客运联网售票系统部署环境应能通过设定终端接入方式、网络地址范围等条件限制终端登录；根据安全策略设置登录终端的操作超时锁定；对重要服务器进行监视，包括监视服务器的 CPU、硬盘、内存、网络等资源的使用情况；限制单个用户对系统资源的最大或最小使用限度；能够对系统的服务水平降低到预先规定的最小值进行检测和报警。

g. 网络设备安全访问。

道路客运联网售票系统部署环境应对登录网络设备的用户进行身份鉴别；对网络设备的管理员登录地址进行限制；网络设备用户的标识应是唯一的；主要

网络设备对同一用户选择两种或两种以上组合的鉴别技术来进行身份鉴别；应具有登录失败处理功能，可采取结束会话、限制非法登录次数和当网络登录连接超时自动退出等措施；当对网络设备进行远程管理时，应采取必要措施防止鉴别信息在网络传输过程中被窃听；并实现设备特权用户的权限分离。

(2)云内安全机制

道路客运联网售票系统部署环境内部应建立云内的网络安全防护机制，在未经过授权允许的情况下，各系统间默认情况下不能相互访问。当需要互通时，通过修改安全组规则，来打开互访通道。

道路客运联网售票系统部署环境应为所有的云内系统和应用提供安全组功能，以方便进行网络访问控制。安全组实现虚拟机和宿主机的安全隔离，对于虚拟机不可见、不可知，具备防IP欺骗攻击、防MAC欺骗攻击、防ARP欺骗攻击能力，在虚拟机内部无法改动安全组设置，确保云计算平台上的不同用户之间网络互访的安全性。一台虚拟机根据角色需要应可以同时属于多个安全组。同一安全组内的虚拟机网络默认互通，不同安全组之间的虚拟机网络默认隔离。针对不同安全组之间服务器的互访需求，应可通过自定义防火墙规则实现。

(3)安全运维体系

①专业安全运维团队。

道路客运联网售票系统部署环境应配备高水平的专业安全运维团队，具备良好的道德修养和职业操守及极高的专业安全技术水平。安全团队应有严格安全保密制度、有效的安全操作管控能力，以及长效的安全审计机制。

②日常安全流程。

安全运维团队应实行7×24小时安全值守服务，随时监控和处理日常安全问题。安全团队应及时对各系统运维人员的安全服务请求作出响应，配合各系统运维人员做好安全防范工作。

③应急响应流程。

一旦发生特大的网络攻击或新类型的安全问题，安全运维团队应及时启动突发安全事件应急响应流程，紧急调动各方资源，临时提升云平台防护门槛，组织专家会诊安全问题，制订紧急应对方案并立即实施。对于新型安全问题，应即刻启动安全防御新功能开发，并尽快上线启用，保证安全系统的及时升级和安全的长效性。

④安全消防演习。

安全团队应不定期进行必要的安全消防演习，以考验各种安全流程和资源在实战状态下的有效性。

5)灾备要求

道路客运联网售票系统可提供异地容灾,可以通过异地灾备中心的数据恢复生产系统,提升用户业务系统数据的可靠性。

6)技术规格

(1)支持主流的开发环境如:Java+Oracle+Weblogic、.net+SQL server+IIS等。

(2)虚拟机应能够兼容主流操作系统。

(3)支持异构操作系统的虚拟机在物理机上并存。

(4)支持主流x86服务器。

(5)具有网络I/O和存储I/O精细化划分能力,可以定义到虚拟机级别划分I/O流量,以实现对不同级别的虚拟机I/O流量控制。

(6)虚拟机的网络属性可以跟随虚拟机的迁移而动态迁移,不需要人工的干预或静态配置,从而在虚拟机扩展和迁移过程中,保障业务的持续性。

(7)支持基于Web负载均衡能力以及HTTP流量的负载均衡功能。负载均衡功能允许Web应用自动扩展。可以把外部(或公网)IP地址映射到一组内部服务器上实现负载均衡。负载均衡器可以接受外部IP地址的HTTP请求并决定使用某个内部服务器。

(8)虚拟机迁移时,与虚拟机相关的资源配置,如存储、网络配置随之迁移,同时保证迁移过程业务不中断。

(9)支持VLAN划分和VLAN隔离,支持虚拟路由器和虚拟防火墙,支持虚拟交换机层面的针对端口IP访问控制和VLAN级别的安全设定。

(10)虚拟机应具有物理机的全部功能,虚拟机之间做到隔离保护。

(11)支持在线虚拟机迁移功能,虚拟机具有容错机制,可以保证在硬件故障情况之下,业务系统的不中断运行,保障高级别的业务连续性。

(12)具有存储精简配置能力,减少存储容量的需求。

(13)提供用户空间文件访问API,支持随机读和追加写,可用于强一致性要求的事务日志场景。

(14)分布式存储,多主机设置,避免集群单点失效,自动进行故障检测和数据复制,在不依赖RAID和NAS等特殊硬件设备的条件下,提供强大的可靠性。

(15)支持大规模并发读写,充分利用分布式并行带宽。

(16)支持增量扩容和自动数据平衡能力,允许用户定制数据分布策略。

(17)提供业务流程管理模块,支持自助式门户和标准化的基础架构目录,用户可向云计算中心申请资源,并按流程进行审核、批复、分配资源池进行自行创建自己所属数据中心。

(18)具有对资源的计费管理功能,能够与多种计费模式相结合,可对资源进行计量、分配、控制、计费资源使用情况统计。

(19)提供云计算平台软件接口,未来可与不同云平台进行互联融合,提供SaaS接入标准和接入流程。

(20)提供统一管理平台,对虚拟数据中心、虚拟集群、虚拟主机、存储空间等进行管理,围绕业务负载、健康状态和资源容量三个层面进行全面的分析,提供CPU、内存、网络I/O、硬盘I/O等分析展示图表,实现按需支撑,以及运维过程的流程化、工单化、自动化。

(21)具有智能的电源管理功能,可以将集群内的物理机自行下电,支持节能减排。

7)服务保障

云平台基础设施服务应确保满足以下要求：

(1)可用性不小于99.9%。

(2)数据可靠性可以不小于99.99%。

(3)在线率不小于99.9%。

(4)提供专业7×24小时售后支持。

(5)免费提供Windows和Linux基础软件的安装服务。

5.4　网络系统设计

5.4.1　概述

道路客运联网售票系统的网络建设规划需要考虑到各级客运站同客运企业之间的连接,以及客运企业(或联网售票分中心)同联网售票系统数据中心的连接,此外,还需考虑到联网售票系统同各种外置设备的通信等。网络主要采用互联网链路、VPN链路等的建设,同时考虑复用已有的各级道路运输部门使用的运政专网等,复用客运企业已建设的信息网中的相关网络链路,最大化保留已有投资。

5.4.2 设计原则

道路客运联网售票系统建设过程中，对网络系统的建设采用下列设计原则：

1）充分利用现有资源，避免重复投资

以充分利用现有的交通专网、运政专网为基础，在已经有基础主干网络且已经联通的状况下，不需要重新建设主干网络链路，并且尽量使用现有网络设备，根据实际需要酌情添加部分网络设备。

2）保证网络传输可靠性

虽然目前已经拥有可靠的网络环境，但是在本系统建设的网络系统设计上仍然考虑尽量采用有冗余能力并且空闲容量比较大的链路，复用可靠性相对较高的网络设备，必须重新购买的网络设备的可靠性不能低于现有网络的整体可靠性。

3）确保网络的可扩展性

随着道路客运联网售票系统的进一步完善，更多的系统会纳入到联网售票系统，意味着更多的网络接入点、更大的网络流量需求会加在网络系统上。网络系统设计必须为更多接入点的加入和带宽扩容预留空间。

4）保证网络安全

安全在信息系统中永远处于重要地位，本系统建设的网络系统首先不能降低原网络环境的安全性。其次，由于道路客运联网售票系统涉及的信息敏感程度比较高，在网络系统建设中，要重点考虑网络安全方案，提高整个系统的安全性。

5.4.3 数据传输带宽设计

联网售票系统运行中，占用网络带宽的数据主要包括实时更新的班次信息、售票信息、乘客购票信息等，其中由于购票、售票相关信息实时性要求比较高，要求系统能够在几秒钟内作出响应，下面将以高峰期售票的最大带宽为依据估算网络带宽需求。

数据传输带宽设计以高峰期售票的最大带宽为依据估算网络带宽需求。

1）联网售票中心

以每 100 个客运站售票窗口为例，考虑高峰期售票窗口数增加 0.5 倍（或以工作压力为平常的 1.5 倍计算，此时相当于 150 个窗口），所有窗口同时运行时所传输的数据位数为 10kB×150≈1.5MB。设系统要求最长响应时间为 2s，考虑到冗余带宽，则带宽要求为 1Mbps/100 个售票窗口。具体建设带宽要求需根据当地的客运站窗口数来进行计算。

假设代售点 500 个，所有窗口同时运行时所传输的数据位数为 10kB×500≈5MB，设系统要求最长响应时间为 2s，考虑到冗余带宽，则带宽要求为 3Mbps。

联网售票系统的外网访问量有非常明显的峰值，高峰期间网站访问量可以达到平均水平的数倍以上，在系统建设中要充分考虑带宽的可扩展性，建议留有余量。

2）客运企业

客运企业主要考虑下属客运站接入带宽，具体需求根据下属客运站数量、运行系统类型进行估算。

3）客运站

客运站与联网中心的网络连接主要用于两类数据：客运站从联网中心获取的班次和售票相关信息，以及客运站向联网中心发送的售票信息。班次和售票信息可以在后台更新，实时性要求相对较低，考虑到在整个售票过程中大部分时间没有利用网络传输数据，后台数据有充足的时间进行更新，因此只考虑客运站向联网中心发送售票信息的情况。

设一条交易记录所传输的字节数为 1kB，一次传输的数据位数以 80kB 计算。设每个客运站中售票窗口最多的为 25 个，客流高峰期增加临时售票窗口，窗口总数按日常售票窗口的 2 倍计算，则一个客运站总售票窗口总数为 50 个，所有售票窗口同时运行时所传输的数据位数为 10kB×50＝500kB。设系统要求最长响应时间为 2s，则带宽要求为 250kbps。

5.4.4　网络链路设计

1）核心层设计

综合全国范围内的联网售票系统建设经验，客运站至客运企业、客运企业至联网售票数据中心的骨干网将汇聚各票务系统和售票网点的联网售票信息，因此对网络的带宽和网络的性能要求较高。

2）汇聚层设计

考虑到前端接入点众多，不同的节点依据其条件和基础的不同可以完全采用不同的接入方式。对于建设中已有网络链路的，建议系统建设时复用既有接入层网络基础。

建议所有接入联网售票系统的客运企业都通过安全高速的专线与联网售票系统数据中心相连，实时读取汽车客票及数据信息，以保证网络传输的性能和可靠性。对于客运站的备份线路建设，建议采用多家运营商实现线路备份机制，以确保网络的实时畅通与不间断性。而票务代理点可采用依托公网的 VPN 链路实现数据传输。

随着联网售票业务的发展，网络系统可采用“有线为主、无线为辅”的建设模式，可以因地制宜地采取各种有效的方式组建。其中，对于部分联网售票网点和自助售票终端，由于其网络数据流量有限并要求接入方式灵活，因此可以充分考虑 3G/4G 等无线网络连接方式。

3)广域网络架构设计

道路客运联网售票系统对广域网要求具有较高的可靠性，因此在链路上选择使用运营商专线作为联网售票系统的互联网出口，乘客可通过电脑、手机等访问联网售票系统，实现网上实时查询、网上购票等服务。同时，建议采用多家运营商线路形成冗余备份，加强广域网链路的可靠性。

同时，道路客运联网售票系统还与第三方支付平台进行互联，乘客可通过银联、支付宝等支付平台，完成在线购票交易。第三方支付平台将和票务中心进行定期结算，因此道路客运联网售票系统网络将预留与支付平台的接口。

4)负载均衡设计

道路客运联网售票系统建设可以采纳多种部署方式，其中以集中分布式模式为主要建设方式。该方式对关键数据进行集中存储，统一对外提供查询售票等客运服务内容，其直接用户将会是一个庞大的互联网群体，因此在春节、国家节假日等出行高峰阶段，来自互联网的并发访问量会对应用服务器产生极大的压力，必须采用必要的服务器负载均衡措施来分散对单台应用服务器的压力，从而预防由于瞬间峰值导致的应用服务器宕机。

目前实现服务器负载均衡设备的方法包括软件和硬件两种方式。软件实现的服务器负载均衡方式，一是算法相对单一，智能化程度不高，二是太依赖于硬件服务器的性能，稳定性不高。提高互联网上乘客的访问体验速度，很大程度上取决于此处的优化措施，因此设计使用基于硬件的服务器负载均衡器，其主要实现的功能包括：

其静态和动态的负载均衡防范可以对服务器的状态进行动态跟踪；采用多

种智能化的算法，将访问并发合理地分布到各个服务器上，可以保证各类应用服务器资源的最大化利用率；另外，其本身还具有 TCP 连接复用、高速缓存、SSL 加速和卸载等加速功能，可以在很大程度上提高访问速度。

5）网络管理设计

为保持网络的平稳安全运行，实现网络的动态调整与扩展，必须规划网络管理系统。通过网络管理，以及对网络的动态监测、检测、资源统计、故障分析、用户记录跟踪等手段，对网络资源进行性能与故障管理。联网售票系统的网络管理设计内容包括网络管理目标、网络管理内容两部分。

（1）网络管理目标

网络管理的目标是保证网络的安全、畅通及负载均衡，以使网络稳定、高效地运行。

（2）网络管理内容

①网络管理软件。

选用的网络管理软件应支持多种服务、管理功能及兼容性要求，重点在于管理集线器、交换机和路由器等网络设备，使整个网络运行费用降至最低，有效地监控和提高网络性能。利用先进的网络管理软件，使得可以通过管理工作站监测整个网络的运行状态，合理分配网络资源，动态配置网络负载，帮助网络管理人员分析、定位故障，提供故障解决建议。

②线路管理。

线路管理包括管道、光纤等各种网络通信线路的管理。网络通信线路管理主要通过网络管理软件实现，采用 GIS 系统辅助管理。各种线路应在 GIS 系统不同的图层中进行定义，通过 GIS 系统可以方便快速地查找任意线路的分布情况，并结合电子地图和管理软件进行故障标定和故障分析。

5.5　终端系统设计

5.5.1　概述

道路客运联网售票系统的终端包括互联网用户端、移动用户端和客运站窗口以及自助售票终端，客运站窗口和自助售票终端通过客运联网售票专网连入联网售票数据中心，互联网用户端、移动用户端分别通过互联网门户网站、移动网门户接入联网售票系统。

(1)客运站售票终端:客运站售检票终端等设备应基于客运站现有设备情况进行建设,同时,对老化设备进行更换,包含票据打印机、PC 客户端、条码扫描枪、身份证读卡器和 IC 卡读卡器等。客运站可视自身业务需要增加自助售/取票机等设备。

(2)代售机构售票终端:代售机构应自建售票终端系统。

(3)互联网用户购票终端:利用自有设备。

(4)客运站检票终端:配置身份证识别、二维码扫描装置、自助检票闸机等。

终端系统设计架构如图 5-10 所示。

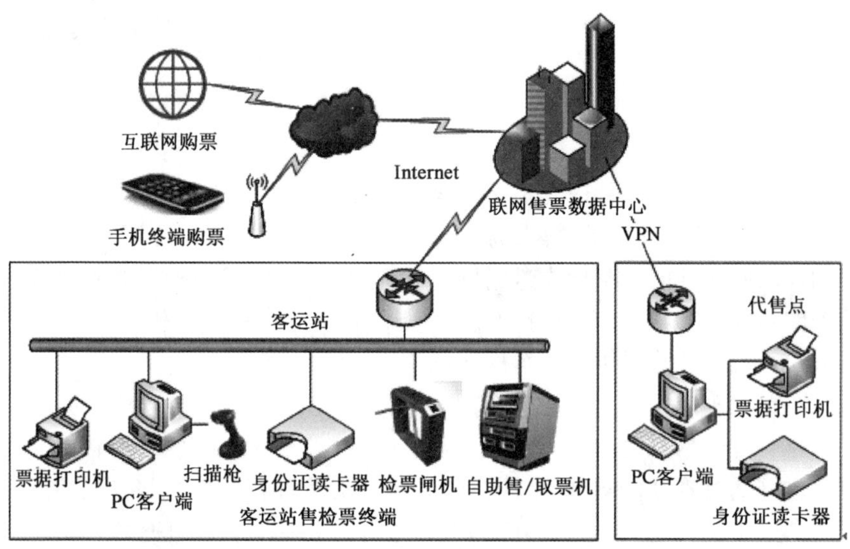

图 5-10　终端系统设计架构

针对目前道路客运的情况,要求这些终端设备必须具备以下几大特性:

(1)安全性:设备必须具备公安部标准的二代身份证读取功能,对于自助售取票机的密码键盘必须通过国际 PIC 认证,同时进行数据加密,符合中国人民银行及银联的相关标准,带防护罩。

(2)高可用性:符合自助售票机、自助取票机、人工检票终端、自助检票终端等相关的技术指标要求,适合道路客运行业应用。

(3)易用性:由于这些设备都是针对不同层级乘客和检票员,所以必须具备简单易用性。

(4)耐用性:在追求最高效费比的同时,选取优质材料器件,在散热性能、电磁兼容性能、稳定性能等方面必须能经受长期的使用考验，具备坚固耐用、稳定可靠的特点。

5.5.2 自助售/取票终端

自助售/取票机示意图如图5-11所示。

图5-11 自助售/取票机示意图

(1)纸币种类：4个方向，能够接收5元、10元、20元、50元和100元面值纸币。

(2)支持硬币找零、纸币找零(提供5元和10元面值纸币)。

(3)纸币识别准确率：≥99.9%。

(4)纸币容量：纸币箱应能灵活扩展，支持多个。

(5)硬币容量：硬币找零箱应能灵活扩展，支持多个。

(6)数据存储：≥7天。

(7)显示屏：≥19英寸触摸屏。

(8)监控功能：提供自身设备监控及周边环境监控功能。

(9)打印机：可灵活设定票面打印功能，带自动切刀。

5.5.3 自助检票终端

自助检票终端设备有：二维码扫描枪、自助检票闸机。

1)二维码扫描枪

二维码扫描设备示意图如图5-12所示。

图 5-12 二维码扫描设备示意图

(1)激光扫描模式。

(2)分辨率不小于 640×480。

(3)最小条宽≤5mil (0.127mm)。

(4)可识别常见一维码(UPC/EAN 等)和二维码(PDF417、DataMatrix 等)。

(5)工作温度:0~50℃。

(6)相对湿度:20% ~ 90%。

2)自助检票闸机

自助检票闸机设备示意图如图 5-13 所示。

(1)闸机结构:三辊闸、静音摆闸、静音翼闸或其他方式。

(2)闸杆转向:单向、双向(可选)。

(3)自动复位功能:开闸后,在规定的时间内未通行系统将自动上锁,通行时间可调。

(4)灯光提示:通行方向指示。

(5)温度:-20~70℃。

(6)应急措施:掉电自动落杆/手动落杆。

(7)通信接口。

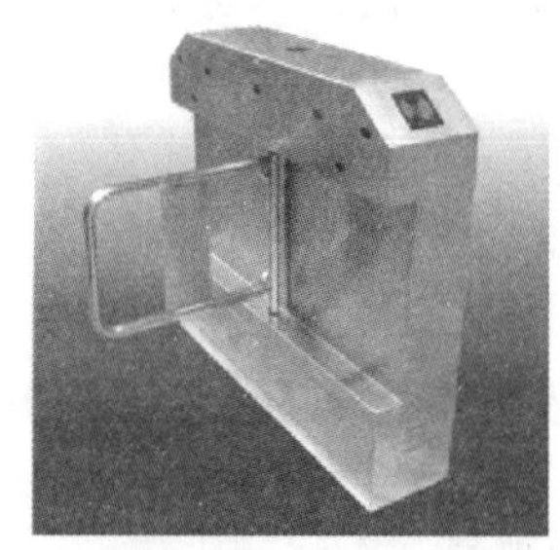

图 5-13 自助检票闸机设备示意图

5.5.4 身份证读卡器

二代身份证读取设备示意图如图 5-14 所示。

(1)阅读距离 0~3cm。

(2)读卡时间:≤1s。

(3)符合居民身份证阅读器标准和 ISO 14443(TypeB)国际标准。

(4)符合公安部台式居民身份证阅读器通用技术要求(GA 450—2003)及第1号修改单(草案)。

(5)可选的RS-232或USB接口,采用计算机供电。

(6)工作温度:0~50℃。

(7)工作湿度:20%~90%。

(8)提供用户开发的API接口,提供SDK供二次开发。

图5-14　二代身份证读取设备示意图

5.6　安全系统设计

5.6.1　概述

交通运输行业的信息化建设随着这几年的高速建设和发展,对信息系统的依赖程度也越来越高。然而,目前我国总体信息安全形势比较严峻,信息安全实际建设投资同比信息系统投入不足,信息安全建设投入的增长率也低于预测。

道路客运联网售票系统需要为行业管理部门和公众提供服务,涉及行业经营数据和乘客身份信息,对于安全要求较高,根据《信息安全技术　信息系统等级保护安全设计技术要求》(GB/T 25070—2010),在信息系统定级基础上,从管理体系、技术体系上进行安全系统同步设计规划与建设。其中,技术类安全要求分为物理、网络、主机、应用和数据五个层面的要求;管理类安全要求分为安全管理机构、安全管理制度、人员安全管理、系统建设管理和系统运维管理五个层面。信息安全等级保护基本要求如图5-15所示。

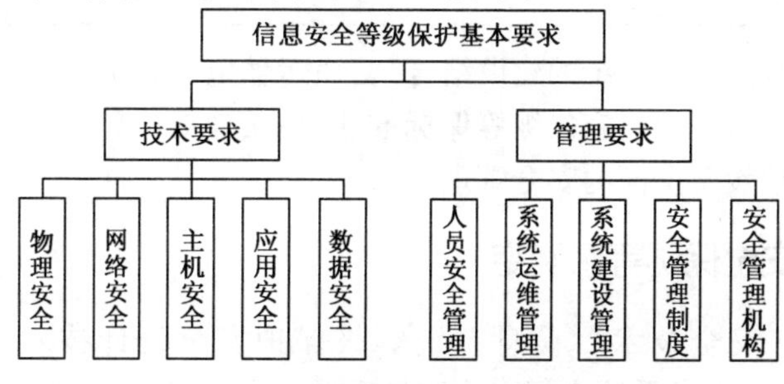

图5-15　信息安全等级保护基本要求

根据目前《交通运输电子政务网络及业务应用系统建设技术指南》要求，规划安全措施与安全层次对照表如表5-2所示。

系统数据需求表安全措施与安全层次应对照表 表5-2

层次 措施	物理层	网络层	系统层	信息交换层	应用层	管理层
安全管理	设备管理规定、设备监控	网络管理规定、网络设备监控	系统评测规范	信息交换规范	系统运行规定、信息系统运行和信息内容监控	相应的组织机构及职能
网络防护		UTM安全网关				
不同信息安全域的信息安全交换		内网部分加密机之间设备认证；外网利用VPN技术提供接入设备的认证功能		内网部分利用普密级加密机提供链路级的加密；外网利用VPN技术提供数据加密功能	利用“安全岛”或离线方式实现内、外网之间的数据适度安全交换	
安全审计	设备的审计	网络层审计	系统层审计		应用层审计	管理层审计
局部计算环境安全			关键主机加固		病毒和恶意代码防治	
数据和系统备份	加密设备和网络设备备份		系统容灾恢复	数据存储备份	提供重要系统的系统备份	
应急响应与技术支持服务	物理环境安全性评估	网络脆弱性分析	系统漏洞分析		提供应急情况的响应和技术支持	提供安全培训和各类安全服务

道路客运联网售票系统的建设结合《交通运输电子政务网络及应用系统建设技术指南》要求，按照国家二级等保标准建设，实现对道路客运联网售票系统应用系统和终端设备全面的安全管理。

5.6.2 安全保防等级确定

根据《信息安全技术　信息系统等级保护安全设计技术要求》(GB/T 25070—2010)，对信息系统进行安全防护系统规划的过程中，必须按照分域、分级的办法进行规划和设计，要划分具体的安全计算环境、安全区域边界、安全通信网络，并根据信息系统的等级来确定不同环节的保护等级，实现分级的保护；同时通过集中的安全管理中心，实现对计算环境、区域边界、通信网络的集中管理，并确保上述环节执行统一的安全防护策略。二级等保建设要求如表 5-3 所示。

二级等保建设要求表　　表 5-3

防护层面	要求选择	差异性需求
物理安全	物理位置的选择(G2)	按照 B 级机房标准或达到《计算机场地安全要求》(GB/T 9361—2011)中的 B 类机房的指标
	物理访问控制(G2)	
	防盗窃和防破坏(G2)	
	防雷击(G2)	
	防火(G2)	
	防水和防潮(G2)	
	防静电(G2)	
	温湿度控制(G2)	
	电力供应(A2)	
	电磁防护(S2)	
网络安全	结构安全(G2)	确保网络能够更好地支撑应用系统的运行
	访问控制(G2)	利用防火墙实现基于网络 IP 地址、协议、端口的强访问控制，并支持针对用户的访问控制
	安全审计(G2)	应实现对网络设备的运行状况日志审计、流量审计等，应实现对日志信息的集中记录
	边界完整性检查(S2)	应防范非法的内联和外联
	入侵防范(G2)	内网与其他网络考虑网络入侵防范
	恶意代码防范(G2)	内网与其他网络考虑网络层面的病毒过滤
	网络设备防护(G2)	网络设备应采取加固措施
主机安全	身份鉴别(S2)	操作系统和数据库应采取加固技术
	访问控制(S2)	应对登录操作系统和数据库系统的用户进行身份标识和鉴别
	安全审计(G2)	应对关键的服务器配置日志审计措施
	剩余信息保护(S2)	应通过对服务器的核心加固，防范客体重用，实现剩余信息保护
	入侵防范(G2)	通过操作系统加固来实现部分入侵防范
	恶意代码防范(G2)	实现基于主机的防病毒
	资源控制(A2)	实现对主机资源的限制、监控和保护

续上表

防护层面	要求选择	差异性需求
应用安全	身份鉴别(S2)	应实现高强度的身份认证技术
	访问控制(S2)	应实现针对应用系统的授权和访问控制
	安全审计(G2)	应对应用系统实现有效安全审计，以防范审计记录被非法修改和删除
	通信保密性(S2)	应采用VPN协议来实现通信数据的保密性保护
	抗抵赖(G2)	应在应用系统中设计实现防范操作抵赖行为
	软件容错(A2)	应用软件对错误的输入有控制
	资源控制(A2)	应针对应用服务器进行连接数的限制，应对服务的优先级进行控制
数据安全	数据完整性(S2)	应当保障业务数据在存储和传输过程中的保密性
	数据保密性(S2)	应当保障业务数据在存储和传输过程中的完整性
	备份和恢复(A2)	磁盘备份(数据备份)，关键网络设备、通信线路和数据处理系统应有冗余设计，目前应当加强关键网络设备的冗余设计

根据以上二级等保建设要求，道路客运联网售票系统安全部分分为如下几个部分建设：

1)安全计算环境

计算环境是信息系统中位于物理上受保护的边界内部，一般包括信息处理与存储的主机、操作系统、数据库管理系统、外部设备及其连接部件，也可以是某个移动用户的主机平台。安全计算环境是具有确定安全等级保护能力的计算环境。道路客运联网售票系统中安全计算环境主要是网络中心内部的服务器、主机。

2)安全区域边界

区域边界是信息系统中计算环境之间以及计算环境与通信网络之间完成连接的部件。安全区域边界是具有确定安全等级保护能力的区域边界，道路客运联网售票系统中安全区域边界主要是网络中心内部安全域之间的边界，以及联网售票中心网络与互联网等网络连接边界。

3)安全通信网络

通信网络是信息系统中完成计算环境之间信息传输的部件。安全通信网络是具有确定安全等级保护能力的通信网络,针对外部 DMZ 接入本系统网络连接,部署防火墙。

4)安全管理中心

安全管理中心是对部署在计算环境、通信网络和区域边界上的安全策略与机制实施集中管理的设施。二级以上的信息系统都需要设置安全管理中心。

完整的信息安全等级保护建设,将充分遵照国内、国际的信息安全规范、标准、政策要求以及信息化实际需求,对整体信息系统进行统一咨询、规划、设计、建设和运维。建设的主要内容包含两个大方面:管理体系建设、技术体系建设。

5.6.3　安全风险评估

1)系统安全风险

道路客运联网售票系统的建设必须保证道路客运行业的连续运营,以确保高质量服务大众。因此平台业务实时性要求高、数据量大、系统之间接口复杂、受被动攻击的风险较高,道路客运联网售票系统需要建设完备的安全管理系统,包括网络隔离、防病毒、防入侵、漏洞扫描、防火墙、CA 认证等,从多方位保障系统与数据安全。

2)数据更新

平台涉及管理对象的基本信息来源于运政管理信息系统的基础数据库,其更新依托于基础数据库的更新机制。按照谁使用、谁更新的原则,随道路客运业务受理、审批而同步变化。通过保证网络连通、加强接口功能的可靠性等手段,确保系统动态数据实时更新。

3)维护风险

建立满足业务需求的维护机制。系统建成后应对技术维护工作进行专业化管理,长期委托具有丰富维护经验的公司建立维护平台和热线支持。从制度和组织上落实维护管理,减少维护过程的风险。

5.7 备份系统设计

5.7.1 概述

道路客运联网售票系统未来将覆盖到全国范围的客运站，目前客运业务对信息平台的连续稳定运行要求很高，随着部分客运站 24 小时售票业务以及网上售票业务的开展，对信息平台提出了更高的要求。从系统依赖性上讲，本系统关系到每天众多乘客的出行，相比一般信息系统具有较高的依赖性；从容灾恢复的要求上讲，本系统对系统恢复运行的时效性要求较高；可以说，信息平台是否安全运行已经直接关系到广大公众和各客运站、客运企业的利益。因此，为保证信息平台的连续运行，建设完备的灾备系统是非常重要和必要的。

灾备系统的建设目标在于当主系统出现重大故障时，通过快速切换灾备系统，尽快恢复业务系统的正常运行，并尽量使切换过程数据损失最少，切换时间最短。

具体量化目标为：恢复时间目标（RTO）指标<2h，数据恢复点目标（RPO）指标趋于 0，即灾难发生后，2h 内完成能恢复系统运行，且数据丢失可以忽略不计。

5.7.2 系统备份等级规划

依据《信息安全技术　信息系统灾难恢复规范》（GB/T 20988—2007），将灾难恢复能力等级划分为 6 级，如图 5-16 所示。

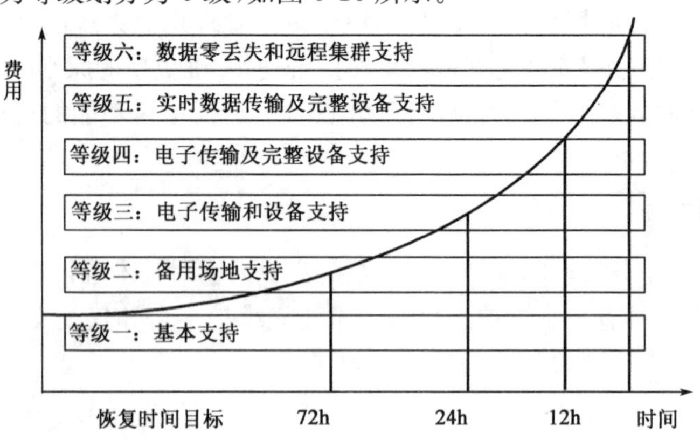

图 5-16　灾难恢复能力等级划分

等级一:基本支持。要求数据备份系统能够保证每周至少进行一次数据备份,备份介质能够提供场外存放。对于备用数据处理系统和备用网络系统,没有具体要求。

等级二:备用场地支持。在满足等级一的条件基础上,要求配备灾难恢复所需的部分数据处理设备,或灾难发生后能在预定时间内调配所需的数据处理设备到备用场地;要求配备部分通信线路和相应的网络设备,或灾难发生后能在预定时间内调配所需的通信线路和网络设备到备用场地。

等级三:电子传输和设备支持。要求每天至少进行一次完全数据备份,备份介质场外存放,同时每天多次利用通信网络将关键数据定时批量传送至备用场地。配备灾难恢复所需的部分数据处理设备、通信线路和相应的网络设备。

等级四:电子传输及完整设备支持。在等级三的基础上,要求配置灾难恢复所需的所有数据处理设备、通行线路和相应的网络设备,并且处于就绪或运行状态。

等级五:实时数据传输及完整设备支持。除要求每天至少进行一次完全数据备份,备份介质场外存放外,还要求采用远程数据复制技术,利用通信网络将关键数据实时复制到备用场地。

等级六:数据零丢失和远程集群支持。要求实现远程实时备份,数据零丢失;备用数据处理系统具备与生产数据处理系统一致的处理能力,应用软件是"集群的",可实时无缝切换。

结合道路客运联网售票系统工程情况和成本效益,建议道路客运联网售票系统的建设中,备份系统的设计选择"第四级——电子传输及完整设备支持",即在等级三的基础上,要求配置灾难恢复所需的所有数据处理设备、通行线路和相应的网络设备,并且处于就绪或运行状态。每周进行数据库/应用全备份(脱机),在脱机时备份整个数据库系统/应用,包括用户数据、控制文件、参数文件等。选择增量式备份或差分备份方式进行变化数据的备份工作。根据所选择容灾恢复等级,在联网售票服务中心配置存储系统和网络系统,为重要数据(票务交易和清分结算等)提供应用级备份。

5.7.3 备份系统建设原则

根据道路客运联网售票系统特点和建设条件,备份系统设计原则如下:

(1)先进性:尽量采用先进设备,确保未来建设完整的容灾系统时可重复利用。

(2)高可靠性保障:业务数据容灾之后必须保证容灾数据的正确性和完整

性，以保障在灾难发生时，能够快速提供完整的业务数据，为尽快恢复业务系统服务提供必要的保障。除了数据的可靠性以外，还必须考虑应用系统本身的可靠性，当系统出现异常后，能够快速恢复应用也是备份系统的考虑重点。

(3)高扩展性：系统数据量在未来会有不断增长，因此要求提供的存储设备具有容量以及处理能力上无缝的扩展能力。

(4)高效易管理性：建立灵活高效的灾难恢复技术，降低管理的复杂度。

5.8 配套场所设计

机房建设主要用于满足工程建设主机、存储备份系统等各类设备的部署需求，提供设备安全、稳定运行所需的环境场所。机房的建设可考虑直接复用现有机房环境，或租用运营商机房。

各类设备部署和运行保障需求，确定道路客运联网售票系统建设的各类主机、存储备份系统对机房的场所空间、用房装修、供配电、消防、综合布线、防雷及接地、机房环境及设备监控、安保等提出了要求，参照《电子信息系统机房设计规范》(GB 50174—2008)，确定机房应该按照B类机房的相关标准进行建设和完善。

专业术语中英文对照

Ajax	Asynchronous Javascript And XML，异步 JavaScript 和 XML。
AKF	Application Kernel Frame，应用核心框架。
ARP	Address Resolution Protocol，地址解析协议。
B2B	Business to Business，企业对企业的电子商务模式。
B2C	Business to Customer，企业对消费者的电子商务模式。
BPM	Business Process Management，业务流程管理。
CA	Certification Authority，认证中心。
CIO	Chief Information Officer，首席信息官。
CPU	Central Processing Unit，中央处理器。
DML	Data Manipulation Language，数据操控语言。
DDOS	Distributed Denial of Service，分布式拒绝服务。
DLP	Digital Light Procession，数字光处理。
DDL	Data Definition Language，数据定义语言。
DMZ	Demilitarized Zone，非军事区化区。
DOS	Denial of Service，拒绝服务。
EJB	Enterprise JavaBean，企业 JavaBean。
ESB	Enterprise Service Bus，企业服务总线。
FIFO	First Input First Output，先入先出。
FTP	File Transfer Protocol，文件传输协议。
GIS	Geographic Information System，地理信息系统。
GPS	Global Positioning System，全球定位系统。
HA	High Availability，高可用性。
HTML	HyperText Markup Language，超文本标记语言。
IC 卡	Integrated Circuit Card，集成电路卡。
JDBC	Java Data Base Connectivity，Java 数据库连接。
JMS	Java Message Service，Java 消息服务。

JMX　Java Management Extensions,Java 管理扩展。
JNDI　Java Naming and Directory Interface,Java 命名和目录接口。
JTA　Java Transaction API,Java 事务 API(应用程序编程接口)。
LED　Light Emitting Diode,发光二极管。
LRU　Least Recently Used,近期最少使用算法。
MAC　Media Access Control,介质访问控制。
MQ　Message Queue,消息队列。
MVC　Model View Controller,模型—视图—控制器框架。
OSI　Open System Interconnect,开放系统互联。
PKI　Public Key Infrastructure,公钥基础设施。
PUE　Power Usage Effectiveness,能源利用率。
QoS　Quality of Service,服务质量。
RAC　Real Application Clusters,实时应用集群。
RFID　Radio Frequency IDentification,射频识别技术。
ROI　Return On Investment,投资回报率。
RPO　Recovery Point Object,恢复点目标。
RTO　Recovery Time Object,恢复时间目标。
SAN　Storage Area Network,存储局域网络。
SOA　Service-Oriented Architecture,面向服务的体系结构。
SSO　Single Sign On,单点登录。
TCP　Transmission Control Protocol,传输控制协议。
UDP　User Datagram Protocol,用户数据报协议。
UML　Unified Modeling Language,统一建模语言。
UTM　Unified Threat Management,统一威胁管理。
VLAN　Virtual Local Area Network,虚拟局域网。
VM　Virtual Machine,虚拟机。
WAP　Wireless Application Protocol,无线应用通信协议。
XML　Extensible Markup Language,可扩展标记语言。

参 考 文 献

[1] 中华人民共和国行业标准. JT/T 979.1—2015 道路客运联网售票系统 第1部分:服务接口规范[S]. 北京:人民交通出版社,2015.

[2] 中华人民共和国行业标准. JT/T 979.1—2015 道路客运联网售票系统 第2部分:信息数据元[S]. 北京:人民交通出版社,2015.

[3] 中华人民共和国行业标准. JT/T 979.3—2015 道路客运联网售票系统 第3部分:数据交换[S]. 北京:人民交通出版社,2015.

[4] 中华人民共和国国家标准. GB/T 9361—2011 计算机场地安全要求[S]. 北京:中国标准出版社,2012.

[5] 中华人民共和国国家标准. GB/T 25070—2010 信息安全技术 信息系统等级保护安全设计技术要求[S]. 北京:中国标准出版社,2011.

[6] 中华人民共和国国家标准. GB 50174—2008 电子信息系统机房统计规范[S]. 北京:中国计划出版社,2009.

[7] 中华人民共和国国家标准. GB 50057—2010 建筑物防雷设计规范[S]. 北京:中国计划出版社,2010.

[8] 中华人民共和国交通运输部. 公路水路交通运输信息化"十二五"发展规划[R]. 交规划发〔2011〕192号文,2011.

[9] 中华人民共和国交通运输部. 公路水路交通运输信息化"十二五"发展规划推进方案[R]. 厅规划字〔2012〕12号文,2012.

[10] 中华人民共和国交通运输部. 交通运输部关于改进提升交通运输服务的若干指导意见[R]. 交运发〔2013〕514号,2013.

[11] 中华人民共和国交通运输部运输司. 交通运输部办公厅关于加快推进省域道路客运联网售票系统建设有关事项的通知[R]. 厅运字〔2014〕81号,2014.

[12] 中华人民共和国交通运输部办公厅. 交通运输部办公厅关于印发省域道路客运联网售票系统工程建设指南的通知[R]. 厅运字〔2014〕103号,2014.

[13] 中华人民共和国交通运输部. 交通运输部关于开展全面深化交通运输改革试点工作的通知[R]. 交政研发〔2014〕234号,2014.

[14] 中华人民共和国交通运输部.交通运输部关于全面深化交通运输改革的意见[R].交政研发〔2014〕242号,2014.

[15] 中华人民共和国交通运输部办公厅.关于印发交通运输电子政务网络及业务应用系统建设技术指南(试行)的通知[R].厅函科教〔2008〕164号,2008.

[16] 李大鹏.道路客运售票电子商务实践[J].山西交通科技,2014(5):96-98.

[17] 人力资源社会保障部人事考试中心.运输经济(公路)专业知识与实务[M].北京:中国人事出版社,2014.

[18] 中华人民共和国交通运输部.道路乘客运输及客运站管理规定[M].北京:人民交通出版社,2012.

[19] 张穹,冯正霖.中华人民共和国道路运输条例释义[M].北京:人民交通出版社,2014.

[20] 胡敏,付琍.对几种典型分布式计算技术的比较[J].电脑知识与技术,2010.

[21] 蒋雄伟,马范援.中间件与分布式计算[J].计算机应用,2002,4.

[22] 周晓峰,王志坚.分布式计算技术综述[J].计算机时代,2004.

[23] 陈雅丽.客票系统席位管理相关问题的研究[R].北京交通大学,2000.

[24] 庄宝麟,夏月华.汽车客运企业“无缝对接”的优势与作为[J].交通企业管理,2010(6):7-8.

[25] 交通运输部规划研究院.贵州省智能交通云建设工程总体建设方案[R].2014.

关键词索引

A

B

D

E

F

G

J

K

L

M

R

S

W

X

Y

Z